室内環境学概論

室内環境学会 [編]

Indoor
Environment

東京電機大学出版局

口絵

サーマルマネキン
[p.137]

PMV計を用いたオフィス温熱環境測定風景
(温度, 湿度, 気流, 速度, 黒球温度) [p.138]

(1) 乳児水晶体対応のUVで撮影

(3) 70歳代後半水晶体対応のYA-3で撮影

(2) 53歳水晶体対応のSY-25で撮影

(4) 白内障水晶体対応のREで撮影

年齢別, 模擬水晶体による標識の見え方 [p.179・図6.14]
(出典) 日本建築学会編『高齢者のための建築環境』彰国社, 1994

発行にあたって

室内環境学会　会長　小野雅司

　人はその生活の大部分を室内で過ごしていることを考えると，人の健康保護のみならず快適な環境という観点からも室内環境問題は極めて重要な課題となっています。ところが，室内環境には多くの構成要素があることから，これまでわが国における室内環境に関する研究はその構成要素毎に個別の学会等で実施されてきました。一方，国際的には，国際室内空気環境学会（The International Society of Indoor Air Quality and Climate）が設立され，一つの大きな学会として長期的・総合的に室内環境の問題に取り組もうとしており，わが国においてもこれまで個別に行われてきた研究活動を統合し，総合的・学際的に室内環境問題を議論する場の必要性が益々増加しています。

　本書は，社会的環境（第1章，第6章），化学的環境（第2章），生物的環境（第3章，第4章），物理的環境（第5章），と室内環境に関係するあらゆる分野をカバーするものです。加えて，これらの室内環境（汚染）が私たちの健康に及ぼす影響（第7章），そして都市環境，地球環境と室内環境の関わり，環境教育（第8章），といった構成でまとめられています。

　執筆者は，室内環境学会の会員を中心に，それぞれの分野で活躍をしている研究者や技術者ですが，室内環境学というキーワードで出来るだけわかりやすい解説をお願いしました。家政学を始め，看護・医療・福祉分野，保健学分野，建

築学分野の大学生，あるいは，室内環境に関する問題で困って（苦しんで）いる方，室内環境問題に取り組んでおられる方，などに利用していただければと考えています。読者にとっては，身近な話題もあれば初めて目にする，難しい話題もあると思われます。直接関係する，あるいは関心の深い章のみを読んでもらうといった利用法もありますが，直接関係しない章についても本書にかかれた内容を知ることで，今後の学生生活，職業選択に，また，私たちの生活する都市環境さらには地球環境にやさしく，そして健康にやさしい住まい方（望ましい室内環境），を考える助けになると考えます。次ページに，様々な分野の方々の参考になるよう，本書の上手な活用方法のいくつかを例示しました。

本書では，室内環境を出来るだけ幅広い観点から取り上げるよう心がけましたが，カバーしきれていない分野，あるいは十分な掘り下げができていない分野，一方で，専門に入りすぎて理解が困難な記載もあるかと思われます。読者の忌憚のない意見をお寄せいただければ幸いです。

2010年11月

「室内環境学概論」編集委員

編集委員長	川上裕司	室内環境学会出版委員会委員長
編集副委員長	柳　宇	室内環境学会事業委員会委員長
編集幹事	中島大介	室内環境学会事務局長

担当編集　　村上和雄（第1章）　　関根嘉香（第2章）
　　　　　　柳　宇　（第3章）　　川上裕司（第4章）
　　　　　　中島大介（第5章）　　田辺新一（第6章）
　　　　　　野﨑淳夫（第7章）　　小野雅司（第8章）
　　　　　　須山祐之（関連法規の検索法）

執筆者一覧

（五十音順／[　]内は執筆担当箇所／所属は刊行当時のもの）

阿部恵子　（あべ・けいこ）　　　　[3.2.1]
　　環境生物学研究所 所長・農学博士

池田耕一　（いけだ・こういち）　　[7.2]
　　日本大学理工学部 教授・工学博士

池田四郎　（いけだ・しろう）　　　[2.2]
　　東海大学大学院地球環境科学研究科博士課程・修士（理学）

伊藤一秀　（いとう・かずひで）　　[2.4]
　　九州大学大学院総合理工学研究院 准教授・博士（工学）

井上勝夫　（いのうえ・かつお）　　[5.1]
　　日本大学理工学部 教授・工学博士

執筆者一覧

岩田利枝　（いわた・としえ）　　　［5.2］
　　東海大学工学部 教授・博士（工学）

牛山　明　（うしやま・あきら）　　［5.5］
　　国立保健医療科学院生活環境部 快適性評価室　室長・博士（理学）

榎本ヒカル　（えのもと・ひかる）　　［5.3］
　　（独）労働安全衛生総合研究所作業条件適応研究グループ・博士（学術）

小野雅司　（おの・まさじ）　　　　　［8.1，編集担当（第8章）］
　　（独）国立環境研究所環境健康研究領域・博士（保健学）

鍵　直樹　（かぎ・なおき）　　　　　［7.1］
　　国立保健医療科学院 主任研究官・博士（工学）

川上裕司　（かわかみ・ゆうじ）　　　［4.1〜4.2，編集委員長，編集担当（第4章）］
　　（株）エフシージー総合研究所環境科学研究室 室長，東京家政大学 非常勤講師・博士（農学）

篠原直秀　（しのはら・なおひで）　　［2.3］
　　（独）産業技術総合研究所安全科学研究部門 研究員，早稲田大学客員講師（非常勤）・博士（環境学）

須山祐之　（すやま・ゆうじ）　　　　［3.1.1，付録，編集担当（付録）］
　　東京歯科大学衛生学講座 講師・歯学博士

杉田和俊　（すぎた・かずとし）　　　［付録］
　　（株）三菱化学アナリテック分析事業部 次長・博士（理学）

関根嘉香　（せきね・よしか）　　　　［2.1，編集担当（第2章）］
　　東海大学理学部 准教授，慶應義塾大学産業研究所 招請研究員・博士（理学）

谷川　力　（たにかわ・つとむ）　　　［4.3］
　　イカリ消毒（株）技術研究所 所長，麻布大学 非常勤講師・博士（獣医学）

田辺新一　（たなべ・しんいち）　　　［編集担当（第6章）］
　　早稲田大学創造理工学部 教授・工学博士

土屋伸一　（つちや・しんいち）　　　［6.4］
　　（株）明野設備研究所企画部，早稲田大学理工学研究所 客員研究員・博士（工学）

執筆者一覧

中井里史	(なかい・さとし)	[8.3]

横浜国立大学大学院環境情報研究院 教授・博士(保健学)

中島大介　(なかじま・だいすけ)　[編集幹事,編集担当(第5章)]
(独)国立環境研究所環境リスク研究センター 主任研究員,麻布大学非常勤講師・博士(薬学)

西原直枝　(にしはら・なおえ)　[6.2]
早稲田大学理工学術院　日本学術振興会特別研究員・博士(学術)

野﨑淳夫　(のざき・あつお)　[7.3,編集担当(第7章)]
東北文化学園大学大学院 教授・博士(工学)

林　立也　(はやし・たつや)　[6.1]
(株)日建設計総合研究所 主任研究員・博士(工学)

藤森文啓　(ふじもり・ふみひろ)　[1.2]
東京家政大学家政学部 准教授・博士(工学)

松木秀明　(まつき・ひであき)　[8.2]
東海大学健康科学部 教授・博士(医学)

村上和雄　(むらかみ・かずお)　[1.1編集担当(第1章)]
東京家政大学家政学部 教授・工学博士

森田幸雄　(もりた・ゆきお)　[4.4]
東京家政大学家政学部 准教授・博士(獣医学)

柳　宇　(やなぎ・う)　[3.1.2〜5, 3.2.2〜5,編集副委員長,編集担当(第3章)]
工学院大学工学部 教授・博士(工学,公衆衛生学)

山口　一　(やまぐち・まこと)　[5.4]
清水建設(株)技術研究所 グループ長・博士(理学)

山田裕巳　(やまだ・ひろみ)　[6.3]
積水ハウス(株)住生活研究所・博士(工学)

横山真太郎　(よこやま・しんたろう)　[3.3]
北海道大学大学院工学研究科 教授・博士(工学)

目　次

第 1 章　日常生活と室内環境

1.1　衣食住から捉えた室内環境 ······················· 1
1.2　家政学の視点からみた室内環境学 ················ 10

第 2 章　化学物質と室内環境

2.1　室内化学物質概論 ······························ 20
2.2　日用品からの化学物質 ·························· 29
2.3　化学物質の測定法 ······························ 36
2.4　室内化学物質の挙動 ···························· 43

第 3 章　微生物と室内環境

3.1　細菌 ··· 54
3.2　真菌 ··· 67
3.3　ウイルス ····································· 76

第4章 有害動物および愛玩動物と室内環境

- 4.1 室内で発生する昆虫類 ………………………………… 88
- 4.2 室内塵性ダニ類 ………………………………………… 96
- 4.3 家住性ネズミ …………………………………………… 103
- 4.4 室内で飼育される愛玩動物 …………………………… 109

第5章 物理的要素と室内環境

- 5.1 音環境 …………………………………………………… 119
- 5.2 光環境 …………………………………………………… 128
- 5.3 温熱環境 ………………………………………………… 133
- 5.4 におい …………………………………………………… 140
- 5.5 電磁波・放射線 ………………………………………… 146

第6章 環境デザインと室内環境

- 6.1 環境配慮と省エネルギー ……………………………… 153
- 6.2 知的生産性 ……………………………………………… 160
- 6.3 建材 ……………………………………………………… 167
- 6.4 福祉・バリアフリー …………………………………… 175

第7章 健康影響と室内環境

7.1 汚染物質 ･･･････････････････････････････ 184
7.2 室内環境にかかわる疾病 ─ アレルギー, 化学物質過敏症・シックハウス症候群 ─ ･･･ 192
7.3 化学物質汚染の対策法 ･･･････････････････ 198

第8章 室内環境学の将来

8.1 都市環境と室内環境 ･････････････････････ 215
8.2 地球環境と室内環境 ･････････････････････ 221
8.3 環境教育と室内環境 ･････････････････････ 228

付録1 関連法規の検索法（ウェブサイト） ･･････････ 236
付録2 国際的な環境関連情報リンク一覧 ･･････････ 239

索引 ･････････････････････････････････････ 241

第1章
日常生活と室内環境

1.1 衣食住から捉えた室内環境

村上和雄

　家庭とは，私たちが生きていくための生命保障がなされる場所，子育てが行われる場所，心の憩いの場所であり，そして，ここを拠点として社会につながっていく場所である。この家庭が営まれる場所が家である。家は，単に雨風を防ぎ，外敵から身を守るだけでなく，人間の成長と社会性を育む大切な役割も果たしている。家族は家の中で同じ空気を吸い，生活時間と居住空間を共有している。家族がともに暮らす居住空間は，健康的で快適に生活できるところでなければならない。この居住空間が，室内環境であり，この環境が，物理的，化学的，生物学的，精神的に満たされてこそ，充実した家庭生活を送ることができる。このどの要素にも関係しているのが室内環境における空気の存在である。

　私たちは室内でどのくらいの空気を吸収しているか考えてみよう。人が1回呼吸するとき，吸い込む空気は約50mℓ，大人は1分間に18回呼吸するとすると，約9ℓの空気を吸う[1]。1時間に約540ℓ，1日では，実に，約13,000ℓの空気を肺に吸い込んでいる。家にいる時間を10〜12時間とすると，家で吸う空気は5,000〜6,500ℓにもなる。これだけ大量の空気を吸い込むのであるから，室内が化学物質，ホコリ，チリ，ダニなどでわずかでも汚染されていたら，私たちの健康に影響を与えることも当然あり得る。

　私たちが住む日本家屋は，古来からの歴史があるが，近年その構造が大きく変

化してきた。こういった変化は，室内環境に大きく影響を与えている。

1.1.1 日本家屋の構造の変化と室内環境

　日本の住宅は，伝統的に，気密性より通気性を重視させていたため，開口部が大きく，隙間が至る所にあり，外気を自然に出入りさせて換気が行われていた。第二次大戦後昭和40年代（1965～1974年ごろ）までは，世帯数が住宅戸数を上まわる状況で，住宅の質より量を満たすことが優先された時代で，室内環境への関心がなかった。昭和30年代から40年代にかけての高度経済成長の到来は，大都市への人口集中と，極度の住宅難を引き起こした。その結果，都市とその周辺で乱開発が進み，多くの世帯が一度に入居可能なコンクリートづくりの集合住宅が非常に多く建設され，それまでの気密性の低い住宅から，気密性の高い住宅への変化がみられることとなった。

　第1次オイルショック（1973年）を経て昭和50年代（1975～1984年ごろ）は，経済の停滞期に入り，住宅需要は低迷期となったが，住宅の量的な充足を背景に，より質の高いものへと要求が高まってきた。昭和60年代（1985～1994年ごろ）に入ると，快適な居住性，健康の保障，安全性，利便性，プライバシーの保護，周囲の環境への適合性など，より高い生活環境をもつ住宅が求められるようになった[2]。平成に入ると居住者の要求は一層強くなり，満足度の高い住宅が求められている。

　図1.1は1978年から2008年までの30年間にわたる住宅の建て方別割合の推移を示している。年々，共同住宅の割合が高くなり，2008年には，全国平均で40％を超えている。同調査では，都市部と地方の比較も行っているが，都市部での集合住宅の増加が顕著で，三大都市圏で41.7％，関東大都市圏では56.4％になっており，6階以上の高層住宅も約700万戸建設されている[3]。これらの住宅は，当然気密性が高く，室内空気の汚染があった場合，居住者はその影響を受けやすい。建物の気密性の程度は，相当隙間面積（単位床面積あたりの隙間面積）で表される。従来の木造住宅 $9cm^2/m^2$ から，ツーバイフォー木造住宅 $5cm^2/m^2$，RC（鉄筋コンクリート）集合住宅 $1cm^2/m^2$ と建築構造が進化するにつれ，住宅の隙間が約10分の1近くに減少している[1]。また，換気の状況を示す指標には

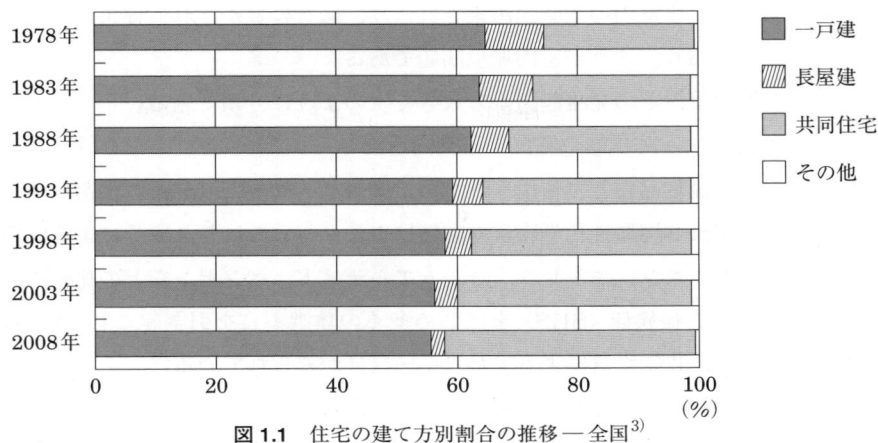

図 1.1 住宅の建て方別割合の推移 — 全国[3]

換気回数がある。換気回数とは1時間あたり，窓を閉め切った状態で室内の空気希釈されながら自然に何回入れ替わるかを示したものである。住宅構造による自然換気の回数（回/h）の差は以下のとおりである[1]。

	木造住宅	コンクリート住宅
暖房時	0.5〜1.0回/h	0.2〜0.6回/h
冷房時	0.2〜0.6回/h	0.1〜0.2回/h

このように木造住宅のときは自然の空気の出入りがあったものが，コンクリートづくりの住宅になると気密性が増し，空気の出入りは明らかに減少する。そのため，コンクリートづくりの住宅で，室内が何らかの汚染を受けると，居住者の健康への影響は大きくなる。

1.1.2 室内環境問題

近年は，先に述べたように快適性の重視はもとより，省資源，省エネルギーの見地から，高気密性，高断熱性の建物が建てられる傾向にある。そういう点からも室内環境は，日々変化している。

よい室内環境とは，居住者が安全に，精神的に安らげ，健康に快適に生活できる環境のことである。旧来の日本建築と異なる新しいタイプの住宅の増加ととも

に，私たちが暮らす室内の空気が汚染されたり，騒音に脅かされて健康に影響する問題が起きており，これが室内環境問題である。

室内環境問題は，その発生起因から大きく次のように分類できる。

(1) 化学的起因 …… 化学物質による室内汚染

建材，家具，調度品などに使用されている接着剤・塗料，溶剤，殺虫剤，防カビ剤などに含まれる揮発性化学物質や喫煙によるタバコのけむり成分による室内汚染である。トルエン，キシレン，ホルムアルデヒド，ベンゼンなどの化学物質は，シックハウス症候群（SHS）をはじめ多くの体調不良を引き起こしている。また，一部には，化学物質によるアレルギー発症がみられている。

(2) 生物的起因 …… 微生物・小動物（ダニ，昆虫）による室内汚染

室内の床，壁，天井などで，外気中に生息する微生物，ヒトや動物からの微生物の増殖による室内空気の汚染である。カビアレルゲン，ダニアレルゲン，ペットアレルゲンはカビ，ダニ，ペットによるアレルギー発症因子とされ，一般にはハウスダストとも呼ばれるが，アレルギー症を引き起こす重要原因である。また，花粉も原因となる。

(3) 物理的起因 …… 光，音による室内環境への影響

採光，照明法は重要な室内環境の因子である。しかし，居住者にそれほど影響を与えることはない。それは，家を設計，建設の段階で解決されることが多い。

窓を大きくして，うまく採光にすることにより，室内を乾燥でき，紫外線殺菌もでき衛生面も向上する。冬は暖かく，室内は明るく，照明に使う電力も少なく省エネルギーにもなる。

騒音も室内環境を支配する因子であるが，建物の外壁，窓，屋根，床などで，ある程度音の侵入は防げる。集合住宅での隣戸とのプライバシー保持のための遮音は重要であり，近年注意が払われるようになってきている。しかしながら，周囲の工場に設置されているコンプレッサーやポンプ，家庭のエアコンなどから発生する周波数100Hz以下の低周波音は，住居に侵入して，建具や器具を振動させたり，居住者に頭重，疲労感，不眠など漠然とした不快感を与えることがある。低周波音を感じる人とそうでない人がいるが，現在のところ発生源を止める以外解決法はみあたらない。

(4) 精神的起因 …… 室内装飾などの精神的な影響

居住者にとって，床，壁，天井，カーテン，家具など日常接するものの色相，色彩，明度，デザイン，家具の配置・背の高さなども重要な室内環境の因子である。色の心理効果，見え方，圧迫感の少なさなど，その部屋の居住者に精神的な安心を与える状況をあらかじめつくれば，室内環境の精神的な問題が解決できる。

1.1.3 衣食住から捉えた室内環境

(1) 衣服からの室内環境汚染

衣服の材料は，一般的に高分子化合物であり，室内環境に影響するものは，むしろ衣服に吸着している低分子化合物である。衣服の表面積は非常に大きく吸着力も大きいので，人体から体臭や汗，衣服についた飛沫液体や周囲の空気中の化学物質が吸着し室内に発散される。人体の汗から直接化学物質が放出されるのではなく，脇の下などで微生物が繁殖し，ラク酸，吉草酸，カプロン酸などの脂肪酸やその脂肪酸エステル，アミン類などの微量の化学物質がつくり出され，それが発散悪臭を放つ[4]。化粧品の吸着した香り，喫煙者のタバコ臭，防虫剤の臭気など多くの揮発性の化学物質があるが，衣服からは深刻な影響を与えるものは少ない。

なお，近年増加傾向にあるフリース素材などは，性質上静電気を帯びやすく，ホコリや花粉などを吸着させやすいが，外出先から帰る際によくたたいたり，こまめに洗濯することで，アレルゲンの侵入を防げる。

(2) 食品からの室内環境汚染

食品が生のまま，あるいは調理中，腐敗などで室内に発するにおいは，揮発性化学物質である。食品から揮発するにおいは，大まかに「よいにおい」，「刺激性のあるにおい」，「不快なにおい」に分けられる。食物の腐敗時には強烈な不快臭を発することが多い。しかし，私たちの健康に大きく影響するものは少ない。表1.1，表1.2[4]に，動物性と植物性の代表的食品（鰯，キャベツ）から発生する香気成分である揮発化学物質名をあげる。

(a) 魚　　日本人が食べている魚は種類が非常に多く，それらが発するにおい，すなわち揮発性化学物質も極めて多い。さらに，鮮度状態，調理，加工，保

表1.1 鮮度の違いによるマイワシの代表的におい（揮発）成分量の変化（ng/g）[4]

におい成分 化合物名	新鮮 におい成分	10℃24時間貯蔵 後のにおい成分
① ヘプタデカン	146.2	458.4
② 2,6,10,14-テトラメチルペンタデカン	326.4	390.6
③ 9-オクタデセン	298.2	310.3
④ (E,E,Z)-2,4,7-デカトリエナル	22.5	86.1
⑤ (E,E,Z)-2,4,7-トリデカトリエナル	22.5	86.1
⑥ (E,Z)2,4-ヘプタジエナル	28.2	70.8
⑦ (E,E)-2,4ヘプタジエナル	116.4	332.3
⑧ (E,Z)-3,5-オクタジエン-2-オン	10.1	40.1
⑨ (E,E)-3,5-オクタジエン-2-オン	10.4	42.5
⑩ (E,Z,Z)-2,4,7-デカトリエナル	22.5	86.1
⑪ ヘキサナル	82.3	146.8
⑫ 2,3-ペンタンジオン	46.5	76.2
⑬ (E,Z)-2,6-ノナジエナル	11.8	56.7
⑭ 1-オクテン-3-オル	70.6	104.3
⑮ 酢酸エチル	104.2	86.5

①〜③：新鮮魚，鮮度低下魚の主香気成分　　④〜⑭：鮮度低下による香気成分増加

存法の違いでもにおいは異なる。一般的に，魚臭はトリメチルアミン，ピペリジンなどのアミン類，酪酸，イソバレリアン酸のような揮発性の酸であり，腐食臭は，硫黄を分子中にもつジメチルサルファイド，メチルメルカプタンなどである。その他にもカルボニル類，アルコール類，エステル類，フェノール類など極めて多数の化合物が悪臭成分となる[5]。

(b) 野菜　　魚ほどの強烈なにおい（揮発性化学物質）を発する野菜は少ないが，調理中や調理後ににおいの強くなる作物がある。表1.2に，生，茹でたとき，炒めたときのキャベツ中のおもな香気成分を示した。生キャベツには，草や若葉のさわやかな感じの香りがあり，これをグリーンノートというが，その香気となる炭素数を6個もつ飽和・不飽和のアルコール，アルデヒドが全体の香気成分の約78％が占めている。茹でるとチオシアネート類が減少し，炒めるとフラン化合物が増加している。炒めるときは油を使い，炒めて熱が加わったため糖がアミノ酸と反応するためとみられている[6]。

1.1 衣食住から捉えた室内環境

表1.2 生および調理キャベツのおもな香気成分（含有量%）[4]

成分名	生	ゆでた後	炒めた後
(Z)-3-ヘキサノール	58.50	36.17	
(Z)-3-酢酸ヘキシニル	11.38	1.91	
ヘキサノール	6.85	1.03	
メチルチオシアネート	4.01	1.05	1.42
アリルイソチオシアネート	3.91	0.31	0.54
3-ブテニルイソチオシアネート	0.72	0.03	1.53
3-メチルチオプロピルイソチオシアネート	0.77	0.15	0.44
フルフラール		0.50	13.53
5-メチル-2-フルフラール			9.43
フルフリルアルコール			6.51
5-メチル-2-フルフリルアルコール			3.84

※ 炒めた後の香気成分増加は、糖とアミノ酸が反応しフラン化合物が生成

(c) 肉　生のときは香気成分の揮発はそれ程なく、乳酸や血液臭があり生臭い獣臭がする。加熱するとその肉種特有のにおいが生じる。肉類の香気成分はタンパク質、糖、脂肪、塩や肉中のミネラル分とが反応したときに生成され、また加熱方法によってもにおいに差がある。牛肉の場合の香気成分は、ラクトン類、ケトン類、飽和・不飽和アルコール、エステルなど48種が同定されている。香気成分は和牛の方が多く、グリーンノートの香りがあるといわれ、桃やココナツのようなこくのある香りはラクトン類が多く含まれていることによる[4]。

　以上のように、食物は調理や時間の経過、腐敗により強烈なにおいを発することを知っておく必要がある。

(3) 居住空間・日常生活からの室内汚染

　本来、健康に快適な生活を送ることができるはずの居住空間に健康を害する化学物質、アレルゲン、ホコリ、ダニなど種々のものがみられる。また、喫煙により発生する煙の中にも有害な成分が含まれている。

　2000年に発表された次世代省エネルギー基準により、建物外壁の断熱・気密化がいっそう進み、換気不足、建材・家具から発生するホルムアルデヒド、VOC（Volatile Organic Compounds：揮発性有機化合物）などの揮発性化学物

質による室内汚染が進み健康に影響が出る人が多く出てきた。

表1.3に，居住空間のにおい発生場所と原因化学物質を示した。私たちが日常暮らしている部屋では，たくさんの種類の揮発性化学物質が微少量から多量まで存在する。新築の部屋ではシックハウスの原因物質の一種であるVOCがみられるが，シックハウス症候群の問題以後，建築用接着剤溶媒にはホルムアルデヒドの使用はなくなり，他種類の溶剤が少量ずつ使われる傾向にある。

私たちが日常過ごす居間では，少量であるが種々雑多な揮発性化学物質が充満している。喫煙者が減ったとはいえ，わが国の20代から50代の男女の喫煙率は男40.3～46.9％，女14.8～15.9％（2009年度JT調査）[8]で，依然かなりの割合で喫煙者がいる。換気扇の下で吸ったり，蛍族などといわれてベランダで吸っている人もいるが，やはり室内で喫煙する人も多い。タバコの煙には主流煙と副流煙があり，有害な物質が多く揮発するのは副流煙であるから，まず，喫煙そのものをやめるべきであるし，吸う場合でも極力部屋の中での喫煙はするべきでな

表1.3 居住空間のにおい発生場所と原因化学物質[6),7)]

発生場所	におい	おもな原因物質
新築の家 マンションフローリング 備え付け家具 新しい家具，机	接着・溶剤臭 薬品臭	ホルムアルデヒド，アセトアルデヒド，トルエン，キシレン，スチレン，エチルベンゼン　など
居　間	タバコ臭，体臭 芳香・消臭剤 化粧品臭，カビ臭 接着剤・溶剤臭	アセトアルデヒド，アンモニア，脂肪酸，ノネナール，リモネン，ピネン，p-ジクロロベンゼン，酢酸エチル，トルエン，キシレン　など
台　所	調理臭，食材臭 食品腐敗臭	ヘプタデカン，オクタデカン，不飽和チオエーテル，トリエチルアミン，リュウカメチル，アセチルアニリド　など
玄　関	靴臭，足臭	酢酸，n-吉草酸，アンモニアなど
納戸　押入　倉庫	カビ臭	エタノール
トイレ	排泄物 排尿臭・排便臭	アンモニア，硫化水素，メチルメルカプタン，尿酸，スカトール　など
ペット	獣臭，排泄物臭	トリメチルアミン，アンモニア，酢酸，イソ吉草酸　など

表 1.4　タバコ煙（主流煙と副流煙）中のおもな成分（マイルドセブン）[9]

成 分	主流煙	副流煙	含有量比
1. 一酸化炭素	11.6	48.7	4.2
2. ニコチン	0.958	5.03	5.3
3. タール	11.8	24.4	2.1
4. ベンゾ[a]ピレン	11.4	92.0	8.1
5. アンモニア	15.5	6701	432.3
6. アセトアルデヒド	37.9〔ng/本〕	439〔ng/本〕	11.6

主流煙：喫煙者が吸入した煙　　（単位〔mg/本〕[6.を除く]）
副流煙：タバコの先端から出る煙　（単位〔mg/本〕[6.を除く]）

い。表1.4に，タバコの煙に含まれるおもな揮発性化学物質の例を示した[9]。タバコの煙に含まれる化学物質は4,000種類，有害物質は200種類そのうちは60種類が発がん物質といわれている。

居住部分の管理不足により室内環境が悪くなり，健康に害を与えることがある。それがアレルギーである。ダニ，ホコリ，カビなどの微生物，化学物質はアレルギーを引き起こすアレルゲンになるものと，アレルギーを悪化・誘発するものとがある[10]。アレルギーは遺伝，環境，食物，精神的な因子が原因で発症するといわれている。室内環境と関連ある環境因子では，ダニ，カビ，昆虫類，動物のフケ，ペットの皮膚などがアレルゲンになり，タバコの煙，VOC，二酸化炭素，窒素酸化物などはアレルゲンにはならないが，アレルギーを悪化・誘発する因子となる。

表1.5に，アレルギー症を引き起こす家屋内生息性のおもなダニを示した。生息場所は畳，寝具・床材などで，人の生活に最も身近なところに生息しているが，被害が出てはじめて私たちはその存在を意識するのが普通である。

コンクリートの5階の共同住宅では，地面の水分の影響を受けやすい1階でダニが多く検出される。また，25階建くらいの高層住宅では，20階以上の住戸は窓の開閉の頻度が低いため冬は結露で湿度が高くなることにより，その影響でダニの発生がみられる。湿度がダニの発生と密接に関係がある。

表1.5に示されるように，カビがダニの餌になることがあり，カビの発生・増殖はダニの増殖につながる。カビの増殖に影響する水分，栄養分，酸素，温度が高くなればカビは増え，結果としてダニも増えることになる。そして，室内のチ

表 1.5 アレルギー症を起こす家屋内生息性のおもなダニ[10]

ダニ（科）	餌	生息場所	アレルギー反応
ホコリダニ	カビ	畳・寝具	ぜん息（I型）
チリダニ	フケ・アカ	床材・寝具	ぜん息・鼻炎他（I・IV型）
ニクダニ	カビ・食品	畳・食品他	ぜん息・鼻炎（I型）
コナダニ	カビ・食品	畳・食品他	ぜん息・鼻炎（I型）
ツメダニ	ダニ等捕食	畳・ウール絨毯	皮膚炎（IV型）
ハリクチダニ	ダニ等捕食	畳・ウール絨毯	皮膚炎（IV型）

リ，ホコリ，すなわちハウスダスト1g中には，カビの胞子がおよそ100万個含まれているといわれる。ハウスダストが増え，前述のカビの増殖条件が満たされれば，当然，ダニの繁殖にもつながる[10]。

以上，室内環境について種々の面から述べてきたが，私たちの健康に害を与えるのが室内環境汚染である。居住空間の揮発性化学物質の健康被害を少なくさせるには，被害を与える品物を持ち込まないこと，定期的に換気を十分行うことにつきる。また，アレルゲンとなるダニ，カビやホコリ，チリに対しては，こまめに部屋の掃除を行うことに加え，床のハウスダストを舞上げない掃除機の使い方などに気をつける必要がある。さらに，こまめな換気，除湿器の設置，結露水の除去など，湿度を低くさせる努力，隠れた部分のホコリ掃除，布団の乾燥，ペットの飼育の工夫，禁煙など，日頃から室内環境に配慮した生活を送ることが重要である。

1.2 家政学の視点からみた室内環境学

藤森文啓

1.2.1 室内環境と生活科学

私たちの「暮らし」の中にある諸々の事象を科学という視点で考察するために，工学，建築学，数学，物理学などさまざまな学問があるのだが，特にヒトを中心とした日常生活にまつわる事象を科学という視点で考察するときに，家政学に存

1.2 家政学の視点からみた室内環境学

在する生活科学という領域を引き合いにして説明するのは都合がいい。この節では家政学の中に存在する生活科学という枠組みの中で，室内環境学という領域がどのような位置にあり，どのような日常生活の諸問題を科学的に説明し解決することができるのかについて考察する。そもそも室内環境学という学問領域がどこに属する学問であるのか。「室内環境」という言葉を探ると「家政学」に存在するのだが，はたして本書が目指す「室内環境」とは従来からある「家政学」内の1つの領域としての「室内環境」として収まり切るものなのか。まずは「家政学」が目指してきた室内環境という領域について考察しながら，本書が扱う「室内環境」について論じたい。

家政学という学問とはどのような学問なのか。そもそも学問とは自由な発想に基づき，自然科学であれば誰でもが到達できる「解」で説明することのできるよう，難解な問題に取り組む学問であるし，政治・経済などを含む思想的・哲学的な考察においても自説が正しいという観点で難解な問題の解決を目指すものであろう。基礎学問としての数学，化学，物理学，生物学，地学，経済学，法学，歴史学，語学などの細分化された学問のいくつかを取り扱いながら行う実践的な学問，例えば医学，薬学，獣医学，農学，工学などの学問や人文系学問，心理学などにはさらに専門化した基礎・応用学問が発達して今に至る。では，家政学という学問とは何であるかという質問に，正しく端的に答えられる人はどのくらいいるのであろうか。家政学が扱う学問領域がどの程度まで広いのかについて知らないと，その答えも出すことができないであろう。そのように考えると「家政学という学問は何なのか」という問に対する答えが案外難しいことに気がつくだろう。また，家政学の扱う学問の範囲があまりにも広いがゆえに，室内環境学という学問が扱うべき範囲についての答えについても様々な解釈が存在し，1つの答えに到達しないことにも気がつくだろう。

1988年の日本家政学会編における文献集の領域分類を参考にすると，家政学とは家政学言論，家庭経営学，家庭管理学，家庭経済学，家族関係，児童学，食物学，被服学，住居学，家政教育学，家政学総合となっており，大項目としての分類をみても家政学が扱う範囲の広さに驚く。1948年から現在までに刊行された「家政学言論」の学問的意義についての変遷を追うと，当初は「生活規範学」

という総合科学として書かれている。その後，1960年代には応用科学・実践科学としての学問体系が一般化していたが，1970年代には「ヒトと環境」という側面から家政学を捉える環境科学を取り入れた学際科学的な色調が強まった。家政学は「ヒト」が関与する生活すべてにかかわる事柄を扱う学問であるのだから学際領域であるのは当然である。では，室内環境学というものはどのような位置づけと考えればよいのであろうか。そのためには扱う学問領域を細分化してみることが1つの解決策と思われる。

　まず，前述の領域分類では室内環境の扱う範疇は主として住居学である。家政学の中の住居学には，住居史，住生活，住居管理，住宅問題，住居デザイン，室内環境・設備，構造・材料・設備，居住環境などがある。1909年から2000年にかけてアメリカ家政学会誌に掲載された住居学領域の論文数は全体の4.4％（301報）と少ない。時系列にその発表数を追ってみても，10年ごとの各年代でせいぜい40報弱と，その数に年代的偏りも見いだせない。すなわち一定の数の報告はあっても，爆発的に論文が増えるようなトピックスが存在するような学問としてまだ成熟していないといえる。この分析を行ったアメリカ家政学研究会のデータからみえてくることは，室内の環境として，熱，空気，光，音，衛生に重点を置きながら，住生活，住居問題である「暮らしとヒト」という関係に重点が置かれていて，科学的な思考よりも精神論的な扱いによる論述が多かったように思われる。すなわち，家政学の中の室内環境学が目指す方向性は，「ヒト」を中心とした諸問題を文化的に思考し，その解を探る学問であったと言える。時代背景的なことを考慮すると，実学的な論証は基礎科学としての学問にゆだね，家政学が目指すところは精神論的な色彩が強くなっていたとしてもいたしかたないと思うのである。

　このように「家政学」という観点からの数少ない室内環境学の取り扱われ方について記述してきたが，では生活科学という視点からもう少し掘り下げてみたい。そもそも家政学の中のどのような位置づけとして生活科学が存在しているのであろうか。「生活科学」という概念は1930年代後半に，厚生大臣であった小泉親彦によって提唱された。その当時の日本生活科学会の目的には以下のような内容が盛り込まれて設立されていた。まず研究対象を「国民生活に関する科学研究」

とし，総合化・体系化を目指すとされた。この当時のもう1つの目的に，国家に対する寄与というものも含まれていた。そもそも学問が国家のため，と明言されていては，自由な発想による展開を期待することはできるはずもなく，現在の研究指向にそぐわない。さらに，設立当初から「生活科学」をどのように定義するかについては議論が賛否あったようだ。「生活」ないし「生活科学」を2つの言葉に分けて意義づけしていたとされる。1つは寄与の生活。国力充実に寄与するための行為（政治・経済・軍事・産業・教育などに従事する）である。もう1つは享受の生活。寄与の生活に必要となる活動力を保持増進させる（食事・休養・運動・教養・娯楽）ためとされている。このような意義づけの後に，住居部という研究部門が設立され，生活の要件としての「住」についての研究が行われていた。このように戦前に設立された日本生活科学会の中に置かれた生活科学という学問は，その時代にマッチした学問トピックスを受け入れながら変遷し今に至る。緩やかな経済成長をしていた時代と異なり，現在は「生活」が激変する時代となった。すなわち時代にマッチした新たな「生活科学」としての学問体系が必要となっているのも事実である。さまざまな研究者が指摘していることであるが，「家政学」という範疇では「生活」全体を捉えることが難しくなってきており，研究目的や学問としての統合原理が曖昧になってもきているという現実がある。すなわち，家政学は「家」を重要な研究の核としながらも，生活の全般を研究視野に入れなくてはならないということから，「家」という枠組みでの展開には限界がきているということであろう。家政学に存在する「生活科学」という学問も，この要件から考えるとあまりにも多くの事象を扱いすぎて，中には科学とは無縁の領域の思考までもが介在していたりする。では，どのような学問領域へと発展することが，生活科学の取るべき道なのであろうか。

1.2.2 日常生活の中の科学

　日常生活の中の科学というのは，見過ごしてしまいそうな些細な事柄が意外に科学的には重要であったり，これまで築き上げられてきた基礎科学での説明・解釈を超えていたりと，実学的科学の難しさがみえ隠れする学問でもある。例えば，医学の世界で行われる，ある母集団を一定数集めて行われる集団解析にしても，

統計解析処理により有意差を論じることは案外難しい。その理由はサンプルの「ばらつき」をどのように取り扱うかという問題にも起因しているし，生物としての解析であるからなおさら外的ファクターとしての環境要因などが加わることで難しさも増大する。生活科学が目指す学問は基礎科学に立脚したものではあるが，その解析対象はヒトや生物を取り巻く環境ファクターが雑多なものを扱う学問であるがゆえに，必然的に解釈が統計的になりがちであり，結果として見解が多数生まれる。数学や物理のように解法が複数あったとしても「解」が唯一無二であるような学問とは違い，時には永遠に答えの出せないということが「解」であるとしてもよしとされてきたような学問と思えるのである。統計解析手法の問題や扱う研究対象の問題とかではなく，今までの家政学というあまりにも実学主義的思考と安易な科学的解析・解釈での結果だけからでは新たな事象への展開が期待できない。学問は問題解決の手段であり，間違っても簡単に事の解釈をすべきではないと思うのである。そう考えると，家政学・生活科学という学問の方向性は，基礎科学に立脚した学際科学を目指すのが本当の姿であると感じるのである。以上のような理由から，生活科学における室内環境学も，基礎科学に立脚した学際科学としての発展から，新たな事象が生み出されるように努力し結果を残していくという必要性がある。

　さて，科学というものはそもそも素朴な日常的な疑問に対して，わかりやすく説明することのできる道具であり，応用的な使い方をすることで人類の生活をよりよく改善することができる道具である。産業革命以来，科学を駆使し利便性のよい工業製品や医薬品などが開発され人々の生活の質は向上し，今なおその利便性の追求のために科学は進歩している。衣食住を考えたときにも，各々の利便性確保のためにさまざまな科学的な応用がなされてきている。繊維科学や食品科学の世界ではナノテクノロジーを駆使した商品開発が進み，最先端科学を次々に投入して日々新たな機能性を付加した新素材・新品種などの開発が進んでいる。その学問の中心はどこであろうかと考えると工学・農学・薬学・医学などであり，残念ではあるがそこに家政学という存在感は他に比べると低い。この違いはひとえに根幹をなす学問としての基礎科学が確固たるものとして存在するかしないかの違いではないだろうか。一方，建築学などを中心とした住居学については，工

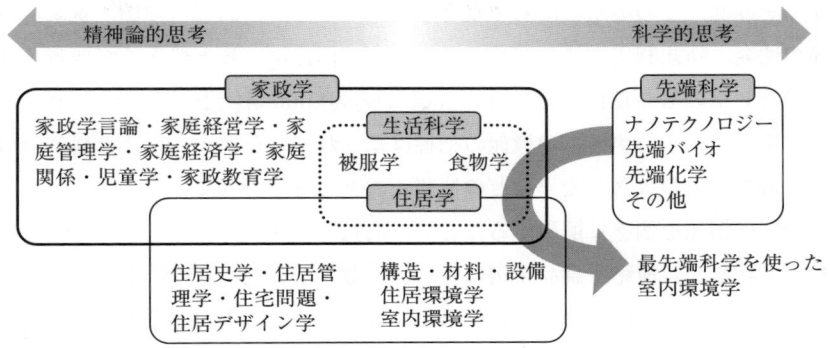

図1.2　家政学と室内環境学の関係

学的な発想からの利便性追求に主眼がおかれ，そこに住むヒトの状態を中心とした解析や科学的な考察がなされている。わずかながらではあるが，家政学の中の住居学の存在が垣間みられる。

家政学は基礎科学をベースに構築される応用科学を用いて展開される学際科学である。すなわち生活科学はまさに応用科学といってもいい。そして，新たなテクノロジーが生まれれば，即座にそれらの技術を駆使して生活をよりよくするための利用方法を考え使用し，問題解決や問題提起をしていくまさに学際科学なのである。

1.2.3　新規テクノロジーと暮らしの科学の融合

ここで新たなテクノロジーをどのようにヒトの生活の役に立つように利用するかの応用例について紹介し，室内環境学という学際科学のさらなる発展について考察してみたい。近年，生物学の中でめざましい発展を遂げたのがゲノム科学である。1990年代に始まったヒトゲノム計画や微生物全ゲノム解読計画は，基礎となる分子生物学の中の遺伝子シーケンス技術を根幹に，その後に開発が行われた蛍光色素を利用したシーケンス技術によって，驚くべきスピードで完全解読まで行き着いた。当然のごとく，解読対象の生物種はヒトの病気を治すという命題で始まったが，シーケンス技術の向上により，より安価に，よりスピーディーに解読できるように変貌すると，植物や動物，食品微生物などその解読対象生物は

広がりをみせ，その応用目的もさまざまに広がった。新品種の作出，新規機能性食品の開発，新規利用方法の開発などである。例えば，ヒト遺伝子が解読されたことで，ヒトのもつ遺伝子総数は25,000から30,000遺伝子であると予測されている。この遺伝子のすべての機能の把握はなされていないが，重要な病気の引き金になる遺伝子の欠落，変異などの情報が次々と特定されている。すなわち，遺伝子の配列情報を個々に解析することで，病気のリスク評価が簡単にできるように技術革新した。植物・食品を例にすれば，遺伝子の使われ方によって食味や日持ちなどの調整が可能となり，色や形といったいわゆる表現形質の人為的改変も可能となった。このように遺伝子を調べ，人為的に操作することがシーケンス技術により普及した。これらの技術革新はヒトの暮らしをよりよくするために積極的に利用されている。

では，室内環境学という領域で，これらのゲノム情報やゲノム科学をどのように応用し利用することが可能となってきたか。実は本書の各節で扱う中の生物にかかわる部分のほとんどすべてにおいて関連がある。微生物の分野では，高速シーケンス技術の確立によりバクテリアであれば全塩基配列が半日で完了するために，日々ありとあらゆるバクテリアの遺伝子情報が蓄積されている状態である。つまり遺伝子増幅法（PCR法）を用いれば数時間内にバクテリアの存在と種の特定が可能となっている。環境中のバクテリアの評価を昔ながらの培養と顕微鏡観察による方法を行わなくても正確にできるのである。すなわち，住環境中の微生物の同定や分類が，今や遺伝子レベルで正確に迅速に行うことができる時代となっているのである。医学や食品学・農学だけに留まらず，ゲノム解析より得られた遺伝子情報を活用することで家政学・生活科学の分野での評価系への応用の時代となってきたといえるだろう。ここで重要なことは，家政学・生活科学の中でいかに新技術を活用して新規な事象を見いだしていくかの着眼点とアイディアである。

化学分析・機器分析の分野でも技術革新はすさまじい。一昔前までは大型の機械で測定しないといけなかったものが，今ではポータブルな計測機器が多数存在する。これらの機器の中で，バイオセンサー技術分野に関してはゲノム解析と分析機器の技術の融合によって評価系が確立したといってもいい。アルコールセン

サーをはじめとする多数の酵素センサーは，酵素遺伝子群の人工的な生産体制がクローニング技術によりもたらされたものであることから，ゲノム解読の寄与は大きい。

　ではこのような化学・生物技術の評価系が日進月歩であるというこの速いスピードに，家政学としての評価系は追随しているのであろうか。詳細にみればないことはないが，総じて最先端科学技術を動員して解析がなされているとは言い難い。この問題は先にも述べたように，家政学や生活科学の目指すところが広く，あまり重要視されてこなかったからかもしれない。それに対して室内環境学はまさに最先端の技術をもってして「ヒト」が介在する「暮らし」を科学するという立場の学問であり，最適な応用分野である。物事を評価するという立場であっても，そこに最先端知識と最先端技術を取り入れ，そこから生み出される結果をいかに考察するかで行った研究の評価が高まる。以上のような観点で生活科学が目指すべき方向性と，室内環境学が目指す方向性は同じ方向性にあるといえる。

　評価系としての各種アッセイ系の基礎は家政学以外の分野から発信されているが，多数存在するアッセイ評価系のどれを活用し，いかに生活科学という場へ持ち込み使用するかが重要である。ゲノム科学から生み出される膨大な遺伝子配列情報を単に医学や薬学・農学に用いるだけであれば広がりはない。ヒトの暮らしのために用いることを真剣に考えたとき，次のような応用も考えられるだろう。

　セントラルドグマという流れは，設計図であるゲノム配列情報中のDNAという核酸分子から転写と呼ばれる過程をへてメッセンジャーRNA（mRNA）が生じ，その結果として翻訳という作業からタンパク質が生まれるものである。生物と呼ばれるものは間違いなくこの基本的なセントラルドグマの原理に基づいて設計図からタンパク質である各種酵素を生み出す物体でもある。この無限に存在するタンパク質酵素は，現代科学の技術を用いることで，感度のよいセンサーとして使用できる。また生物体そのものも感度のよい生きたセンサーとして使用することが可能である。室内の状態を評価するという場面では，化学的な測定，分析評価，生物学的な測定評価，物理的な測定評価が行われる。元素の定量評価や騒音の数値化や粉じんなどの物理的測定のように直接的に検出するということは生物学的な測定方法にはないが，生物学的な評価方法を用いることで迅速に，安価

に評価できるメリットがある。炭鉱夫がガス漏れ感知にカナリアを用いたのと同じ原理である。このような生物学的評価系はヒトや動物などの生き物が快適に生活するための評価として重要である。このように，生活科学が積極的に取り入れて評価しなくてはいけないものは，その環境に生きる生物側からの評価ではなかったのか。

科学の世界では，感覚的にとか感情的にという主観的評価ではなく，数値データなどによる客観的データによる評価が絶対である。デザインや芸術とは異なる，絶対無二の客観データで評価することが必要である。家政学が目指している生活の評価すべてという観点では，主観的・客観的にすべてをみながらの考察でよかったのであろうが，その弊害が万人に受け入れられにくい学問領域になっているのであるとすれば，室内環境学が目指す方向性は，客観的なデータに基づいた科学的立場での論証の世界であろう。

本節の最後に，ヒトにとって密接に関係する暮らしの中の事柄は生活空間である。この生活空間に関連する最大のものは室内環境といってもよい。生活を科学するという立場から問題提起をし，さまざまな科学的データから解決策や改善策を見いだしていく学問としての室内環境学というものの発展こそが，家政学に存在する生活科学の住環境分野とって重要であると考える。最新の科学技術を常に導入し，万人に理解される解析を行うこともまた重要である。

引用・参考文献
1) 環境科学フォーラム編：『室内空気汚染のおはなし』，日本規格協会，pp.27-42, 2002.
2) 井上哲男，廣正義，藤井冨美子，本馬達夫，吉井和夫：『生活科学概論』，pp.97-102, 建帛社，2002.
3) 総務省統計局平成20年度住宅・土地統計調査, 2008.
4) 日本香料協会編：『食べ物 香り百科事典』，pp.46-48, pp.148-150, 朝倉書店，2006.

5) 大森正司，中村重男：『家政学情報の活用法』，pp.126-163, 地人書院, 1990.
6) http://www.epd-jp.com/smell/01.html においについて
7) http://www.jfrl.or.jp/modules/news/article.php?storyid=78 日本食品分析センター 脱臭効果試験について
8) http://www.health-net.or.jp/tobacco/product/pd090000.html 厚生労働省 最新たばこ情報 成人喫煙率（JT全国喫煙率調査）
9) http://www.mhlw.go.jp/topics/tobacco/houkoku/seibun.html 厚生労働省 たばこの煙の成分分析について
10) 吉川翠，阿部恵子，小峯裕巳，松村年郎：『住まいQ&A室内汚染とアレルギー』，pp.27-42, 井上書院, 2002.
11) アメリカ家政学研究会：『20世紀のアメリカ家政学研究』，pp.1-251, 家政教育社, 2006.
12) 亀高京子：『若手研究者が読む「家政学原論」』，pp.1-273, 家政教育社, 2006.
13) (社)日本家政学会：『新版 家政学辞典』，pp.764-845, 朝倉書店, 2004.
14) 山森芳郎：『生活科学論の20世紀』，pp.1-244, 家政教育社, 2005.
15) 宮原佑弘：『家政学とはなにか』，pp.251-264, 家政教育社, 2007.

第2章
化学物質と室内環境

2.1 室内化学物質概論

関根嘉香

　最近，建物の中に入ると目がチカチカする，喉や鼻に刺激を感じる，疲れやすい，物忘れが激しい…こんな症状を感じることはないだろうか？　もしかするとそれは，シックハウス症候群かもしれない。

　科学・技術の進歩と発展により，私たち人間の生活は物質的に豊かになった。例えば医薬品，農薬，プラスチック，金属製品などの有用な物質は，生活の質の向上をもたらした。しかしそのいっぽうで，人間活動から発生する環境負荷が自然の浄化能力を超え，多量に化学物質が排出されると自然は拒否反応を示し，大

図 2.1　人工化学物質

有機化合物は生命体がつくり出す天然物と考えられていたが，1828年にウェーラーが初めて無機物からの合成に成功。石油化学の発展とともに新たな人工化学物質が開発されてきた。

気汚染や水質汚濁，魚介類や農作物の汚染となって現れた。また今まで自然界にはなかった新しい人工化学物質が，時には人や生態系，自然環境に対して有害な影響を与えることがわかってきた。このような問題が，私たちの身近な室内環境でも起きており，特にシックハウス症候群と呼ばれる健康被害は1990年代後半から2000年代に大きな社会問題にまで発展した。

この章では，化学物質による室内汚染のメカニズムと予防・対策の方法を学び，住まいの環境を化学的視点から捉える力を養うことを学習目標とする。

● 沈黙の春

レイチェル・カーソン（アメリカ）は，著書「沈黙の春」（1962年）のなかで，散布された農薬は環境中に拡散し，生体内に残留したものはさらに食物連鎖を通じて濃縮され，人や動物に有害な影響を与えることを訴えた。この訴えはその後の調査により立証された。以後，残留性が高い有害な有機塩素系農薬は規制されることになった。化学者カーソンの自然に対する洞察力が，いちはやく化学物質の危険性を見抜いたのである。

2.1.1 化学物質とは何か

水は氷（固体），水（液体），水蒸気（気体）のように，温度と圧力によって状態を変える。しかし状態は変わっても質量は変わらない。フランスのラボアジェは「無から有は生じない」（質量保存の法則，1774年）と述べ，物質とは質量をもつものと考えられるようになった。

物質は大別して混合物と純物質に分けられ，純物質はさらに単一の元素からなる単体と複数の種類の元素からなる化合物に分類される。高等学校の教科書では化学物質という用語は使われないが，広義には特定の化学組成を有する純物質を指し，英語のChemical Substanceに相当する。例えば，炭素原子（C）だけからなるダイヤモンドや，水素原子（H）2個と酸素原子（O）1個からなる水（H_2O）がこれにあたる。しかし一般的には，化学薬品，医薬品，農薬，食品添加物など，人間が新たにつくり出した物質，英語のChemical（複数形はChemicals）に対応する。特に有機化合物を指すことが多く，これは20世紀に

表 2.1 化学物質の名称（例）

慣用名	IUPAC名	CAS NO.	化学式	構造式	InChI
アルコール エチルアルコール	エタノール	[64-17-5]	C_2H_5OH	⌒OH	1/C2H6O/c1-2-3/h3H,2H2,1H3

膨大な数の新規有機化合物が合成され，工業的に利用されてきたことによる。

　化学物質にはさまざまな名前がある。日常的には慣用名が使われるが，正式にはIUPAC（International Union of Pure and Applied Chemistry：国際純正・応用化学連合）が定める命名法による。CAS（Chemical Abstract Service）では化学文献に記載された化学物質に対して固有のCAS Registry Numberを付し，これまで4,100万件以上の物質が登録されている。物質名を用いなくても検索できるため，データベースの作成などに有用である。また最近ではSMILESやInChI（International Chemical Identifier）などのコードネームも開発されている。

2.1.2 化学物質による室内空気汚染

　人の住む家は本来，その土地の気候・風土に合わせてつくられる。もともと日本の家屋は，温暖湿潤な気候・風土に適するよう，自然素材を用い，風通しよくつくられていた。例えば，8世紀に建てられた奈良の正倉院にはその特徴が顕著にみられる。しかし1960年から始まった高度経済成長以降，私たちのライフスタイルは大きく変わった。都市部への人口集中とともに大家族から核家族に移行。マイホームをもつことが家族の夢となり，増大する住宅需要に応えるため，自然素材に代わり新たな人工建材が使用されるようになった。同時に，石油価格の高騰を契機に，省エネルギー対策が講じられ，冷暖房効率を高めるため住宅の高気密化が推進された。その結果，気密性の高い室内に人工建材や日用品から揮発する化学物質が充満し，室内の空気汚染を通じて居住者に健康被害が現れた。これが「病気の家」，シックハウス症候群と呼ばれる現象である。欧米ではシックビルディング症候群（SBS）と呼ばれ，日本より10年ほど早く顕在化した。

図 2.2　正倉院（宝物殿）
四季の変化に対応し，夏場の温暖湿潤な気候に適した構造になっている。

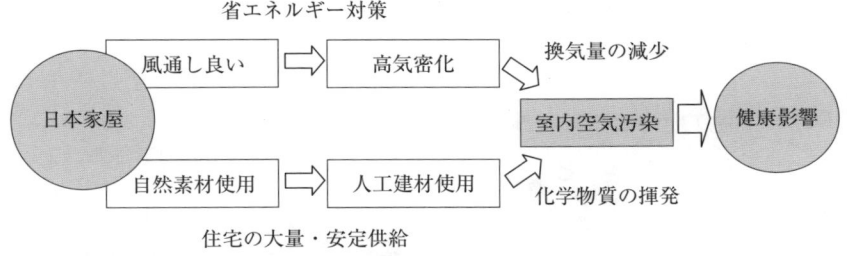

図 2.3　化学物質による室内空気汚染のメカニズム

　日本で社会問題になったのは1996年頃からで，当時はこのような症状が現れても「気のせい」で片づけられていた。これは発症の仕方に個人差が大きいためである。その後，医学的な診断基準が検討され，1999年にアメリカでアレルギーや中毒とは異なる別の病気，化学物質過敏症が病名として正式に認定された。それでは一体，どのような化学物質が原因になるのか。

2.1.3　室内空気中の化学物質

　室内環境で問題となる代表的な化学物質を以下にあげる。

(1) ホルムアルデヒド

　ホルムアルデヒドの沸点は-19℃であり，常温常圧では気体である。刺激臭のある無色の気体で，曝露すると目，鼻，喉への刺激，濃度依存性の不快感，流涙，くしゃみ，咳，吐き気などの症状が現れる。また国際がん研究機構（IARC）では，ホルムアルデヒドをヒトに対して発がん性物質であると認定している。ホルムアルデヒドの水溶液をホルマリンと呼び，殺菌防腐剤として使用される。ホルムアルデヒドは，合板，木質系フローリング，パーティクルボード，中質繊維板（MDF）やグラスウール断熱材などを製造するときの接着剤の原料として利用される。接着剤は合成樹脂と呼ばれる合成高分子で，ホルムアルデヒドと尿素やフェノールなどを縮合重合して得られる。このとき，ホルムアルデヒドをわずかに多く加えると，合成樹脂の収率が高くなる。しかし未反応のホルムアルデヒドが十分に取り除かれないまま建材の製造に用いられると，住宅の内装材として施工された後，建材の内部からじわじわとホルムアルデヒドが揮発し，室内空気を汚染することになる。合板や木質系フローリングなどからのホルムアルデヒドの放散は数年続くといわれている。

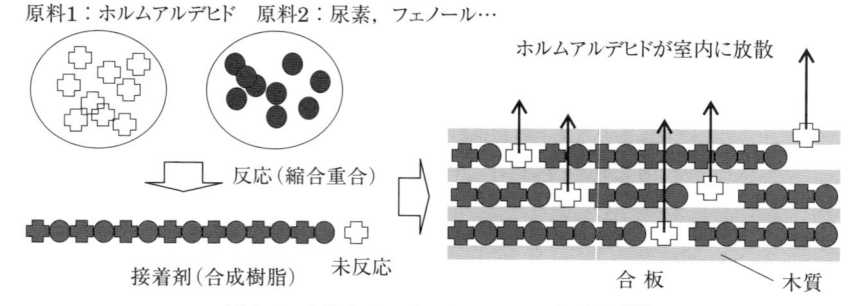

図 2.4　合板からのホルムアルデヒド発生機構

(2) 揮発性有機化合物（VOCs）

　揮発性を有する有機化合物の総称で，Volatile Organic Compoundsの頭文字をとってVOCまたはVOCsと表記される。WHO（World Health Organization：世界保健機関）は揮発性有機化合物を沸点に基づき4分類している。日本のJISではこの分類に基づく沸点50-100℃～240-260℃の化合物群を指すことが

2.1 室内化学物質概論

表 2.2 WHOによる揮発性有機化合物の分類

日本語名称	英語名称	略称	沸点範囲
高揮発性有機化合物	Very Volatile Organic Compounds	VVOC	<0℃～50-100℃
揮発性有機化合物	Volatile Organic Compounds	VOC	50-100℃～240-260℃
準揮発性有機化合物	Semi Volatile Organic Compounds	SVOC	240-260℃～380-400℃
粒子状有機化合物	Particulate Organic Matter	POM	>380℃

多い。この分類によれば，塗料やその溶剤に由来するトルエン（沸点：110℃）やキシレン（140℃），防虫剤の成分であるp-ジクロロベンゼン（147℃），天然由来のリモネン（178℃）はVOCに分類され，ホルムアルデヒド（−19℃）はVVOC，プラスチックを柔らかくするために添加されるフタル酸ジ-n-ブチル（345℃）はSVOCに分類される。実環境中では数十種類のVOCsが同時に検出されることがあり，シックハウス症候群や化学物質過敏症の原因になると考えられている。特にシロアリ駆除のため木造住宅の床下などに使用される有機リン系防蟻剤のクロルピリホスは，神経毒性やぜん息との関連が指摘されている。

(3) ラドン

原子核が不安定で放射線を放出しながら安定化する物質を放射性核種という。ラドン（Rn）は放射性核種の1つで，ウラン（U）を出発とする壊変系列の生成物であり，ラジウム（Ra）から生成し，ラドンも放射線を放出しながら壊変し，最終的には鉛（Pb）になる。

$${}^{238}_{92}U \rightarrow (中略) \rightarrow {}^{226}_{88}Ra \rightarrow {}^{222}_{86}Rn \rightarrow {}^{218}_{84}Po \rightarrow (中略) \rightarrow {}^{206}_{82}Pb$$

ウランやラジウムなどは常温で固体であるが，ラドンは希ガスであり，土壌や鉱物から発生したラドンが室内に流入することがある。日本は地質的にウランの含有量が少なく，ラドンの影響は顕著ではない。しかしアメリカでは重大な空気汚染源であり，地下室を有する住居では，床や壁の割れ目，コンクリートブロックの細孔からラドンが侵入し，居住者に肺がんを引き起こす原因となっている。

(4) 二次生成物質

発生源から直接放散された物質（一次物質）が環境中で化学反応した際に生じる生成物を総称して二次生成物質と呼ぶ。また反応経路に着目した場合，二次生

成物質の原料となる反応物を特に前駆物質という。室内空気ではオゾンとテルペン類の反応で生じる微粒子，ホルムアルデヒドとオキシダントの反応で生じるギ酸，エチルアルコールの酸化によって生じるアセトアルデヒドなどがあげられる。これら二次生成物質の発生機構や影響については未解明な点が多い。

2.1.4 シックハウス対策

　シックハウス問題に対しては産官学共同で精力的に調査・研究がなされ，その科学的知見をもとにさまざまな対策が講じられている。1つは，厚生労働省の定める室内濃度ガイドライン値である。これは人がその濃度の空気を一生涯にわたって摂取しても健康への影響は受けないと思われる濃度レベルとして設定されたもので，現在までホルムアルデヒドをはじめ13物質のガイドラインが示されている。シックハウス症候群の発症は個人差が大きいため，室内化学物質濃度がガイドライン以下であるからといって必ずしも万全ではない。また個々の化学物質に対する濃度監視だけでは真に健康で快適な空気質を維持することは難しい。そこで毒性学的根拠とは切り離して，室内空気質の向上をより合理的に達成することを目的に，全揮発性有機化合物（Total VOC，以下TVOC）を定義し，TVOCに対する暫定指針値（400 μg/m^3）も設定されている。TVOCとはVOCの捕集方法により採取され，ガスクロマトグラフィーにより検出された物質をトルエン濃度に換算して合計したものと定義される。

　なお，空気中の物質濃度は，質量濃度〔mg/m^3〕，体積濃度〔ppm〕，分圧〔Pa〕などいくつかの表記がある。慣例的に体積濃度C_vが用いられているが，体積濃度は気温によって変化するので，最近では質量濃度C_wを用いる傾向にある。大気圧下，理想気体とみなせるとき，両者の濃度は式(2.1)で変換できる。

$$C_w〔\text{mg}/\text{m}^3〕= C_v〔\text{ppm}〕\times \frac{M}{22.4} \times \frac{273}{(273+t)} \qquad (2.1)$$

　t：温度〔℃〕，M：分子量，式量または原子量〔g〕

　いっぽう，住宅の品質確保の促進等に関する法律（1999年）に基づいた住宅性能表示制度では，施主の希望により，内装に使用する合板の等級，換気設備のほかに，室内化学物質濃度の測定値などを表示することになっている。さらに

2.1 室内化学物質概論

表 2.3 厚生労働省の定めた室内濃度指針値

対象物質 [CAS No.]	構造式	物性	おもな用途	室内濃度指針値*	毒性指標	
ホルムアルデヒド [50-00-0]		無色刺激臭のある気体，分子量30，沸点-19℃	合板，パーティクルボード，MDF等の接着剤原料，防腐剤	100 $\mu g/m^3$ 0.08 ppm	ヒト吸入曝露における鼻咽頭粘膜への刺激	○
トルエン [108-88-3]		無色液体，分子量92，沸点111℃	内装材等の施工用接着剤，塗料等	260 $\mu g/m^3$ 0.07 ppm	ヒト吸入曝露における神経行動機能および生殖発生への影響	○
キシレン** [1330-20-7]		無色液体，分子量106，沸点144(o)，139(m)，138℃(p)	内装材等の施工用接着剤，塗料等	870 $\mu g/m^3$ 0.20 ppm	妊娠ラット吸入曝露における出生児の中枢神経系発達への影響	○
p-ジクロロベンゼン [106-46-7]		白色固体，分子量147，沸点174℃	衣類の防虫剤，トイレの芳香剤	240 $\mu g/m^3$ 0.04 ppm	ビーグル犬経口曝露における肝臓および腎臓等への影響	○
エチルベンゼン [100-41-4]		無色液体，分子量106，沸点136℃	内装材等の施工用接着剤，塗料等	3800 $\mu g/m^3$ 0.88 ppm	マウスおよびラット吸入曝露における肝臓および腎臓への影響	◎
スチレン [100-42-5]		無色液体，分子量104，沸点145℃	ポリスチレン樹脂等を使用した断熱材，合成ゴム等	220 $\mu g/m^3$ 0.05 ppm	ラット吸入曝露における脳や肝臓への影響	◎
クロルピリホス [2921-88-2]		無色または白色固体，分子量350，沸点160℃(分解)	シロアリ駆除剤	1 $\mu g/m^3$ 0.07 ppb，小児はさらに1/10	母ラット経口曝露における新生児の神経発達への影響および新生児脳への形態学的影響	○
フタル酸ジ-n-ブチル [84-74-2]		無色油状液体，分子量278，沸点340℃，略号DBP	印刷インクや接着剤の添加剤，壁紙や床材の可塑剤	220 $\mu g/m^3$ 0.02 ppm	母ラット経口曝露における新生児の生殖器の構造異常等の影響	
テトラデカン [629-59-4]		無色液体，分子量198，沸点253℃	灯油，塗料等の溶剤	330 $\mu g/m^3$ 0.04 ppm	C8-C16混合物のラット経口曝露における肝臓への影響	
フタル酸ジ-2-エチルヘキシル [84-66-2]		無色粘調液体，分子量390，沸点385℃，略号DEHP	壁紙や床材等の可塑剤	120 $\mu g/m^3$ 7.6 ppb	ラット経口曝露における精巣への病理組織学的影響	
ダイアジノン [33-41-5]		無色油状液体，分子量304，沸点120℃(分解)	殺虫剤	0.29 $\mu g/m^3$ 0.02 ppb	ラット吸入曝露における血漿および赤血球コリンエステラーゼ活性への影響	
アセトアルデヒド [75-07-0]		無色液体，分子量44，沸点20℃	合板等の接着剤原料，木材等	48 $\mu g/m^3$ 0.03 ppm	ラットの経気道曝露における鼻腔嗅覚上皮への影響	◎
フェノブカルブ [3766-81-2]		白色又は淡黄色の固体，分子量207，沸点112-113℃	シロアリ駆除剤	33 $\mu g/m^3$ 3.8 ppb	ラットの経口曝露におけるコリンエステラーゼ活性などへの影響	

*体積濃度は25℃換算．**キシレンにはオルト(o)，メタ(m)，パラ(p)の3種類の異性体がある．構造式はパラ体．
○：建築基準法の規制対象物質，◎：住宅性能表示制度における「特定測定物質」

2003年より建築基準法が改正され，内装仕上げに使用するホルムアルデヒド発散建材の使用面積の制限，居室に機械換気設備の設置義務，居室を有する建築物には防蟻剤（クロルピリホス）の全面使用禁止などが盛り込まれた。すなわち，建材などから発生する化学物質の発生量を減らし，換気量を大きくすることにより，室内空気中の化学物質濃度を低減する方策である。いっぽう，居住者の室内空気質に対する関心も高まり，専門的な知識がなくても誰でも簡単に扱える検知材料や化学物質を吸着・分解する内装建材や空気清浄機が開発され，実用化されている。

これら行政的な対応，民間の技術開発，そして人々の健康意識の向上により，新築住宅の空気質には顕著な改善傾向がみられるようになった。

2.1.5 リスクとベネフィット

化学物質の安全性，言い換えれば人への危険性は式 (2.2) により表される。

$$危険性 = 曝露量 \times 有害性 \tag{2.2}$$

すなわち，どのような化学物質も何らかの有害性（ハザード）を有しており，人に対して危険であるかどうかは接触する量に依存する。このときの危険性をリスクという。有害な化学物質はすべて使用禁止にするべきであるというゼロリスクを主張する人もいる。しかしいっぽうで，化学物質は私たちの生活において何らかの便益（ベネフィット）をもたらす。例えば，プラスチックや建材に添加される難燃剤の健康リスクが指摘されるいっぽう，難燃剤を用いることによって火災による死亡事故を減少させることができ，人々にもたらす便益は大きい。

ある化学物質を使用すべきか否かは，リスクの大きさとベネフィットの大きさを客観的に比べて判断する必要があり，私たちは化学物質とうまく付き合っていくことが大切である。その判断材料を提供する科学者の役割は大きい。

2.2 日用品からの化学物質

池田四郎

2.2.1 化学物質への曝露

あなたは日常生活の中で化学物質に反応して，頭痛や頭が働かなくなる，呼吸が苦しくなる，胃の不調，ふらふらするなどの症状が出たことはないだろうか。

図2.5は，大学生・男女124人に対して，それぞれの項目に曝露したときの症状の強さを，0（まったく反応なし），〜5（中程度の反応），〜10（動けなくなるほどの症状）の10点法で点数をつけてもらい，その平均値と標準偏差を示したものである。タバコの煙やペンキ・シンナー，殺虫剤や化粧品など，身近な日用品から発生する化学物質も体調不良の原因になっていることがわかる。

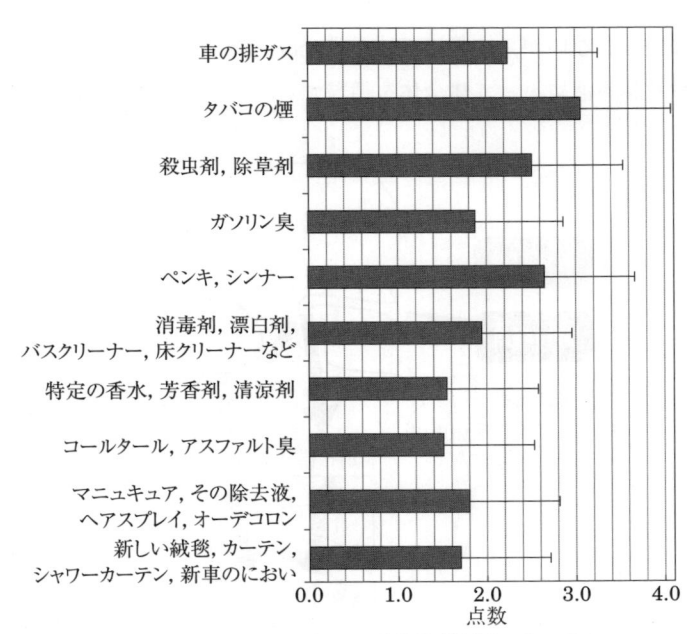

図2.5 大学生124人の化学物質曝露による反応

質問票は化学物質過敏症の自己診断法として開発されたQuick Environmental Exposure Sensitivity Inventory（QEESI）日本語訳を使用。

第2章　化学物質と室内環境

化学物質にさらされることを曝露といい，曝露経路には経口曝露，吸入曝露，経皮曝露などがある。経口曝露とは，食品や飲料などの摂取に伴って化学物質に曝露することをいい，自発的な飲食行動による意図的経口曝露と，乳幼児が手などに付着したハウスダストなどを無意識に摂取する非意図的経口曝露がある。消化管で吸収された化学物質は肝臓を通過するため，多くは代謝，分解される。この現象を初回通過効果といい，これにより化学物質の人体への有害性は抑えられるが，小児においては肝臓などの臓器や器官が発育過程にあるため，成人のような初回通過効果が得られない場合がある。

呼吸により化学物質に曝露することを吸入曝露という。空気とともに口や鼻から吸入された化学物質は気管を通って肺に入り，肺胞から毛細血管を経て吸収される。肝臓による初回通過効果を受けず，直接体内の血液循環に入るため，同じ濃度の化学物質であれば経口曝露より吸入曝露の方が高い危険性を有する。

化学物質が皮膚に接触することにより経皮曝露が生じる。水溶性の化学物質は皮膚の内部に侵入しないが，皮脂に可溶な成分は皮膚の表面を通過して内部に浸透し，血液やリンパ液に入って体全体を循環する。経皮曝露も肝臓での初回通過

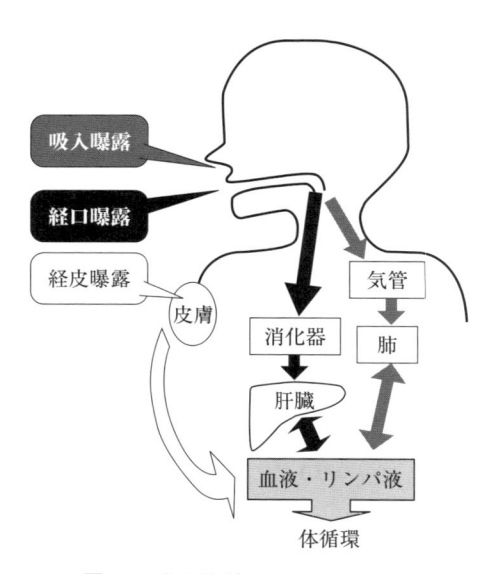

図 2.6　化学物質のヒトへの曝露経路

効果を受けず，吸収された物質の排泄には長い時間がかかる。

　日用品の使用に伴い，私たちはさまざまな化学物質に上記のいずれかの経路で曝露する可能性がある。家庭にある日用品から発生する化学物質をいくつか紹介する。

2.2.2 日用品からの発生

　生活環境には数多くの日用品がある。ここではある家庭をモデルとし，家族の人たちがどのような化学物質に曝露する可能性があるのかを述べ，化学物質とどう付き合っていくべきかを考えよう。郊外の一戸建て住宅に父，母，姉，弟の4人家族が住んでいる。日曜日の午前，愛煙家の父は書斎でタバコを吸いながら，翌日の会議の資料をパソコンでつくり，コピー機で複写している。母はトイレと

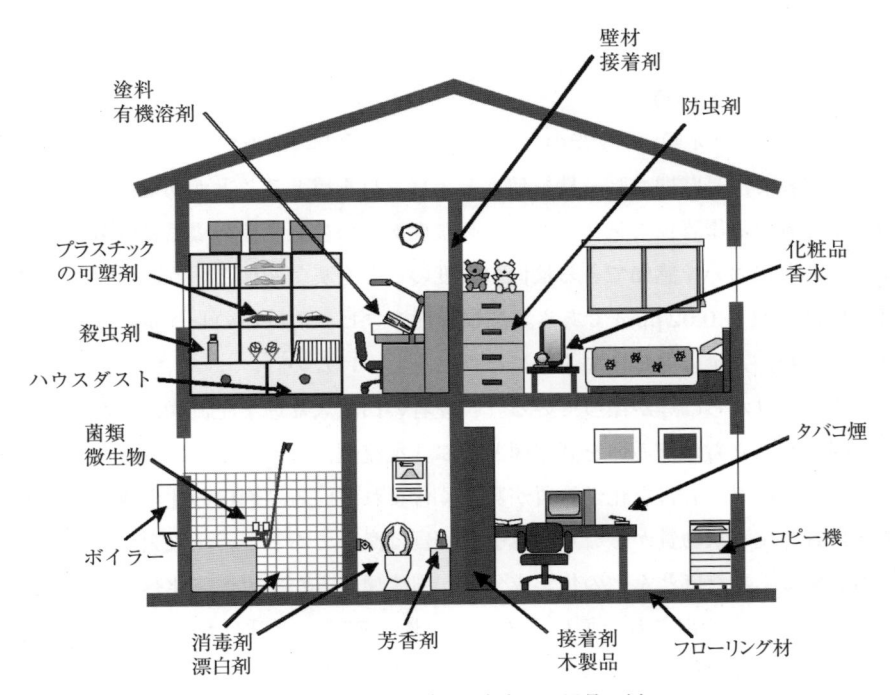

図 2.7　化学物質を発生する日用品の例

お風呂の掃除を終え，トイレの芳香剤を新しいものに取り替えている。大学生の姉は友だちとの約束で出かけるため，お化粧しながら身なりを整えている。中学生の弟は大好きなレースカーのプラモデルに色をつけている。

（1）父の場合

　父の書斎の本棚には書籍や雑誌，机の上にはパソコンやプリンター，コピー機がある。本棚や机の材料には，薄く切った板同士を重ね合わせ接着剤で圧着した合板が使用されている。この接着剤の原料にホルムアルデヒドが使用されている場合，ホルムアルデヒドが放散し室内空気を汚染する可能性がある。

　いっぽう，PPC方式のコピー機は，複写する対象に強い光をあてる。紫外領域の光が含まれている場合，空気中の酸素（O_2）と反応して，オゾン（O_3）を生成する。酸素分子は原子間の結合エネルギーに相当するエネルギー（＝紫外線）を吸収すると酸素原子（O）に解離する。酸素原子は不安定なため，酸素分子とすぐに結合してオゾンが生成する。

$$O_2 + h\nu \rightarrow O + O \tag{2.3}$$

$$O + O_2 \rightarrow O_3 \tag{2.4}$$

　h：プランク定数，ν：光の振動数，$h\nu$：光子のエネルギー

　したがって，長時間コピー機を使うとオゾン臭を感じることがある。オゾンは刺激臭を有する微青色の気体であり，高濃度あるいは長時間の曝露は呼吸器を侵す。ヒトがにおいを感知できる最低の濃度のことを臭気閾値という。オゾンの臭気閾値は0.01～0.02 ppmである。数枚程度のコピーではこのレベルの濃度にはならないが，大量にコピーする際には換気を心がけたい。

　父のタバコからは煙が漂っている。喫煙者の口に入る煙を主流煙，火がついている部分から立ちのぼる煙を副流煙と呼ぶ。主流煙，副流煙ともに成分の大部分は空気であるが，有害な化学物質が数多く含まれている。煙中の化学成分は，ガス状物質と粒子状物質からなり，粒子状物質は微小であるため，吸入すると肺まで到達する。またほとんどの化学成分は，副流煙の方が主流煙に比べて排出量が多い。副流煙や吐出された煙は環境タバコ煙（ETS）と呼ばれ，タバコを吸わない人がETSに曝露する，いわゆる受動喫煙が問題となっている。受動喫煙の曝露マーカーとしてニコチンや3-エテニルピリジンが検討されている。

表 2.4 タバコの主流煙および副流煙に含まれる有害化学物質の例*

状態	物質名	含有量（μg/本）				比** (副流煙/主流煙)
		国産タバコA		国産タバコB		
		主流煙	副流煙	主流煙	副流煙	
ガス状	一酸化炭素	7,680	46,500	11,600	48,700	5.1
	一酸化窒素	601	4,690	958	5,030	6.5
	窒素酸化物（NOx）	7,480	24,500	11,800	24,400	2.7
	ホルムアルデヒド	15.8	544	37.9	439	23
	アセトアルデヒド	397	1,897	560	1,689	3.9
	ベンゼン	24.1	266	25.8	294	11
	トルエン	36.1	576	35.9	583	16
粒子状	ニコチン	601	4,690	958	5,030	6.5
	タール	7,480	24,500	11,800	24,400	2.7
	ベンゾ［a］ピレン	0.00643	0.114	0.0114	0.092	13

＊厚生労働省ホームページ：1999～2000年度たばこ煙の成分分析をもとに作成
＊＊比の値は国産タバコAおよびBの平均値

(2) 母の場合

トイレやお風呂を念入りに掃除する際，殺菌剤や漂白剤がよく使われる．これらには次亜塩素酸ナトリウムが主成分として含まれている．次亜塩素酸ナトリウムは次亜塩素酸（HClO）の塩であり水溶液中では，式(2.5)の化学平衡にある．

$$\mathrm{HClO + HCl \rightleftarrows Cl_2 + H_2O} \tag{2.5}$$

市販の塩素系漂白剤には水酸化ナトリウムが添加されており，反応が左に進むようにされている．しかし酸性の洗剤を混ぜてしまうと反応が右に進み，塩素（Cl_2）のガスが発生して危険である．このような商品は注意書きをよく読んで適正に使用する必要がある．

消臭メカニズムには化学的消臭，物理的消臭，感覚的消臭の3つがある．化学的消臭には，悪臭物質と反応する化学物質が利用されている．単一の悪臭物質によるにおいには効果があるが，複数成分によるにおいの消臭には不向きである．物理的消臭の例としては炭があげられ，炭の細孔に臭気物質が物理吸着することで脱臭効果が得られる．感覚的消臭は，香りを用いて感覚的に嫌なにおいを感じにくくする消臭法（マスキング）である．母がトイレに置いた芳香剤は，このマスキングを利用しており，消臭成分にはラベンダー，レモンなどから抽出した植物精油や合成香料が利用されている．なお，芳香剤はにおいの好みが合わないと

かえって不快に感じたり，香りが強すぎると鼻やのどが刺激され咳き込むこともあるため，家族に使用感を聞くなどして自分たちにあった商品を選ぶ必要がある。

(3) 姉の場合

姉の使う化粧品にもさまざまな化学物質が使用されている。例えば，ファンデーションの基剤にはパラフィンなどエステル類が用いられ，軟らかく滑らかな固体であるため，肌への塗布が容易である。また融点は43〜68℃であり，お湯で洗い流すことができる。色調製剤として酸化鉄のほか，天然鉱物を粉体にしたものが用いられている。最近では美容のためだけでなくスキンケア，すなわち皮膚の老化の三大要因である紫外線，乾燥，酸化への対策も施されている。例えば紫外線吸収剤として酸化チタンが添加されている。また長持ちさせるための防腐剤にはメチルパラベンが利用されている。ところで，ナノテクノロジーの発展に伴い，化粧品原料にもナノマテリアルが利用されるようになった。ナノマテリアルとは，大きさを示す3次元のうち少なくとも1つの次元が100nm（＝0.0000001m）よりも小さい固体の粒子または構造体である。同じ材料でも微粒子化することで従来にはなかった新たな特性が発揮される場合がある。いっぽうで，未知の生体影響も懸念されており，今後の研究が待たれるところである。

マニキュアの除光液は主成分がアセトンであり，これは脱脂性が強いため爪を劣化させることがある。必要以上の化粧品の使用は，化学物質への曝露機会を増やすことになるのでほどほどに。

(4) 弟の場合

弟がプラモデルの着色に使う油性塗料の溶媒にはトルエンや酢酸エチルが用いられる。また，うすめ液はキシレンやエチルベンゼン，酢酸ブチルなどの揮発性有機化合物（VOCs）である。ヒトのトルエンに対する臭気閾値は0.92ppmである。室内濃度指針値は0.07ppmであるため，においがしなくても健康に有害な濃度に曝露している可能性がある。トルエンの短期曝露により頭痛やめまい，呼吸器系への刺激，眠気などの自覚症状が現れる。また濫用や事故により高濃度のトルエンに曝露すると中毒になる。さらに慢性曝露では神経系に影響することが知られており，使用に際しては換気をよくし，気分が悪くなったらすぐに清浄

な場所に移動して安静にし，症状によっては医師の診断を受ける必要がある。

2.2.3 化学物質のリスク管理

　化学物質のリスク管理はどのように行われているのだろうか。1973年に制定された「化学物質の審査及び製造等の規制に関する法律」（化審法）では，新規化学物質について事前審査を行い，性状に応じて厳しい規制がなされている。例えば，ポリ塩化ビフェニル（PCB）のような難分解性，高蓄積性，慢性毒性のある化学物質は，試験研究用以外での一般の使用，製造，輸入が禁止されている。EUでは安全性の確認されていない化学物質は市場から排除するという考えに基づき，2007年からREACH規則を施行し，約3万種の化学物質に関する安全情報の登録・評価・認定を義務化した。化審法も2009年に改正され，新規だけでなくすべての化学物質に対する管理制度が導入された。

　いっぽう，化学物質の安全性を法的規制に頼るだけでは不十分であり，日本化学工業会を中心に自主的なリスク管理が進められている。企業独自に環境目標を定め，化学物質の開発から製造，物流，使用，最終消費，廃棄の全工程にわたって安全・健康・環境面の対策を行っている。このような活動をレスポンシブル・ケアという。また市民・消費者の立場で環境保護活動をする個人や団体があり，化学物質を使用する側としてインターネットや刊行物を通じて情報交換，問題点の指摘をしている。化学物質を安全に使用するには，国や地方自治体の行政はもとより，企業や市民がそれぞれの立場で具体的な行動を起こす必要があり，科学的知見をもとにした活発なコミュニケーションが重要である。

2.3 化学物質の測定法

篠原直秀

室内には，ホルムアルデヒドやアセトアルデヒド，アセトンなどの高揮発性有機化合物（VVOC：Very volatile organic compound）類，トルエンやキシレンなどの揮発性有機化合物（VOC：Volatile organic compound）類，フタル酸エステル類やリン酸エステル類などの準揮発性有機化合物（SVOC：Semi-volatile organic compound）類など，さまざまな化学物質が存在している。

室内の化学物質の測定法を大きく分けると，現場でのサンプリング後に実験室で分析機器により分析する方法と，測定現場で濃度データを得られる現場測定法の2通りがある。現場測定法としては，検知管や半導体式ガスセンサなどを用いる方法があるが，ここでは詳しく記述しないこととする。

2.3.1 測定方法の原理と概要

(1) サンプリング（試料採取）

(a) サンプリング方法の概要　　室内空気中の化学物質のサンプリング（試料採取）は，一定量の室内空気中の化学物質を吸着剤もしくはフィルタに吸着させることによって行う。吸着剤に吸着している化学物質の量を測定し，一定量の空気量で割ることで，室内空気中の化学物質濃度を求めることができる。対象とする化学物質や抽出・脱着方法によって，異なる吸着剤を選択する。

空気中の化学物質を捕集する方法としては，吸着剤で充填した捕集管にポンプを用いて一定速度で室内空気を流通させて捕集するアクティブ法（図2.8）と，化学物質自身の分子拡散を応用して捕集するパッシブ法（図2.9）がある。アクティブ法によるサンプリング時に，捕集管を横にしてサンプリングを行うと，捕集管上部に隙間ができる可能性があり，化学物質が吸着されずに通過してしまう可能性があるため，基本的に縦向きにしてサンプリングを行うことが望ましい。定常状態における室内の化学物質濃度 C は，発

2.3 化学物質の測定法

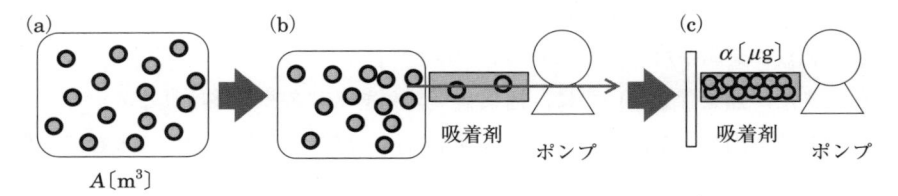

図 2.8 アクティブ法による室内濃度計測の概念図

室内の空気中の化学物質の濃度測定をわかりやすくするために，袋の中の化学物質濃度の測定の例を用いて説明する。(a) ある濃度の化学物質がある大きさ（A [m³]）の袋に入っていたとする。(b) ポンプを用いて袋の中の空気を吸着剤の入った捕集管内に通して，袋の中の化学物質を吸着剤に捕集する。(c) 袋の中の空気をすべて捕集管に通し終えると，袋の中にあった化学物質はすべて吸着剤に捕集されている。吸着剤に捕集されている化学物質の量を測って α [μg] であれば，袋の中の化学物質濃度は，α/A [μg/m³] だったとわかる。

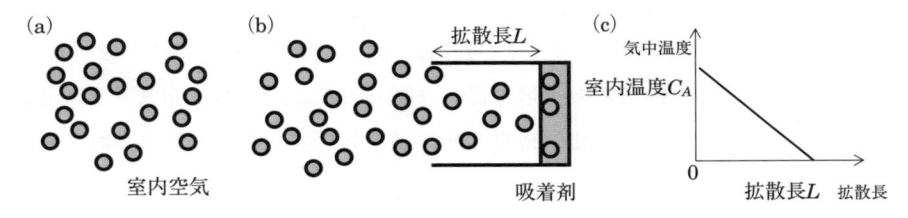

図 2.9 パッシブ法による室内濃度計測の概念図

パッシブ法は，前述のアクティブ法で用いたポンプの代わりに，化学物質自身の分子拡散を応用した捕集方法である。化学物質は，濃いところから薄い所へ濃度差と分子拡散係数 D に比例して拡散するという性質があり（Fickの法則），吸着剤に化学物質が吸着すると吸着剤近傍の空気中の化学物質濃度が0になるため，吸着剤に向かって空気中の化学物質の流れができることになる (b)。室内濃度が一定であり，吸着剤に吸着している量が破過量に達していなければ，濃度勾配は一定であり (c)，化学物質の捕集される速度 J は一定（$J = D(C/L)$）となる。この捕集速度は，アクティブ法との比較から求めたり，理論的な計算により求めることができる。

生源からの放散量 E と換気量 Q の釣り合いのもとで一定になっているが（$C = E/Q$），サンプリングにより室内から取り除かれる化学物質の量が放散量と比べて多すぎる場合には，そのバランスが崩れ，室内濃度が変化してしまう。そのため，特に納戸やクローゼットや屋根裏などの狭い空間の測定を行う際には，ポンプの流量に気をつける必要がある。また，パッシブ法につ

いては，分子拡散する距離が変化すると捕集速度が変わってしまうため，風速の影響を受けないように，開口部にフィルタが用いられたり，拡散領域に多孔質の樹脂が用いられたりしている．

　また，捕集管を用いずに，捕集バッグやキャニスタと呼ばれるステンレス容器に室内空気を直接捕集して実験室に持ち帰り，分析装置に導入して分析するという方法もある．

(b) サンプリング地点の選択　　室内濃度の測定は，その部屋を代表する場所で行う必要がある．そのため，サンプリングする場所としては，できる限り部屋の中央に近く，少なくとも壁から1m以上離れることが望ましい．また，高さは人の呼吸域として，1.2～1.5m程度とする．子供の曝露にかかわる測定をする場合には，高さ1m以下で測定することもある．

(c) 室内の条件設定とサンプリング時間　　室内の化学物質濃度は，部屋を閉め切ると徐々に上昇し，一定時間を経過すると定常状態になる（図2.10）．条件をそろえて室内濃度を測定するためには，定常状態で測定する必要がある．厚生労働省の室内空気中化学物質の採取方法では，30分換気後に5時間以上閉め切った後に室内化学物質をサンプリングすることが推奨されているが，換気回数が0.1回/hといった極めて換気の悪い部屋においては，定常状態になるまで10時間以上かかるため，サンプリング開始の半日は前から閉め切ることが望ましい．

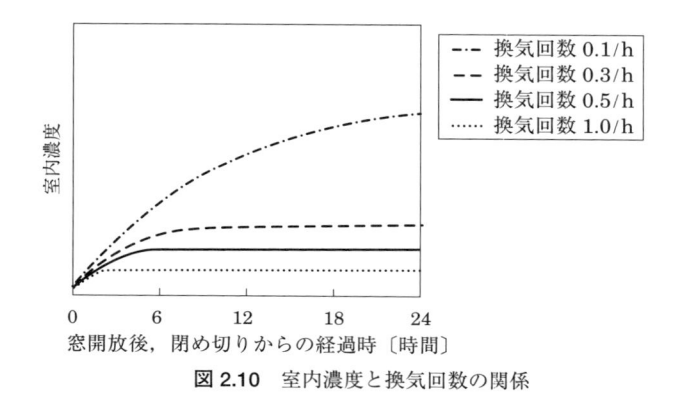

図2.10　室内濃度と換気回数の関係

2.3 化学物質の測定法

測定により得られる室内濃度は，サンプリング時間中の平均濃度である。目的によって得たい室内濃度の平均化時間が異なるため，サンプリング時間も目的に応じて変える必要がある。ある温湿度条件下における住宅の性能としての室内濃度を知りたいのであれば，前述のように室内濃度を定常状態にした後に30分～1時間サンプリングすればよい。長期の曝露濃度を知るための室内濃度計測であれば，人の行動による濃度変動も含めた24時間や1週間の平均濃度を測る必要がある。また，季節（温湿度）により，室内濃度は大きく変わり得るため，測定の実施時期についても示すことが必要である。

(d) トラベルブランク　吸着剤にはサンプリング前（製造時）から，対象化学物質が微量吸着している可能性がある。また，輸送や保管の際にコンタミネーション（汚染）が起こることもある。これらの確認をするため，測定ごとに，サンプリング操作を行わずに開封・密栓のみを行い，ほかのサンプルと同様に持ち運び，保管した捕集管を分析にかける（トラベルブランク）。この分析値（トラベルブランク値）は，サンプルの分析値から差し引くために用いる。また，トラベルブランク値が通常より極端に大きい場合には，深刻なコンタミネーションが生じた可能性があり，その際のサンプルデータは採用するべきではない。

(2) 分析法

捕集剤に捕集した化学物質は，有機溶媒で抽出，もしくは加熱脱着して分析機器で分析する。抽出に用いる有機溶媒や分析機器は，測定対象化学物質によって異なる。分析機器としては，HPLC（高速液体クロマトグラフィー：High Performance Liquid Chromatography）やGC（ガスクロマトグラフィー：Gas Chromatography）が用いられ，カラムとの相互作用の違いを利用して各化学物質を分離した後，さまざまな方法で検出して定量を行う。HPLC用の検出方法としては，紫外線の吸光度計測（UV）やイオン化後の質量分析（MS：Mass Spectrometer）などがある。GC用の検出器としては，質量分析法（MS）や水素炎イオン化法（FID：Flame Ionization Detector）や炎光度検出法（FPD：Flame Ionization Detector）などが用いられる。

2.3.2 各化学物質の捕集・分析方法

(1) VVOC類

　ここでは，VVOCsのうち，低沸点のカルボニル類についての測定方法を示す。カルボニル類は，DNPH（2,4-ジニトロフェニルヒドラジン）を担持したシリカゲルなどを吸着剤として使用して，ヒドラゾン誘導体として捕集する。室内のオゾン濃度が高い場合には，ヒドラゾンの分解が起こるため，捕集管の前にオゾンスクラバーをつけてオゾンを除去することもある。ヒドラゾンとして捕集したカルボニルは，吸着剤が充填された捕集管に注射筒を接続させて，上方からアセトニトリル（5～10mℓ）を1mℓ/min程度で流して抽出し，メスフラスコ中に滴下させる。この際，試験管を用いてもよいが，より容量を精確に測ることができるメスフラスコを用いることが望ましい。抽出液の分析には，HPLCやGC-MSなどが用いられる。ほかに，PFBOA（Penta Fluoro Benzyl Hydroxyl Amine）を誘導体化試薬として用いてGC-MSやGC-FIDで分析する方法や，3-メチル-2-ベンゾチアゾリノンヒドラゾン（MBTH）を誘導体化試薬として用いて，HPLCで分析する方法などもある。

(2) VOC類

　VOC類の捕集には，活性炭などの溶媒抽出用の吸着剤やTENAXやCarbotrapなどの加熱脱着用の吸着剤を充填した捕集管を用いる。溶媒抽出用の捕集剤は，試験管などに入れて1mℓ程度の二硫化炭素を加え，超音波をかけるもしくは一晩静置して抽出を行う。この際，二硫化炭素が揮発して抽出液量が変わる可能性があるため，溶媒を入れる前後の試験管重量計測を行い，比重から容量を求め，抽出液量を精確に把握しておくことが望ましい。加熱脱着用の吸着剤に捕集したVOC類は，250～300℃で吸着剤から脱着させる。抽出液や加熱脱着したVOC類は，GC-MSやGC-FIDなどで分析する。

(3) SVOC類

　SVOC類は，石英ろ紙やポリウレタンフォーム（PUF）や活性炭，TENAXなどで捕集し，トルエンやアセトンやジクロロメタンなどによる溶媒抽出や加熱脱着を経てGC-MSなどで分析される。塩素系や有機リン系の物質の場合にはGC-ECDやGC-FPDを用いて分析することもある。SVOC類は，身の回りのさまざ

まな用品に使用されており，分析時にコンタミネーションが起こりやすいため注意が必要である。また，SVOC類は凝縮しやすいため，加熱脱着後にライン内部で凝縮する可能性があることに対しても注意が必要である。

2.3.3　QA（Quality Assurance）/QC（Quality Control）について
（1）　検出下限値および定量下限値

　未使用の捕集管中の吸着剤における対象化学物質のブランク値や分析機器の応答シグナルは変動するため，その変動幅より十分に大きなピークが存在していなければ，対象物質が本当に存在しているかどうかや，その濃度の正確な値を知ることはできない。分析の際には，対象物質の存在を確認できる最低濃度（検出下限値）や，対象物質の濃度を定量的に示せる最低濃度（定量下限値）を把握しておくことが必要である。

　5本以上の同一ロットの未使用の捕集管の分析を行い，対象物質のピークがみられた場合には，そのブランク値の標準偏差の3倍を検出下限値，10倍を定量下限値とする。また，ブランクで対象物質のピークが確認できない場合には，クロマトのノイズ高さの3倍の高さのピークに相当する濃度を検出下限値，10倍の高さのピークに相当する濃度を定量下限値とする。

（2）　添加回収率

　添加回収率は，吸着剤が充填された捕集管に既知量の対象物質を添加した後に，通常の抽出操作もしくは脱着操作を行って分析した結果と添加していない捕集管中の化学物質量との差分の，添加した量に対する割合を表しており（[{添加試料中の分析値}−{添加していない試料中の分析値}]／添加量），吸着した対象物質がすべて抽出もしくは脱着できているかどうか，ほかの物質が存在することで対象物質の測定結果が干渉を受けないかを確かめるために示すことが求められる。

（3）　精度と確度

　精度とは，同じ濃度の液体や気体を測定したときに，どの程度同じ値を示すか（再現性）を表す指標であり（{結果の標準偏差}／{結果の平均}×100），5本以上の捕集管を用いて同じ場所で同じ時間併行測定を行って求める。室内濃度の結果のばらつき（精度）は，サンプリング時の流量のばらつき，抽出液量のばらつ

(a) 精度も確度も
　　よいデータ
(b) 精度はよいが
　　確度が悪いデータ
(c) 精度は悪いが
　　確度はよいデータ

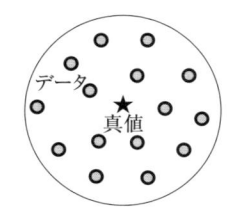

図 2.11　精度と確度

き，同一溶液を繰り返し分析機器に導入して分析した結果のばらつき（機器分析精度）などを含んだものであり，その測定法で得られる室内濃度が意味する濃度範囲を示すものとなる。例えば，精度が10％の測定法で測定した2か所の結果に1％の差があったとしても，その2か所の濃度に差があるとはいえない。

確度とは，測定によって得られた濃度が，どの程度実際の値（真値）に近いかを示す指標である。原理の異なる測定・分析法による分析結果が等しくなることを確認することや，既知の真値（標準試料）についての測定を行うことなどにより確かめる。精度と確度についての概念図を図2.11に示す。また，近年では真値は測定できないとの前提から，測定値からどのくらいの範囲内に真値が存在するかを確率論的に表現する"不確かさ"の尺度が用いられることも多い。

(4)　破過容量

アクティブ法の場合，ポンプの流速が速すぎると，一部の化学物質は吸着剤に吸着できずに捕集管を通過してしまうことがあり，この現象は破過と呼ばれる。また，濃度が非常に高い室内で長時間捕集した場合などに，捕集量が吸着剤に捕集できる最大量を超えて，破過が起こることもある。吸着剤の種類や充填量，捕集管の太さによって破過容量は異なるため，使用する捕集管の種類ごとに検討が必要である。破過の確認を行うには，捕集管を2本直列に連結させて捕集を行い，後部の捕集管における化学物質の検出をみる。また，パッシブ法でも，吸着量が吸着剤の能力を超えて多くなると，吸着剤表面空気中の濃度が0でなくなり，捕集速度が変わるため，捕集しうる最大容量の確認が必要である。

2.4 室内化学物質の挙動

伊藤一秀

室内環境での化学物質の挙動は，空気中での移流，拡散，各種反応現象のほか，建材内部での拡散移動，建材表面からの放散，室を構成する周壁表面との相互作用である吸脱着現象などを含む複合的な現象である．特に室内環境は室体積Vに対する周壁の表面積Aの比，いわゆる負荷率（$=A/V$, Loading Factor）が大きいという特徴があり，屋外環境や地球環境スケールでの化学物質挙動の取り扱いとは異なる配慮が必要となる．また，先進諸国では1日の9割以上の時間を室内環境中で過ごすとされており，化学物質による曝露を予測，制御する観点でも室内環境中での化学物質挙動の把握は重要となる．

室内の化学物質濃度を適正な濃度レベルに制御するためには，化学物質の挙動を支配する各要素が室内濃度に与える影響・寄与の程度を理解することが大切となる．一般に，室内環境管理を厳密に行う際には人体各部位での曝露濃度（経皮曝露）や呼吸濃度（経口曝露），または，工場などでは例えばシリコンウエハ表面での化学物質沈着量といった局所領域の高精度な濃度予測が求められ，また一般環境では室平均濃度や時間平均濃度を管理することでリスク低減を行うことも重要となり，この場合は室を代表する濃度レベルの評価が重要となる．

本節では室内環境中での化学物質の挙動を支配する要素別にそのメカニズムを解説する．

2.4.1 化学物質の発生

（1）内部拡散（材料内拡散）支配型放散と蒸散（表面蒸発）支配型放散

室内空間を幾何的に構成する壁面や各種の建築材料から室内空気中への化学物質放散は，その輸送抵抗が最も大きい箇所（言い換えれば，物質伝達係数が最も小さい箇所）がその輸送量に支配的な影響を与える．材料中の化学物質の拡散係数が極めて小さい（すなわち，輸送抵抗が大きい）場合，材料中から気中への放散速度は，ほぼ材料中の化学物質の拡散速度で決定される．これを内部拡散支配型放散（材料内拡散支配型放散）と呼ぶ．いっぽうで，材料中の輸送抵抗が小さ

い場合，例えば乾燥前の濡れたペイントからの溶剤の気中放散などは，ペイント中での溶剤の輸送抵抗はほとんど無視でき，材料表面から気中に至る表面物質伝達率により，気中への放散速度がほぼ決定される。これを蒸散支配型放散（表面蒸発型放散）と呼ぶ。

内部拡散支配型放散と蒸散支配型放散は，便宜的に空気の分子拡散係数 ν（常温で 1.5×10^{-5} 〔m^2/s〕程度）のオーダによって分類することができる。内部拡散支配型放散の建材とは建材中の有効拡散係数のオーダが空気の分子拡散係数と比べ，十分に小さい（$\ll 1.5 \times 10^{-5}$ 〔m^2/s〕）ものを指し，蒸散支配型放散の建材とは空気の分子拡散係数と同程度もしくはそれ以上のオーダのものを指す。

(2) 化学物質放散のメカニズム

蒸散支配型建材からの化学物質放散は，建材内部での化学物質移動速度が大きいため，建材表面から気中への輸送のみを考慮すればよい。この場合，建材表面濃度と気中濃度（代表濃度）との濃度差に比例して放散量が決定され，この現象は式(2.6)で示される。

$$EF = -K(C_s - C) \tag{2.6}$$

EF は単位時間・単位面積あたりの放散量（放散速度，放散フラックスと称することもある〔mg/m^2/h〕），C_s は建材表面における化学物質濃度〔mg/m^3〕，C は化学物質の室内濃度〔mg/m^3〕，K は物質伝達率〔m/h〕

一般に K は乱流拡散による物質移動量を含むため，代表濃度 C は建材表面から十分に離れた領域（乱流域）の濃度を参照濃度として定義される。式(2.6)は，移動熱量を対流熱伝達率型（α_c）の壁関数を用いて表現するニュートンの冷却則と同型であり，熱移動と物質移動の相似性より物質伝達率 K はルイスの関係より推定することもできる。対象建材が液体や乾燥前の塗料などでは建材表面濃度 C_s は飽和蒸気圧で定義される飽和気相濃度となり，ほぼ一定値とみなすことができるが，一般に室内空気側の代表濃度 C が変動するため放散量 EF は室内環境条件によって大きく変化することとなる。

内部拡散支配型建材からの化学物質放散は，建材内部での化学物質移動速度が小さく，建材中の濃度勾配と拡散係数により放散速度が決定され，相対的に室内側の環境変動の影響を受けにくい。この現象は式(2.7)のフィックの第1法則に

より記述される。

$$EF = -D\frac{C_s - C}{\Delta x} = -D\frac{\partial C}{\partial x} \qquad (2.7)$$

　D：建材中の対象化学物質の有効拡散係数〔m²/h〕，Δx：建材表面からの距離〔m〕

　式(2.7)中の濃度Cは建材中の化学物質濃度〔mg/m³〕である。式(2.7)は化学物質の放散フラックスを表す基礎式であり，熱伝導を示すフーリエ式と同型である。式(2.7)は境界層内の十分に建材表面に近い粘性底層内を対象とした場合にも成立し，この場合の拡散係数は空気中での分子拡散係数，代表濃度Cは粘性底層内濃度となる。

　内部拡散支配型建材の場合，式(2.7)中の有効拡散係数のオーダが大変小さく，室内側の環境要素の影響を無視することも多い。そのため，内部拡散支配型の長期放散に関しては，時間によらず定常放散（放散量は一定値）として扱われることも多い。

　フィックの第1法則は放散フラックスが建材中の濃度勾配に比例するモデルであり濃度の1階微分の形で表現されているが，このモデルを時間変化を考慮して非定常状態での拡散に拡張したものがフィックの第2法則と呼ばれ，式(2.8)に示すように2階微分の形で表現される。これは非定常の物質拡散を示す基礎式である。

$$\frac{\partial C}{\partial t} = D\frac{\partial^2 C}{\partial^2 x} + (S) \qquad (2.8)$$

　ここで，(S)は化学物質の発生項を示す。ここではDは定数として扱っている。

　式(2.8)は放散量の時間変化を放散に関する物理過程を数学モデルによりモデル化し，その定数を現象に合わせて最適化する厳密な物理モデルといえる。放散量の正確な予測には，式(2.8)を用いて建材内濃度の時間変化，濃度勾配を算出し，式(2.7)より放散量を求めることになるが，放散量実験結果に合う減衰関数を当てはめる式(2.9)のような簡易的な表現法もある。

$$EF = EF_0 \times e^{-kt} \tag{2.9}$$

EF_0：時刻 $t=0$ における単位面積あたりの化学物質発生量〔mg/m^2/h〕,

k：1次元定数〔/h〕

式(2.9)は1次減衰モデルとも呼ばれ，化学物質の放散量を時間の関数として1次減衰すると仮定してモデル化された簡易モデルである．2次減衰モデルやより高次の減衰モデルも提案されている．

2.4.2 化学物質の室内気流による輸送

(1) 換気量と室内化学物質濃度

建材表面からの放散もしくは，居住者の持ち込みや使用により各種の化学物質が室内環境中に放散された場合，室内気流によって移流，拡散された後，最終的には屋外などに排出される．

化学物質などの汚染物質で悪化した室内空気を清浄な外気と入れ換えることを換気といい，この換気量の調整は室内空気の清浄度レベルを制御する基本的方策となる．

ここで，室容積 V〔m^3〕を有する室に対して Q〔m^3/h〕の換気が行われている定常状態を想定する．室に導入される換気空気中の化学物質濃度が C_0〔mg/m^3〕であるとき，放散速度 EF〔mg/m^2/h〕の建材が表面積 A〔m^2〕だけ室内中に設置されている場合，室内環境中での化学物質の物質収支すなわち質量バランスを考慮した際の基礎式は式(2.10)ならびに式(2.11)となる．ここで室内中での化学物質の吸着・分解は無視している．

$$C = C_0 + \frac{EF \cdot A}{Q} \tag{2.10}$$

$$EF = \frac{(C-C_0) \cdot Q}{A} = \frac{(C-C_0) \cdot N}{L} \tag{2.11}$$

C：室内の化学物質濃度〔mg/m^3〕, N：換気回数（$=Q/V$〔h^{-1}〕）, L は建材負荷率（$=A/V$〔m^2/m^3〕）

一般に健康影響などが懸念される化学物質に対しては，室内環境基準や濃度指針が定められており，例えば，ホルムアルデヒドは100〔μg/m^3〕，二酸化炭素

は1,000〔ppm〕となっている。これらの室内濃度指針を満たすために必要となる換気量を特に必要換気量という。

式(2.11)のとおり濃度制御に対する化学物質放散量EFと換気量Qは比例関係にあるため，室内の濃度レベルを担保するためには汚染源の制御（化学物質放散量を小さくする，もしくは取り除く）と換気量の制御（清浄空気を増加させて汚染物質を希釈する）の両者が重要となる。

(2) 換気のメカニズム

室の開口部を通過する風量，すなわち換気量Qは，開口部面積をA〔m^2〕，開口部を隔てた両側の圧力をP_{out}〔Pa〕ならびにP_{in}〔Pa〕とし（ここでは$P_{out} > P_{in}$），空気密度をρ〔kg/m^3〕とした場合に式(2.12)で表される。

$$Q = \alpha A \sqrt{\frac{2}{\rho}(P_{out} - P_{in})} \tag{2.12}$$

式(2.12)中のαは流量係数と呼ばれ，理想的な開口部では1となるが，実際には開口部の形状により1以下の異なる値を取る。またαA〔m^2〕を実効面積という。

式(2.12)は室の内外圧力差（$P_{out} - P_{in}$）が換気の駆動力となることを示しているが，この圧力差を窓面等に作用する風圧力（風力換気）や室内外の温度差（温度差換気，もしくは重力換気）を利用して担保する換気方式を自然換気と呼ぶ。

開口部に作用する風圧力は風圧係数C，風速U〔m/s〕を用いて式(2.13)で示される。

$$P_w = C \cdot \frac{1}{2}\rho U^2 \tag{2.13}$$

例えば，外部風速Uが一定で，室に2か所の開口がある場合，各々の開口部位置の風圧係数をC_1ならびにC_2とすれば，式(2.13)を式(2.12)に代入することで式(2.14)を導くことができる。

$$Q = \alpha A' \cdot U\sqrt{C_1 - C_2} \tag{2.14}$$

ここで$\alpha A'$は2か所の開口部のαAを合成した値である。

外部風がゼロの場合においても，室内外に温度差がある場合には，内外空気の

密度差に起因する圧力差により換気が生じる。室の上下に開口部がある場合，重力加速度をg〔m/s^2〕，開口高の差をh〔m〕とすると上下方向の圧力差は式(2.15)となり，$\rho_{out}(t_{out}+273)=\rho_{in}(t_{in}+273)$の関係とともに式(2.12)に代入すると，温度差換気（重力換気）による通過流量Qを算出するための式(2.16)が得られる。

$$P_{\text{floor}} - P_{\text{ceiling}} = (\rho_{\text{out}} - \rho_{\text{in}})gh \tag{2.15}$$

$$Q = \alpha A' \cdot \sqrt{\frac{2g(t_{\text{in}} - t_{\text{out}})t}{t_{\text{in}} + 273}} \tag{2.16}$$

また式(2.12)中の換気の駆動力である内外圧力差を送風機，排風機などを用いて強制的に担保する方式を機械換気と呼ぶ。機械換気は給気側にも排気側にも送風機を用いて換気を行う第1種機械換気，給気側のみ送風機を用い，排気側には単純な開口のみを用いる第2種機械換気，排気側に換気扇などの排風機を用い，給気側には単純な開口のみを用いる第3種機械換気に分類することができる。室内圧力の制御の観点より，室圧が正圧となる第2種機械換気はクリーンルームや手術室など，外気からの汚染質流入を防止する必要性がある場合に採用され，室圧が負圧となる第3種機械換気はトイレ，浴槽など，室内で発生した汚染物質が周囲に拡散するのを防止する必要性が高い空間に用いられることが多い。

その他，室全体をまんべんなく換気する全般換気方式と台所のレンジフードのように局所的に発生する汚染質を効率的に排気するための局所換気方式といった分類もある。

(3) 室内気流分布と不均一汚染物質分布

一般に室内が完全混合し，一様気流となっている場合は稀であり，空気流動，汚染物質の分布ともに不均一な場が形成されている。すなわち，室の平均濃度と呼吸域濃度や居住域濃度といった局所領域の濃度は異なるために，高い精度で曝露濃度を予測するためには，計算流体力学（CFD）の技術を用いて流体の基礎方程式（連続式，ナビエ・ストークス式）と汚染物質の輸送方程式（スカラ量の輸送方程式）を連成して解析する必要が生じる。CFDの詳細に関しては良書が多数出版されており，専門書を参照されたい。

2.4.3 壁面に対する沈着と再放散

　古くから室内環境中の臭気を制御・調整する方法の1つとして活性炭やゼオライト，シリカゲルといった吸着剤が使用されている。吸着現象とは「2次元平面と3次元空間との相互作用の中で，特に固相表面である界面に対して気相物質が濃縮される現象」と表現することができる。ここではおもに気相（ガス相）と固相の関係に着目する。固相と気相の境界を界面といい，この界面を吸着相という。また室内空気中の化学物質が固体表面に吸着する場合，固体側を吸着剤（吸着媒），吸着する化学物質を吸着質と呼ぶ。吸着質が吸着相から気相に移動することを脱着という。界面のみの現象にとどまらず，化学物質が固体の内部まで入り込む場合，このような現象を吸収といい，吸収と吸着を区別しない場合には，収着という用語を用いることもある。

(1) 物理吸着と化学吸着

　吸着効果の多寡は界面の量，すなわち表面積に大きく依存する。活性炭やシリカゲルは多孔質であり，微細な空隙を内部に多数保持する構造のため，単位重量あたりの相対的な表面積である比表面積が極めて大きく，例えば，活性炭の比表面積は $800 \sim 2,000$ $[m^2/g]$ もあるとされる。

　吸着現象は，物理吸着と化学吸着に大別される。物理吸着とはファン・デル・ワールス力（分子間力や分散力）による吸着現象であり，気体の凝縮に類似する現象である。一般に吸着速度ならびに脱着速度は相対的に大きく，可逆的である。化学吸着とは化学的な相互作用を有する吸着現象であり，ファン・デル・ワールス力と比較して桁違いに大きい力が作用する。一般に，吸着質と表面原子間で共有結合の生成や電荷移動が生じる吸着現象となるため，化学吸着は吸着剤と吸着質の組み合わせによって選択的に生じる現象となる。吸着速度が小さく脱着速度も小さい現象で，反応は不可逆となる。接着剤による接着などは化学吸着の一例といえよう。

　物理吸着と化学吸着の現象論的相違は，選択吸着性と吸着熱の2点に集約される。気相の吸着質を対象とした場合，物理吸着の吸着熱は凝縮熱と同程度もしくはやや大きい程度（< 20 $[kJ/mol]$）であるのに対し，化学吸着の吸着熱は吸着質の凝縮熱よりも格段に大きく（$\gg 20$ $[kJ/mol]$），化学結合の結合エネルギー

と同程度となる。また物理吸着は吸着剤と吸着質の組み合わせにほとんど依存せず，多分子層吸着を形成するのに対し，化学吸着は選択吸着性であり，一般に単分子層吸着を形成する。

(2) 気相濃度と吸着量の関係

一定量の吸着剤に対し，吸着質である化学物質を定常的に供給した場合，吸着量は時間経過とともに大きくなり，一定時間経過後には見かけ上，吸着量の変化が無くなる。この時点での吸着量を平衡吸着量という（図2.12）。理想的な無限の吸着剤をパーフェクト・シンクと呼ぶが，当然のことながら現実には吸着量は無限ではない。吸着量の時間変化を吸着速度といい，平衡吸着量に達した場合，すなわち定常状態に達すると見かけ上の吸着速度はゼロとなる。ここで，平衡吸着量を気相の吸着質濃度（あるいは圧力）に対してプロットした関係を吸着等温線という。呼称のとおり，等温過程を前提とする。その吸着等温線から推定した近似式は吸着等温式と呼ばれる。

IUPACは典型的な吸着等温線をIからⅥの6種に分類している。横軸は吸着質濃度C，縦軸は吸着量（吸着相濃度C_{ad}）を示している。図2.13に示すI型はいわゆるLangmuir型と呼ばれるもので，気相の吸着質濃度を段階的に上昇させた場合，吸着量が一定量で飽和に達し，それ以上増加しない関係を示す。吸着サイトに上限がある単分子層吸着相にみられる吸着の典型例とされる。一般には化学吸着に適合する系である場合が多いが，活性炭やゼオライトに対する物理吸着現象も近似的にI型で表現されることが多い。Ⅱ型はBET (Brunauer, Emmett, Teller) 型に代表される多分子層を形成する物理吸着の典型例であり，

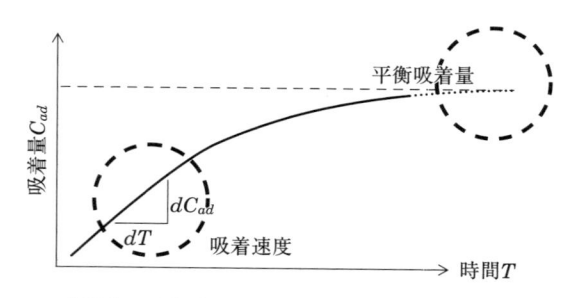

図 2.12 一定濃度の吸着質を供給した場合の吸着量の時間変化

2.4 室内化学物質の挙動

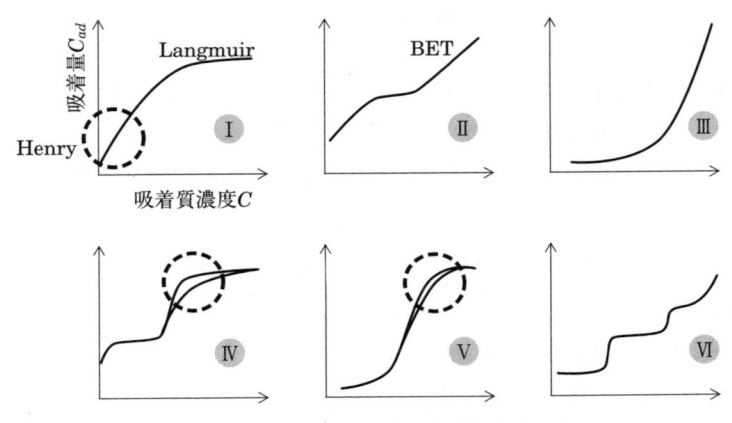

図 2.13 IUPACによる吸着等温線の分類

表 2.5 吸着等温線の近似式　吸着等温式

① 吸着等温式の一般型
$$C_{ad} = f(C_{eq}, T), \quad C_{eq} = C$$

② Henry［linear］型吸着等温式
$$C_{ad} = k_h \cdot C_{eq} = k_h \cdot C$$

③ Langmuir型吸着等温式
$$C_{ad} = \frac{C_{ad0} k_l C}{1 + k_l C}$$

④ BET型吸着等温式（Brunauer, Emmett, Teller）
$$C_{ad} = \frac{C_{ad0} k_{BET} C_r}{(1 - C_r)(1 - C_r + k_{BET} C_r)}$$

⑤ Freundlinc型吸着等温式
$$C_{ad} = k_f C^{1/n}$$

C_{eq}	平衡気相濃度（吸着相ごく近傍の吸着相濃度と平衡状態にある気相濃度）
f	気相濃度と吸着量の関係を示す吸着等温式
C	気相の吸着質濃度
k_h	Henry定数
k_l	Langmuir定数（吸着速度係数k_aと脱着速度係数のk_d比）
C_{ad0}	飽和吸着量
k_{BET}	吸着エネルギーに関連する定数
C_r	飽和濃度に対する平衡気相濃度との比
k_f	Freundlichモデルの経験定数
$1/n$	Freundlichモデルの吸着定数

非多孔質の固体表面の現象を表現することが多い。Ⅲ型は多分子層吸着の場合で，吸着熱と凝縮熱が同程度の場合にみられる形とされる。吸着熱が凝縮熱よりも十分に大きい場合はⅡ型に近づくとされる。Ⅳ型ならびにⅤ型は物理吸着にみられる現象で，ヒステリシス（履歴現象）を示すものである。ヒステリシスは，内部の細孔径より入口径が小さく吸着時の毛管凝縮半径と脱着時の毛管凝縮半径が異なる場合や，メニスカス（液体架橋）の構造に依存する場合などに生じると説明されることが多い。Ⅵ型は階段型と呼ばれ，吸着した分子相互の分子間力（引力）により秩序構造を有する吸着層が形成される場合などに観察される。

代表的な吸着等温式を表2.5にまとめて示す。

(3) 室内環境中での吸着材の効果

室内環境中に存在する臭気物質や汚染物質の除去を目的として吸着剤を使用する場合を想定する。吸着剤の性能評価を行うために，ある気相の吸着質濃度（臭気物質や汚染物質の濃度）に対して平衡吸着量の測定を行うこととなるが，吸着等温線を把握するためには複数の吸着質濃度に対する平衡吸着量の測定を実施することが必須となる。言い換えれば，1つの吸着質濃度に対する吸着量測定のみが実施された実験では，どのような吸着等温線となるかが不明である上，吸着等温線上のどの位置の関係を示すのかも不明となる。高濃度の気相吸着質濃度に対して高い吸着量を示す吸着剤であっても，低濃度側で同様の性能を示す保証はない。図2.13のとおり直線性が仮定できる場合は稀である。最低限の性能評価として，少なくとも室内環境中での標準的な濃度レベルでの吸着量評価が必須となることは自明である。工場などの特殊な作業環境を除き，一般的な室内環境中で観察される化学物質（吸着剤による除去の対象となる汚染物質）の濃度レベルは数ppbから高くとも数ppmレベルであると推察され，一般的な室内環境中を対象とした場合には，吸着剤の性能評価にppbレベルの吸着質濃度を対象とした評価が必要となる。

図2.12のとおり，吸着平衡に達するまでの非定常現象，すなわち吸着速度も重要な要素となる。吸着速度が大きい場合は，室内化学物質を素早く濃度低下させることが可能となる。

吸着剤の性能評価には，吸着速度と飽和吸着量の両者の評価が必要である。

2.4.4 化学物質の反応と二次生成

　室内環境中に存在する特定の化学物質が相互に化学反応を誘発し，その結果として生産される中間生成物としてのフリーラジカルや各種の反応生成物質が反応前の物質と比較してはるかに大きな人体影響を与える可能性があると指摘されている。特に外気やOA機器に由来するオゾンは炭素原子間に不飽和結合を有するアルケン，アルキン，芳香族化合物などとの反応性が高く，特に，室内空気中にテルペン類，イソプレン，スチレン，不飽和脂肪酸などが存在する場合には空気中で化学反応が誘発される。オゾンとこれらの有機化合物との反応生成物には安定・不安定な各種の物質が存在するが，不安定な非定常物質として1次もしくは2次生成物としてのオゾン化物が代表例となる。また，安定的な反応生成物としては有機酸やカルボニル化合物のほか，サブグループとして2次有機エアロゾルであるSOA（Secondary Organic Aerosol）の生成が指摘されている。例えば室内環境中でのオゾンとテルペン類化学物質との反応では，一定の条件下において$\mu g/m^3$オーダ以上の超微粒子生成が確認されている。

　室内環境中での各種化学物質の反応現象と2次的な空気汚染問題は未解明の点も多く，研究蓄積の待たれる分野といえる。

引用・参考文献

1) スハス V. パタンカー著，水谷幸夫，香月正司訳：『コンピュータによる熱移動と流れの数値解析』，森北出版，1985.
2) 荒川忠一：『数値流体工学』，東京大学出版会，1994.
3) 小野嘉夫，鈴木勲：『吸着の科学と応用』，講談社サイエンティフィック，2003.

第3章
微生物と室内環境

3.1 細菌

須山祐之(3.1.1)，柳　宇(3.1.2〜3.1.5)

3.1.1 細菌の生態
(1) 細菌とは

　細菌は原生生物に属する単細胞生物であり，核に核膜をもたず細胞壁をもつ原核生物である。細菌は形状によって球菌（球状），桿菌（桿状），およびらせん菌（らせん状）の3つに大別される。細菌の大きさは相当径でおよそ $0.5〜10\mu m$ である。

　細菌は細胞の2分裂によって増殖するが，分裂の仕方によって双球菌，四連球菌，八連球菌，レンサ球菌，ブドウ球菌などが生まれる（図3.1）。また，桿菌においても連鎖状に配列する炭疽菌がある。

　細菌は水中，土壌などの理化学的（好気性，嫌気性，pH，温度，湿度など）影響を大きく受けるが，長期の生存が可能である。

(2) 細菌と人の関係

　人の健康に影響を与える生物は細菌のほかに，寄生虫，真菌，原虫，クラミジア，ウイルスなどがあるが，ここでは，細菌による人への感染症について述べる。

　感染とは病原体が宿主（ヒト）の体内に侵入して健康障害を引き起こすことであり，臨床的に認められる症状を示さず体内に病原体が存続している顕性感染と，感染が成立していながら臨床的に確認できる症状を示さない不顕性感染がある。

3.1　細菌

球菌　　双球菌　　四連球菌　　八連球菌

レンサ球菌　　ブドウ球菌

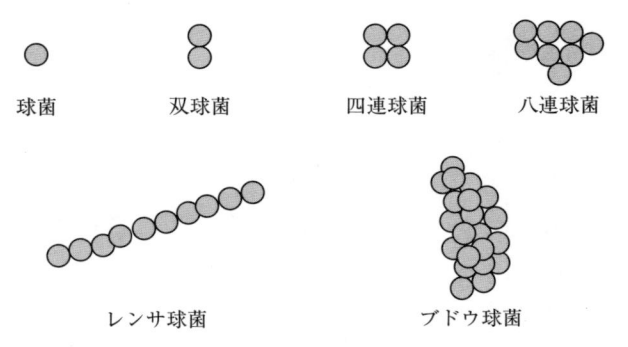

図3.1　球菌の形態

　細菌感染症が病原性細菌（感染源），宿主，感染経路の3つの要素が揃えれば成立する。感染源とは病原体を保有し，これを他に伝播する可能性をもっているものである。感染経路とは，病原体が病原巣から宿主に運ばれる機構をいい，感染経路によって，直接伝播と間接伝播に分類される。直接伝播とは飛沫散布，接触感染，胎盤感染，産道感染，母乳感染をいう。間接伝播とは媒介物感染（飲料水，食物，血液），媒介動物感染（節足動物，貝類，哺乳動物），空気感染（飛沫核感染，塵埃感染）をいう。

　一般室内環境中における細菌感染の事例として，結核菌，レジオネラ属菌などがあげられる。結核菌は1882年にドイツのローベルト・コッホにより発見された$0.3〜0.6×1〜4$〔μm〕のグラム陽性桿菌で，抗酸性を示す。その感染経路は咳，くしゃみとともに放出された飛沫を吸い込むことによる飛沫感染と，床，壁などに付着した後に再飛散したものを吸い込んだ塵埃感染がある。現在，日本の結核による死亡者数は年間約3,000人に上り，最大の感染症といわれている。いっぽう，レジオネラ属菌は，$0.3〜0.9×2〜20$〔μm〕の好気性グラム陰性桿菌で，通常は1〜2本の極毛によって運動し，多数の繊毛をもっている。自然界の土壌中や淡水に生息し，ほかの細菌や藻類の代謝産物を利用し，またアメーバその他の細菌捕食性原生動物に寄生して増殖する。

(3)　感染症法・新興・再興感染症について

　感染症法（感染症の予防及び感染症の患者に対する医療に関する法律）における「感染症」は，1類感染症，2類感染症，3類感染症，4類感染症，5類感染

表3.1 感染症の予防および感染症の患者に対する医療に関する法律に基づく分類（2008年5月施行）

感染症に基づく分類	感染症名等	感染症の性格
1類感染症	エボラ出血熱、クリミア・コンゴ出血熱、痘そう、南米出血熱、ペスト、マールブルグ熱、ラッサ熱	感染力、罹患した場合の重篤性等に基づく総合的な観点からみた危険性が極めて高い感染症
2類感染症	急性灰白髄炎、結核、ジフテリア、重症急性呼吸器症候群（病原体がコロナウイルス属SARSコロナウイルスであるものに限る）、鳥インフルエンザ（H5N1）	感染力、罹患した場合の重篤性等に基づく総合的な観点からみた危険性が高い感染症
3類感染症	コレラ、細菌性赤痢、腸管出血性大腸菌感染症、腸チフス、パラチフス	感染力、罹患した場合の重篤性等に基づく総合的な観点からみた危険性が高くないが、特定の職業への就業によって感染症の集団発生を起こしうる感染症
4類感染症	E型肝炎、ウエストナイル熱（ウエストナイル脳炎を含む）、A型肝炎、エキノコックス、黄熱、オウム病、オムスク出血熱、回帰熱、キャサヌル森林病、Q熱、狂犬病、コクシジオイデス症、サル痘、腎症候性出血熱、西部ウマ脳炎、ダニ媒介脳炎、炭疽、つつが虫病、デング熱、東部ウマ脳炎、鳥インフルエンザ（H5N1を除く）、ニパウイルス感染症、日本紅斑熱、日本脳炎、ハンタウイルス肺症候群、Bウイルス病、鼻疽、ブルセラ症、ベネズエラウマ脳炎、ヘンドラウイルス感染症、発疹チフス、ボツリヌス症、マラリア、野兎病、ライム病、リッサウイルス感染症、リフトバレー熱、類鼻疽、レジオネラ症、レプトスピラ症、ロッキー山紅斑熱	動物又はその死体、飲食物、衣類、寝具その他の物件を介して人に感染し、健康に影響を与えるおそれがある感染症
5類感染症	アメーバ赤痢、ウイルス性肝炎（E型及びA型肝炎を除く）、急性脳炎（ウエストナイル脳炎、西部ウマ脳炎、ダニ媒介脳炎、東部ウマ脳炎、日本脳炎、ベネズエラウマ脳炎及びリフトバレー熱を除く）、クリプトスポリジウム症、クロイツフェルト・ヤコブ病、劇症型溶血性レンサ球菌感染症、後天性免疫不全症候群、ジアルジア症、髄膜炎菌性髄膜炎、先天性風しん症候群、梅毒、破傷風、バンコマイシン耐性黄色ブドウ球菌感染症、バンコマイシン耐性腸球菌感染症、風しん、麻しん	国が行う感染症の発生動向調査の結果に基づいて情報を提供・公開し、発生・拡大を防止すべき感染症
新型インフルエンザ等感染症	新型インフルエンザ、再興型インフルエンザ	一般に国民が当該感染症に対する免疫を獲得していないことから、当該感染症の全国的かつ急速なまん延により国民の生命及び健康に重大な影響を与えるおそれがある感染症
指定感染症	政令で1年間に限定して指定された感染症	既知の感染症のうち上記1～3類に分類されない感染症であって、1～3類に準じた対応の必要が生じた感染症
新感染症	【当初】都道府県知事が厚生労働大臣の技術的指導・助言を得て個別に対応する感染症 【要件指定後】政令で症状等の要件指定した後1類感染症と同様の扱いをする感染症	人から人に伝染すると認められる疾病であって、既知の感染症と症状等が明らかに異なり、その伝染力及び罹患した場合の重篤度から判断した危険性が極めて高い感染症

（厚生の指標 国民衛生の動向2009より）

症に分類される（表3.1）。

　新興感染症とは最近30年間に，新たに発見された感染病原体あるいは，かつては不明であった病原体により惹起され地域的・国際的に公衆衛生上問題となっている新感染症と定義されている。ラッサ熱・ロタウイルス・エボラ出血熱・O-157・エイズ・ヘリコバクターピロリ・狂牛病・鳥インフルエンザ・西ナイル熱・SARS・B，C，D，E型肝炎などが該当する。再興感染症とは既知感染症で発生数が減少し，公衆衛生上ほとんど問題にならなくなっていたが，近年再び出現し増加している感染症である。マラリア・ペスト・ジフテリア・結核・狂犬病・デング熱・黄熱病・コレラが該当する。

3.1.2　環境基準

　汚染物質（毒性物質）に曝露された場合，ヒトへの影響がどのようなものかは"量−影響関係"により説明される。曝露量と影響の程度との関連を表す量−影響関係に対して，量−反応関係は集団レベルで受ける影響の割合を示す。図3.2に代表的な量−影響（反応）モデルを示す。

　"量−反応関係"に基づいた基準の制定方法は閾値が存在することを前提としており，実際に食品添加物，残留農薬の1日許容摂取量ADI（Acceptable Daily Intake，一般的に閾値の100分1）を決めてきた経緯がある。また近年，シックハウス症候群に関しては，量−反応関係に基づいたガイドライン値が決められて

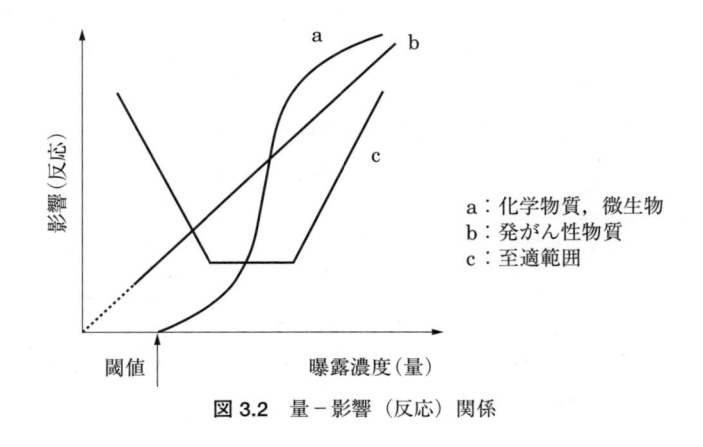

a：化学物質，微生物
b：発がん性物質
c：至適範囲

図 3.2　量−影響（反応）関係

いることが知られている[6]。

微生物については，一部のものを除けばまだ量－反応関係が把握されていない。しかし，このような場合において，現状では社会ニーズに応じて，また，広く受け入れられるように，これまで得られた知見を基に環境基準を設定することがある。2005年に公表された日本建築学会の規準AIJES-A0002-2005[7]はその例である。日本建築学会の細菌に関する設計・維持管理規準は以下のように設定されており，設計と維持管理の2段階に分けていることが特徴である。

　事務所　設計：200cfu/m^3以下，管理規準：500cfu/m^3以下
　学　校　設計・管理規準　2,000cfu/m^3以下

海外では，いくつかの国・地域から細菌に関する管理基準が出されている。台湾では，対象建築物の用途によって500cfu/m^3（社会福祉施設，医療施設，学校などの教育施設）と1,000cfu/m^3（不特定多数の人が集まるオフィス，デパート，展示場，地下街，社内など）の基準を定めている。また，中国は室内浮遊総菌（細菌，真菌を含む）の室内濃度を2,500cfu/m^3以下，空調の給気中の細菌濃度を500cfu/m^3以下と定めている。

いっぽう，食品・医薬品分野などでは，落下細菌に関する基準を定めるケースもあるが，これは表面汚染（食品加工面など）の評価においては必要であるが，落下細菌からでは空中浮遊細菌濃度を推測できないことが広く知られている。

表3.2にヨーロッパの作業グループが提案した室内浮遊細菌汚染レベルによる分類を示す[8]。表3.2に示している基準は住宅とオフィスのような一般環境（Non-industrial workplace）とを分けていることが特徴である[6]。

表 3.2　室内浮遊細菌濃度基準

カテゴリ	細菌〔cfu/cm^3〕	
	住宅	一般環境
非常に低い	<100	<50
低い	<500	<100
普通	<2,500	<500
高い	<10,000	<2,000
非常に高い	>10,000	>2,000

※　6段型のアンダーセンサンプラーまたはスリットサンプラを使用

3.1.3 測定方法

　浮遊微生物（3.1節と3.2節に用いる"微生物"は細菌と真菌の両方を含む。細菌と真菌を区別して使用する場合，それぞれ"細菌"と"真菌"と明記している）の測定には培地を用いる方法と用いない方法がある。図3.3に測定法の分類を示す。培地を用いる方法では，浮遊微生物粒子のサンプリングと培養の2段階の作業が必要になる。サンプリング方法には，日本で最も一般的に使用される衝突法のほか，欧米でよく使用されるフィルタ法およびおもに実験室などで使用されるインピンジャ法がある。また，一般環境中の細菌を培養するには広範囲の菌の発育に適するトリプトソーヤ寒天培地（SCD培地）が用いられている。

　いっぽう，培地を用いない方法では微生物を直接測定するのではなく，その代謝物のある条件下での発光量を測定するものであり，培養が不要なため，短時間または瞬時で結果が得られるという特徴がある。ここでは，サンプリング法の衝突法，フィルタ法，およびインピンジャ法について述べる。

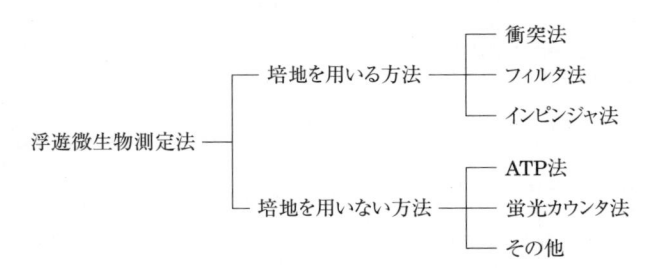

図 3.3　浮遊微生物測定法の分類[9]

(1) 衝突法

(a) 原理　空中を浮遊している粒子がもっている慣性力は，その粒径または運動速度が大きいほど大きくなる。衝突法はこの慣性衝突原理を応用したものである（図3.4）。慣性衝突による浮遊微生物粒子の捕集率を左右するパラメーターはStokes数（式(3.1)）である。

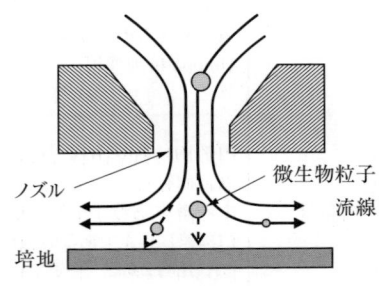

図 3.4　衝突法の原理

$$S_{tk} = \frac{\rho_p d_p^2 C_c U_o}{18\eta d_f} \tag{3.1}$$

S_{tk}：Stokes数，ρ_p：粒子の密度，d_p：粒子径，C_c：すべり補正係数，U_o：粒子の速度，η：粘性，d_f：ノズルの半径

Stokes数が大きくなるにつれその慣性衝突の捕集率は高くなる。Stokes数が大きくなる要素として，粒子の大きさ（粒径），密度および粒子の運動速度が大きいことがあげられる。

表3.3 衝突法の浮遊微生物粒子測定器[9]

方式	測定方法	サンプリング 吸引量〔ℓ/min〕	サンプリング 時間〔min〕	利点・注意点
1段多孔型	1段の固体板に多数の孔を設けて浮遊微生物粒子を含んだ空気を孔を通して吸引し，慣性力の大きい微生物粒子は流線の屈曲に追随できずに寒天培地に衝突させ捕集するものである。9cm培地使用。	100	0.5～120	簡便な携帯型がある。製造者によっては捕集効率のばらつきがある。
多段多孔型	孔径の異なる多孔板を直列に重ねたものである。下流になるにつれ孔径が小さくなるため，慣性力の大きい粒子は上流の段，より小さい粒子は下の段に捕集される仕組みになっている。9cm培地使用。	28.3	任意	粒径別浮遊微生物粒子の測定ができる。1回の測定に6枚または8枚の培地を使用するため，やや手間がかかる。
スリット型	スリットから空気を吸引し，寒天培地に流線からはずれた微生物粒子を衝突させるものである。9cmまたは15cmの培地使用。	28.3	3～60	1枚の培地で浮遊微生物粒子濃度の経時変化の測定ができる。培地設置の高さに要注意。
遠心型	円筒内にある10枚刃の回転羽根を高速回転させることにより，吸引空気中の微生物粒子を専用培地板挿入口に差し込んである培地に吹き付けられるものである。特製帯状培地使用。	40	0.5～8	ハンディータイプのため使いやすい。流量のキャリブレーションが確かでない。現在100ℓ/minの機種も販売されている。

(b) **種類と特徴** 現在一般に使用されている衝突法の測定器の種類とその特徴を表3.3に示す。

(2) **フィルタ法**[10]

(a) **原理** フィルタ法は文字どおりフィルタのろ過原理を応用したものである。ろ過では慣性衝突，さえぎり，拡散，および静電気の4つの機構によりフィルタ近傍の浮遊微生物粒子を捕集する（図3.5）。

実際の場合，フィルタによる粒子の捕集は前述の複数の機構によるが，粒子径によってそのおもな捕集機構が異なる。ろ過による捕集率は粒子径 $0.2\mu m$ 前後を境にそれより大きい粒子は慣性衝突，小さい粒子は拡散の機構が主であるため大きくなる。したがって，細菌（$0.5\mu m\sim$），真菌（$2\mu m\sim$）のような微生物粒子においては，慣性衝突がおもな捕集機構となる。

(b) **種類と特徴** フィルタ法のフィルタには一般にポリカーボネートとゼラチンが用いられる。両者はともにメンブラン構造となっており，$1\mu m$ 以上の浮遊真菌胞子に対する捕集率は95％以上とされている。また，ゼラチンフィルタは水溶性であるため，サンプリング後滅菌リン酸緩衝液または滅菌生理食塩水に溶かした後に培養に用いるか，そのまま培地上に貼付し培養するかのどちらの方法もとれる。図3.6にフィルタ法測定装置の構成例を示す。

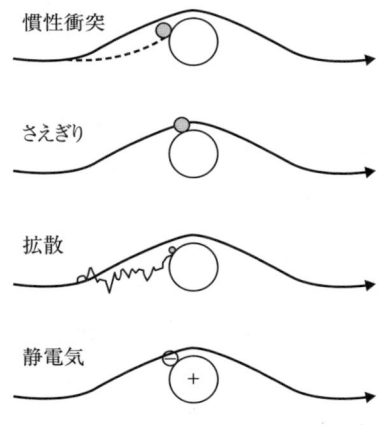

図 3.5 フィルタ法の粒子捕集機構[8]

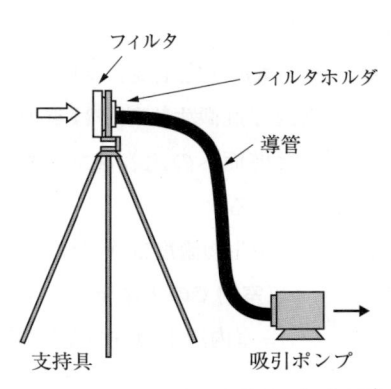

図 3.6 フィルタ法測定装置の構成例[9]

(3) インピンジャ法

(a) 原理　インピンジャ法はサンプル空気を捕集溶液（滅菌生理食塩水）にバブリングすることにより空気中の微生物粒子を捕集液に捕集するものである（図3.7）。

(b) 種類と特徴　市販のインピンジャはその容量によっていろいろなものがある（大凡 10～30mℓ）。また1段か2段を用いることがあるが，一般に1段より直列の2段の方が捕集率は高くなる。

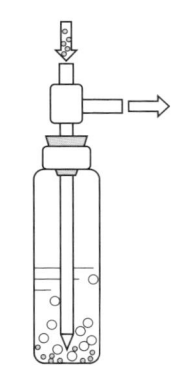

図 3.7　インピンジャ法

3.1.4　汚染の実態

(1) 室内浮遊微生物濃度の構成機構

(a) 自然換気の場合　住宅などのように自然換気のみの場合（図3.8），室内空気中の浮遊微生物粒子濃度は，外気による侵入量，室内空中への放出量，および換気量のバランスによって決まる。仮に，下記の①～③の仮定が成立するとすれば，

① 室内に侵入するまたは室内で発生する微生物粒子が室内において瞬時一様拡散する。
② 室内気流が完全混合状態にある。
③ 室内浮遊微生物粒子は重力による落下と壁面への沈着量を無視することができる。

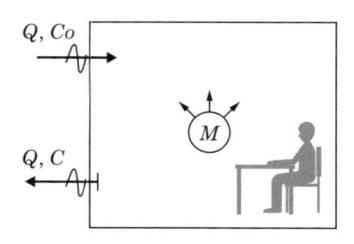

図 3.8　室内汚染濃度構成概念図（自然換気の場合）

室内浮遊微生物濃度は次のマスバランス式により表される。

　　　（室内での汚染発生量＋給気による侵入量）－排気による排出量
　　　　＝室内汚染物質の変化量

3.1 細菌

これを式で表すと次の式(3.2)になる。また，定常状態では式(3.2)が式(3.3)になる。

$$C = Co + \frac{M}{Q}\left(1 - e^{-\frac{Q}{V}t}\right) \tag{3.2}$$

$$C = Co + \frac{M}{Q} \tag{3.3}$$

$$\frac{C}{Co} = 1 + \frac{M}{CoQ} \tag{3.4}$$

C：室内空中微生物粒子濃度〔cfu/m³〕，Co：外気中微生物粒子濃度〔cfu/m³〕，Q：自然換気量〔m³/h〕，M：室内微生物粒子の発生量〔cfu/h〕

式(3.3)より，室内浮遊微生物濃度は外気濃度(Co)に，室内での発生による上昇分(M/Q)を加えたものになることがわかる。また，式(3.3)の両辺をCoで割ると式(3.4)が得られる。式(3.4)の左辺の項は室内(Indoor)濃度と屋外(Outdoor)濃度の比であり，I/O比と呼ばれる。

I/O比は室内の微生物汚染の発生源についての見当を行うための重要な指標である。例えば，I/Oが1より大きい値であれば，式(3.4)右辺のM/CoQ項を無視することができず，室内に浮遊微生物の発生源(M)が存在することを意味する。逆に，I/O≦1であれば，M/CoQを無視することができ，室内におもな発生源がないことがわかる。なお，実環境では室内空中浮遊微生物粒子には落下や沈着などの作用があるため，室内に浮遊菌の汚染源がない場合にはI/O＜1になることが多い。

(b) 空調システムを有する場合　オフィスビルなどが空調・換気された場合(図3.9)の室内浮遊微生物の濃度のマスバランスは式(3.5)，式(3.6)により表される[11]。

$$C = C_1 e^{-\frac{Q}{V}t} + Cs\left(1 - e^{-\frac{Q}{V}t}\right) + \frac{M_1}{Q}\left(1 - e^{-\frac{Q}{V}t}\right) \tag{3.5}$$

$$Cs = Co(1-\eta) + \frac{M_2}{Q} \tag{3.6}$$

$$C = Co(1-\eta) + \frac{M_1}{Q} + \frac{M_2}{Q} \tag{3.7}$$

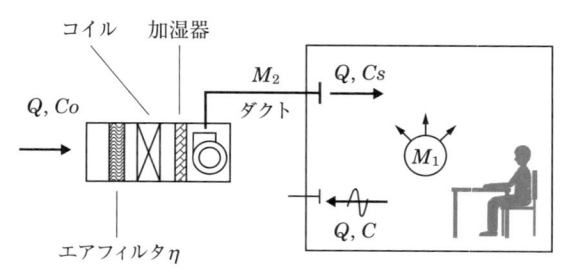

図 3.9 室内汚染濃度構成概念図
(外調機を有する場合)

C_1：室内の初期浮遊微生物粒子濃度〔cfu/m³〕，Cs：給気中浮遊微生物粒子濃度〔cfu/m³〕，V：室容積〔m³〕，t：経過時間〔h〕，Q：給気量〔m³/h〕，η：エアフィルタの捕集率〔%〕，M_1：室内微生物発生量〔cfu/h〕，M_2：空調システム内微生物発生量〔cfu/h〕

また，定常状態においては式(3.7)が得られる．すなわち，室内浮遊微生物粒子濃度は，外気による侵入分（$Co(1-\eta)$），空調システム内での発生による侵入分（M_2/Q）に，室内での発生による上昇分（M_1/Q）が加えられたものになる．

(2) 汚染の実態

表3.4に諸環境中の浮遊細菌濃度測定結果から求めた濃度の範囲を示す．表3.4に示すような室内環境中の浮遊細菌濃度は幅が広いだけではなく，実際の場合，室の使用状況，立地条件などによって時間的な変動も激しい．

表 3.4 諸環境中浮遊細菌濃度の範囲

対象空間	浮遊細菌〔cfu/m³〕
住宅	50 〜 700
オフィス	100 〜 1,500
病院・外来待合室	50 〜 2,000
病院・病室	10 〜 600
社会福祉施設	100 〜 2,000
地下街	100 〜 1,500

3.1 細菌

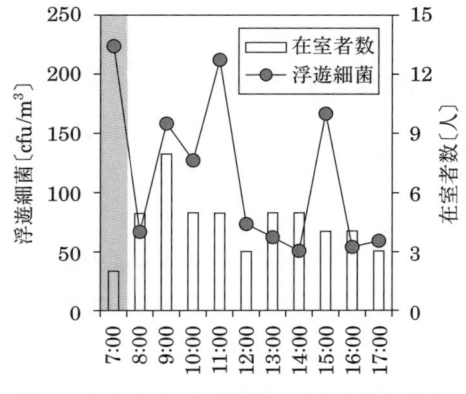

図 3.10 室内浮遊細菌濃度と在室者数の関係

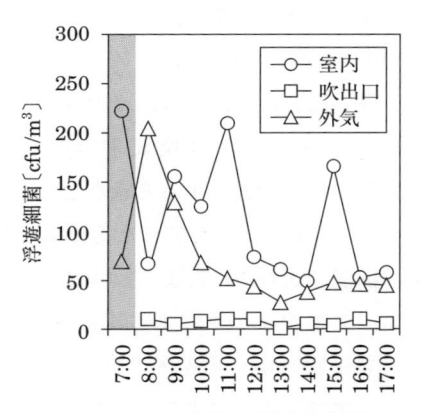

図 3.11 各箇所の浮遊細菌濃度

図 3.10 に東京都内にある O ビル室内における浮遊細菌濃度の経時変化を示す[12]。図中の網がけ部分は空調を運転する前を示す。

室内浮遊細菌濃度は空調開始直後下がったが，その後在室者数に関連して上下するように見受けられる。図 3.11 に外気・給気（吹出口）・室内の浮遊細菌濃度の経時変化を示す。濃度の低い給気に比べ，室内の濃度は高くなっている。これらの結果より，室内浮遊細菌の発生源はおもに在室者にあることが解釈できる（式(3.6)，式(3.7)）。また，給気中の浮遊細菌濃度から，ほとんどの浮遊細菌が空調機内のエアフィルタによって除去されたことがわかる。

また，前述したとおり，空調システム内での微生物汚染は室内に影響を及ぼす。図 3.12 に 100 系統の空調ダクト内の付着細菌量を示す。空調システムが汚染されると室内の汚染源となるので，空調システム内を衛生な状態に保つことが重要である。

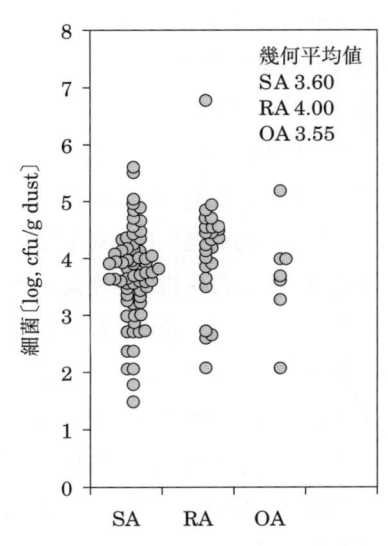

図 3.12 空調ダクト内付着細菌量

3.1.5 対策方法

(1) 自然換気の場合

住宅における微生物汚染の制御は，室内浮遊菌濃度を低減することであり，前記の式(3.3)に示す換気量（Q）の確保，汚染発生量（M）の低減，室内での空気清浄機の設置によるろ過などの方法がある。

(2) 空調システムを有する建築物の場合

前記の式(3.7)により，空調システムを有する建築物室内浮遊菌濃度の低減には，エアフィルタによるろ過（η），風量（Q）の確保，および空調システム内の発生量（M_2）と室内の発生量（M_1）の抑制などの方法がある。

エアフィルタによる浮遊微生物粒子のろ過効果は前述したオフィスビルでの測定結果より実証されている（図3.11）。また，そのエアフィルタの捕集率が高ければ高いほど，取り入れ外気中の微生物が多く除去される。医療施設のバイオクリーンルームなどでは，高性能フィルタ（HEPAフィルタ：High Efficiency Particulate Air filter）が設置されている。HEPAフィルタが設置されれば，そこを通過する空気中の浮遊細菌がほぼ100％捕集される。実際にバイオクリーンルームの給気中に浮遊微生物が検出されないことが多く報告されている[13]。この場合室内濃度は発生量と給気量のみによって決まるため，給気量を多くするほど，室内濃度が低くなる。バイオクリーンルームの給気量Qを多くするのはこのためである。

また，事務所ビルなどでは，一般に中性能エアフィルタが使用されているため，エアフィルタが設置されない住宅より$Co\eta$の分は低くなる。

いっぽう，汚染発生量の対策は主として空調システム内の汚染対策になる。細菌や真菌などの微生物は，空調システム内などの環境で増殖し室内の汚染源となることがあるため，新築時にはさほど問題とならないが，時間の経過につれその汚染が次第に大きくなる。したがって，必要に応じて空調システムのクリーニングを実施することが有効である[14]。室内での汚染発生量M_1を低減させるには，できるだけ汚染物質を室内に持ち込まない，室内に侵入した汚染物質をすばやく除去する（局所排気）か，または，換気によって希釈してから排出することが重要である。

3.2 真菌

阿部恵子(3.2.1)，柳　宇(3.2.2～3.2.5)

3.2.1 生態

(1) 真菌とは

　真菌は人や動植物と同じ真核生物である。植物と同様に1か所に定着して発育するが，光合成を行わず有機物を分解することにより生存に必要なエネルギーを得ている（従属栄養）。基本的には多細胞あるいは多核の，細長い糸状の構造である。真菌には，糸状の細胞で増殖し胞子を着生する「カビ」と，糸状の細胞で増殖するが胞子を着生するときに肉眼でみえる子実体をつくる「キノコ」，その他に，単細胞で出芽増殖する「酵母」が含まれる。真菌の種類は約8万といわれている。地球環境においては動植物の遺骸を分解除去し環境を掃除する役割を担い，生態系の維持には欠かすことができない生物である。

(2) 真菌と人との関係

　真菌の働きで人に有益な物質が生産される場合は「発酵」と表現する。酒，味噌，醤油などの伝統的な食品は，カビや酵母などの働きを利用して製造される。また，キノコには食用になる種類もある。

　しかし，真菌が有害となる場合もある（表3.5）。真菌アレルギーには，真菌を吸入することによるアレルギー性鼻炎，気管支ぜん息，過敏性肺炎，真菌と接触することによるアトピー性皮膚炎，じんましんなどがある。アレルギーは真菌

表 3.5　真菌の有害性

アレルギー	アレルギー性鼻炎，気管支ぜん息，過敏性肺炎，アトピー性皮膚炎，じんましん
感染症	皮膚科：水虫 内科：日和見感染症（カンジダ症，アスペルギルス症）， 輸入真菌症（コクシジオイデス症，ヒストプラズマ症）
中毒	カビ毒（アフラトキシン中毒など），毒キノコ
その他	木材腐朽，住居汚染，臭気発生，食品腐敗，衣類汚染，文化財劣化，ダニ増殖促進

と人体との接触により人体側が起こす反応であり，真菌が体内で増殖するわけではない。

人体で真菌が増殖すれば感染症になる。皮膚科領域の代表は水虫，内科領域の代表は真菌による日和見感染症をあげることができる。日和見感染は，病原性が極めて弱いと考えられている菌による感染症で，体に通常の抵抗力があるときは発症しないが抵抗力が弱っている場合に発症する。

木材が腐朽すれば地震で家屋が倒壊する場合もある。木材の腐朽には主として「キノコ」がかかわっている。室内の壁や空調機が「カビ」により汚染されれば，見た目も悪くなり，臭気が発生する場合があり，室内の空気中に漂うカビ胞子の数も増え，人がアレルギーを発症する危険性が高まる。

(3) 真菌の発育条件

真菌の発育には，「環境」（栄養分，酸素，温度，水分）と，「時間」が必要である（図3.13）。真菌も生物であり，動物や植物と同様に発育には時間を要する。環境の諸条件が満たされた状態が持続されれば，真菌の胞子は発芽して菌糸を伸長し，やがて新しい胞子が着生する。着生した胞子は周囲に飛散し，飛散した胞子の定着箇所が真菌の発育に必要な環境条件を満たしていれば，そこで新たな発育が開始し真菌による汚染が拡大する。

有機物を含む建材は真菌の「栄養分」になる。人の住む所には「酸素」がある。そして室内環境中の真菌が発育する「温度」は0〜45℃，中でも適温は20〜

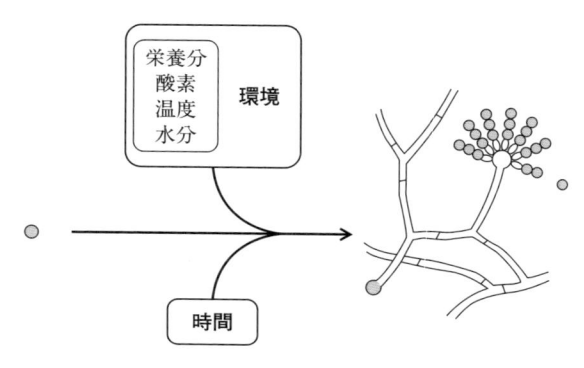

図3.13 真菌発育条件

3.2 真菌

30℃で人の生活温度と一致する。したがって，真菌の発育に必要な環境条件で，室内では必ずしも満たされていない条件が「水分」である。したがって，建物内では建材に含まれる水分と空気に含まれる水分の両方が真菌の発育に大きく影響する。水がない所でも周囲の空気から水分を取り込むことができる真菌もある。

図3.14に，水分環境と発育する真菌の関係を示す。どのような真菌が発育するかは，環境中の水分の状態が影響する。腐朽菌（おもにキノコ）は，相対湿度100％付近しか発育しない。建物を構成する木材に多量の水分が含まれていれば腐朽菌が発育する。湿気の多い床下で腐朽菌が発育することがある。室内で発育する真菌は，おもにカビと酵母である。好湿性真菌は相対湿度90～100％，中湿性真菌（耐乾性真菌）は相対湿度80～100％，好乾性真菌は相対湿度65～95％付近で発育する。したがって，浴室など常に水があるような箇所は好湿性のカビや酵母により汚染され，タンスの裏，押入やクローゼットなどの収納箇所では中湿性や好乾性のカビにより汚染される場合が多い。

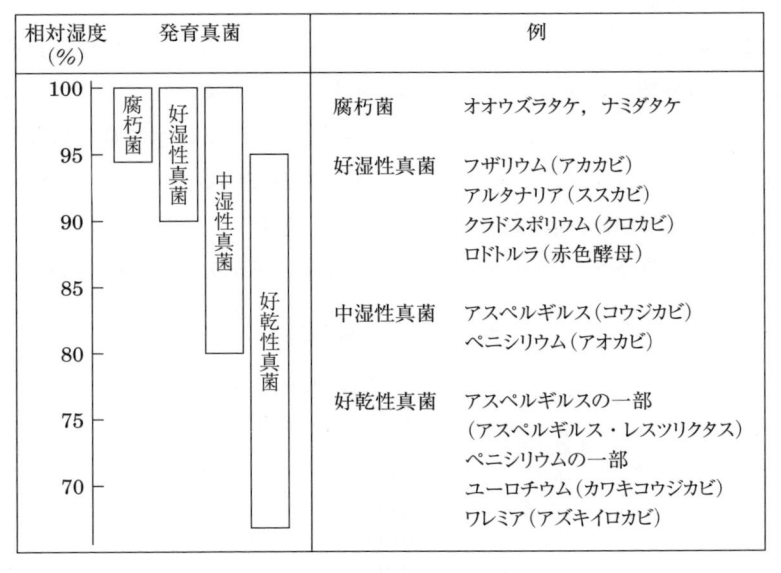

相対湿度(%)	発育真菌	例
100	腐朽菌	腐朽菌　オオウズラタケ，ナミダタケ
95	好湿性真菌	好湿性真菌　フザリウム（アカカビ） アルタナリア（ススカビ） クラドスポリウム（クロカビ） ロドトルラ（赤色酵母）
90	中湿性真菌	
85		中湿性真菌　アスペルギルス（コウジカビ） ペニシリウム（アオカビ）
80	好乾性真菌	
75		好乾性真菌　アスペルギルスの一部 （アスペルギルス・レスツリクタス） ペニシリウムの一部 ユーロチウム（カワキコウジカビ） ワレミア（アズキイロカビ）
70		

図 3.14　真菌が発育する相対湿度

3.2.2 関連基準

日本建築学会の真菌に関する設計・維持管理規準が2段階で定められている。

　事務所　設計：20cfu/m^{3}以下，管理規準：50cfu/m^{3}以下

　学　校　設計・管理規準　2,000cfu/m^{3}以下

年中空調されている事務所ビルの場合においては，真菌のような粒径の大きい粒子状物質のほとんどがエアフィルタにより除去され，規準値の50cfu/m^{3}を達成するのは，空調機内が汚染源となっていなければそれほど難しくない。逆に，室内浮遊真菌の濃度が高く，しかも吹出し気流中の真菌と同種であれば，空調機内が真菌に汚染されていることが示唆される。

海外では，いくつかの国・地域からカビに関する管理基準が出されている。アジアでは，シンガポール500cfu/m^3，台湾1,000cfu/m^3（不特定多数の人が集まるオフィス，デパート，展示場，地下街，車内など）。また，中国は空調の給気中の真菌濃度基準を500cfu/m^{3}以下としている。

いっぽう，ノルウェーのような"臭いが生じない"との定性的な基準があれば，表3.6に示すヨーロッパのあるワーキンググループが提案した室内浮遊真菌汚染レベルによる分類の方法もある。表3.6に示している基準は住宅とオフィスのような一般環境とを分けていることに特徴を有する。表3.6に示す推奨値は健康影響に基づくものではないが，次の点も併せて示されている。

① 病原性真菌(*Aspergillus fumigatus*など)，毒素（カビ毒，マイコトキシン）生産する真菌(*Stachybotrys atra*, toxigenic *Aspergillius* spp., *Penicillium*

表3.6　浮遊真菌の基準

カテゴリ	真菌〔cfu/m^3〕	
	住宅	一般環境
非常に低い	<50	<25
低い	<200	<100
普通	<1,000	<500
高い	<10,000	<2,000
非常に高い	>10,000	>2,000

6段のアンダーセンサンプラー，MEA培地を使用するか，1段のアンダーセンサンプラーN6，MEAまたはDG18培地を使用

spp., *Fusarium* spp.）の存在は好ましくない。
② 加湿器内，ダクト内，およびかびている天井に顕著な真菌が存在する場合，空中浮遊真菌濃度のいかんにかかわらず改善処置が必要。
③ *Cladosporium* spp. または *Alternaria* spp. 以外に1種類の真菌が50cfu/m^3 以上であれば，さらなる調査が必要。
④ 室内に数種類の真菌が存在し，しかも真菌相が外気中と同じであれば，150cfu/m^3 まで許容できる。
⑤ 夏期において室内の主要な真菌が *Clsdosporium* spp. で，または他に3種類真菌がある場合，500cfu/m^3 まで許容できる。

3.2.3 測定方法

現在，浮遊真菌の測定には培地を用いる方法が主である。浮遊真菌のサンプリング法は前節で述べた浮遊細菌のサンプリング方法，すなわち，衝突法，フィルタ法，インピンジャ法が用いられている。その詳細については，3.1.3項を参照されたい。

浮遊真菌の培養には一般的PDA培地，DG18培地などが使用されるが，高湿性真菌や好乾性真菌の測定ではそれぞれ培地での培養したコロニー数に差異があることに注意を要する。

3.2.4 汚染の実態

表3.7に諸環境中の浮遊真菌濃度測定結果から求めた濃度の範囲を示す。室内環境が空調・環境設備に制御された空間（オフィス）の室内濃度が低くなってい

表3.7 諸環境中の浮遊真菌濃度

対象空間	浮遊真菌〔cfu/m^3〕
住宅	30 ～ 2,000
オフィス	10 ～ 200
病院・外来待合室	10 ～ 500
病院・病室	10 ～ 500
社会福祉施設	50 ～ 3,000
地下街	100 ～ 500

るが,外気の影響を受けやすい空間(住宅など)の室内濃度の幅が広いことがわかる。

(1) 住宅

住宅内の浮遊真菌濃度は梅雨期と秋季が高く,冬季と夏季が低いことが知られている。また,住宅内の浮遊真菌濃度は住宅の立地条件,住まい方などにより大きく異なる。室内環境がカビにとって生育しやすいか否かを測定するカビセンサーがあり,それによる測定結果を図3.15に示す[15]。住宅内で湿気の高い浴室,トイレ,洗面所などがカビの生育にとって好環境になっていることがわかる。

また,筆者らはアレルギー性疾患の子供(小学校4,5年生を対象)のいる住宅(ケース群)と健常者の住宅(コントロール群)を対象に室内環境中の真菌について調査を行った[16]。

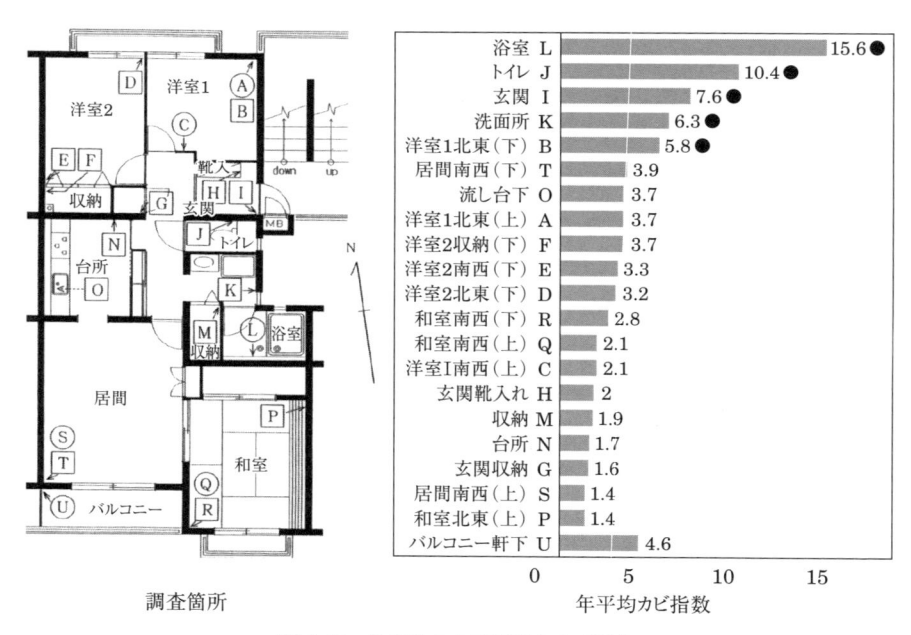

調査箇所	記号	年平均カビ指数
浴室	L	15.6 ●
トイレ	J	10.4 ●
玄関	I	7.6
洗面所	K	6.3 ●
洋室1北東(下)	B	5.8 ●
居間南西(下)	T	3.9
流し台下	O	3.7
洋室1北東(上)	A	3.7
洋室2収納(下)	F	3.7
洋室2南西(下)	E	3.3
洋室2北東(下)	D	3.2
和室南西(下)	R	2.8
和室南西(上)	Q	2.1
洋室1南西(上)	C	2.1
玄関靴入れ	H	2
収納	M	1.9
台所	N	1.7
玄関収納	G	1.6
居間南西(上)	S	1.4
和室北東(上)	P	1.4
バルコニー軒下	U	4.6

図3.15 住宅内のカビ指数とカビ汚染

カビ指数調査箇所は住宅内20か所と戸外1か所。カビセンサーの曝露期間を1週間とし,毎週カビセンサーを取り替えながら1年間調査した。左図のAからUが調査箇所で,矢印が調査位置,○は天井下30cm,□は床上30cmを表す。右図は各調査箇所の年平均カビ指数。●は築4年でカビ汚染が認められた箇所。

3.2 真菌

　図3.16に2009年梅雨期に行った秋田県，岩手県，宮城県，埼玉県在住の24件の住宅室内浮遊真菌濃度の累積出現頻度を示す。図中で丸く塗りつぶしている凡例はケース群，白抜き丸はコントロール群を示す。居間と子供室のいずれにおいても，浮遊真菌濃度が500cfu/m^{3}前後ではコントロール群とケース群の間に顕著な差がみられなかったが，濃度が高くなるにつれ両者の差が顕著に現れ，ケース群の方が高い値を示した。

　図3.17に前述の測定と同時に行った外気中浮遊真菌濃度とから求めたI/O比を示す。コントロール群のI/O比に比べ，ケース群のI/O比が大きい値にシフトしており，両者間の差が$I/O≧1$ではより顕著に現れた。前述したとおり，$I/O≧1$の場合，室内に汚染源が存在していることを意味している。浮遊真菌同

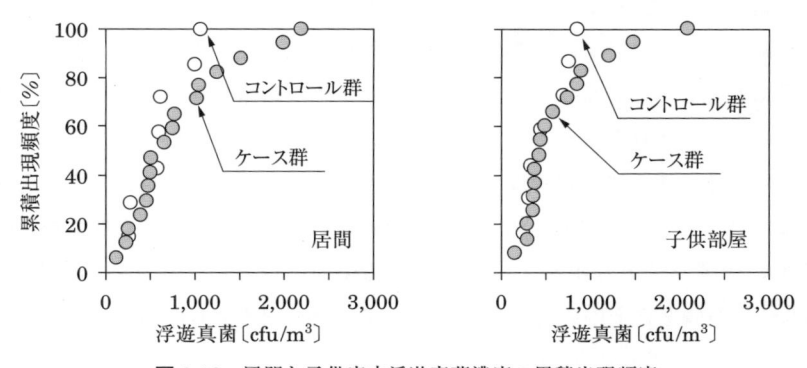

図 3.16 居間と子供室内浮遊真菌濃度の累積出現頻度

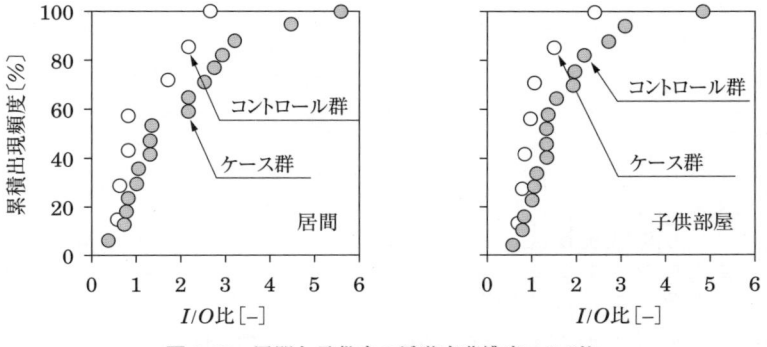

図 3.17 居間と子供室の浮遊真菌濃度のI/O比

定の結果，両者間の濃度またはI/O比の差が大きい場合は，ケース群の住宅内に*Aspergillus* spp., *Penicillium* spp., *Cladosporium* spp.が顕著に高濃度を示すことが明らかになり，室内真菌汚染が子供のアレルギー性疾患に関与していることが強く示唆された。

(2) オフィス

図3.18に東京都内にあるOビル室内における浮遊真菌濃度の経時変化を示す[12]。図中の網がけ部分は空調を運転する前を示す。図3.10と図3.11に示した細菌の結果と異なり，室内に浮遊真菌の汚染源がなかったため，空調のフィルタによるろ過作用により空調運転開始後，室内浮遊真菌濃度が低くなっている。図3.19に外気・給気（吹出口）・室内浮遊真菌濃度の経時変化を示す。浮遊真菌については，給気中と室内のいずれにおいても低い濃度を示した。この測定結果より，浮遊真菌の発生源は外気にあることが推察された。また，給気中の浮遊真菌濃度が非常に低くなっていることから，ほとんどの浮遊真菌が空調機内のエアフィルタによって除去されたことがわかる。

前述のような適正に維持管理されているオフィスにはさほど真菌による汚染の問題はない。しかし，空調システムが真菌に汚染されると，清浄な空気を供給するはずの空調システムがかえって室内の汚染源になることがある。図3.20に100系統の空調ダクト内の付着真菌量を示す。空調システム内の衛生管理を怠る

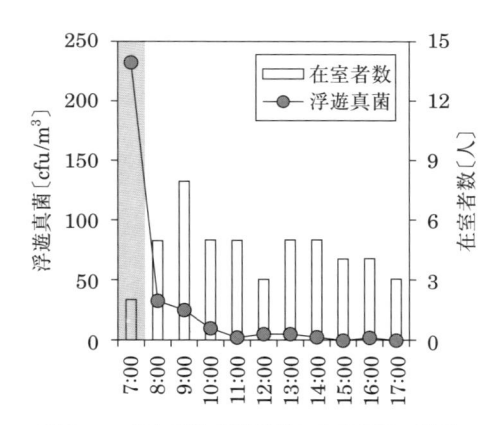

図 3.18　室内浮遊真菌濃度と在室者数の関係

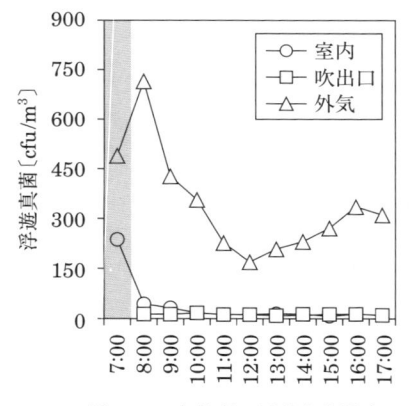

図 3.19　各箇所の浮遊真菌濃度

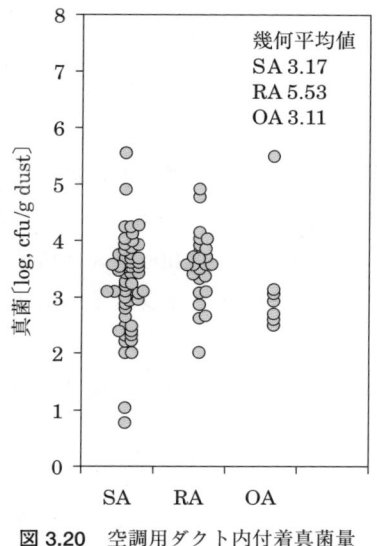

図 3.20　空調用ダクト内付着真菌量 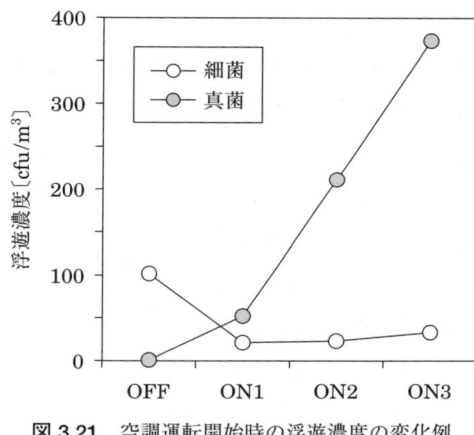　　図 3.21　空調運転開始時の浮遊濃度の変化例

と，その中でカビが増殖し，室内に侵入することがある。図 3.21 に東京都内にあるオフィスビルにおける空調運転開始時の浮遊細菌濃度と浮遊真菌濃度の変化を示す[17]。空調機運転前（図中の OFF）と運転直後の連続3回（図中の ON1～ON3）測定を行った。空調機内から浮遊真菌が室内に放出されることが明らかになった。

3.2.5　対策方法

　粒子状物質としての真菌汚染の対策は基本的に前述した細菌と同じである。すなわち，室内空調システム内の汚染発生量の低減，換気量の確保，エアフィルタによる除去などである。詳細については，3.1.5 項を参照されたい。いっぽう，結露防止や湿度環境の制御も重要である。

3.3 ウイルス

横山真太郎

　冬期のインフルエンザウイルスによる健康被害は甚大である。歴史的には，スペイン風邪，香港風邪，アジア風邪などが世界的な大流行（パンデミック）として知られており，なかでもスペイン風邪の死亡者数は2,000～4,000万人と類推されている。これらの事実が示すとおり，ウイルス—ここではインフルエンザウイルス—による個人的，社会的影響は大きい。

　しかし，室内環境学分野ではこれまでウイルスを必ずしも真正面から取り上げてきたとはいえない。本節ではウイルスとりわけインフルエンザウイルスを含む呼吸系感染ウイルスに関する知見を概説する。

3.3.1　呼吸器系感染ウイルスを中心とするウイルスの基礎
（1）ウイルスとは

　ウイルスの大きさは，細菌の10分の1程度の約20～400nmであり，電子顕微鏡を用いることによってその構造を知ることができるようになった。遺伝子としてDNA（デオキシリボ核酸）もしくはRNA（リボ核酸）のどちらか一方をもち，カプシドと呼ばれるタンパク質が覆っている。カプシドの役割は遺伝子の保護であり，さらにその外側にエンベロープと呼ばれる被膜をもつものもある（図

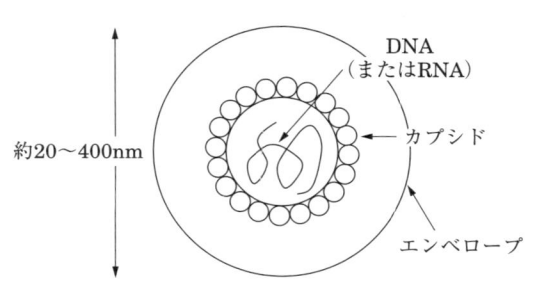

図 3.22　ウイルス模式図（基本形）

3.22)。ウイルスは，タンパク質を合成するリボソームという器官をもたないため，自力で複製することができない。そのため，生きている細胞に侵入してはじめて増殖が可能となる。ウイルスの本体は，DNAもしくはRNAであり，その他の部分は目標宿主の生体細胞の正しい部分に付着するための装置といえる。また，ウイルスのもつ遺伝子の数はほかの生物にくらべて相対的に少ない。

(2) 主要な呼吸器系感染ウイルスの種類とその特性

(a) コロナウイルス（*Coronavirus*）　1965年に発見された，(+)鎖RNA型ウイルス。ここで(+)鎖とはウイルスの極性を表しており，一般にmRNAの機能をもともと有しているRNA鎖を(+)鎖といい，酵素作用によってmRNAを作成しなければならないRNA鎖を(−)鎖という。直径60〜220nmで冠様（コロナ）の形状をした粒子。表面にはエンベロープがあり，20nm程のクラブ状のスパイクが配列している。

(b) アデノウイルス（*Adenovirus*）　1953年に発見された，DNA型ウイルス。直径70〜80nmで正二十面体構造をした粒子。エンベロープはなく，49種類の血清型が知られている。

(c) ライノウイルス（*Rhinovirus*）　1960年に発見された，(+)鎖RNA型ウイルス。直径20〜30nmで正二十面体構造をした粒子。エンベロープはなく，100種類以上の血清型がある。アルコールやエーテル，5％フェノール処理に抵抗性をもつが，pH3.0の酸性液には弱い。

(d) RSウイルス（*Respiratory Syncytial Virus*）　1956年に発見された，(−)鎖RNA型ウイルス。直径80〜400nmの粒子でエンベロープがあり，その表面には12nm程のスパイクが配列している。

(e) パラインフルエンザウイルス（*Parainfluenza Virus*）　1950年代に米国でヒト風邪患者から分離された，(−)鎖RNA型ウイルス。直径100〜200nmでエンベロープがある。1-4型の血清型があり，日本では1950年代に1型が分離され，センダイウイルスと名付けられた。

(f) インフルエンザウイルス（*Influenza Virus*）　A型，B型，C型の3型があり，それぞれ1933年，1940年，1947年に発見された。いずれも(−)鎖RNA型ウイルスで，その直径は80〜120nm。A型インフルエンザウイル

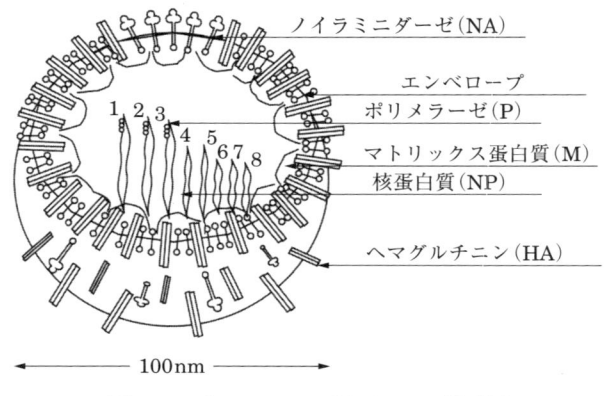

図3.23 インフルエンザウイルスの模式図

スは，8本の分節型RNAをもっている。粒子表面にはエンベロープがあり，HA（hemagglutinin，血球凝集素蛋白質）とNA（neuraminidase，ノイラミニダーゼ）の2種類の糖蛋白質が配列しており，前者は宿主細胞のレセプターへ結合する役割を有し，後者はウイルスが宿主細胞から遊離する際に働く（図3.23）。また，A型ウイルスは，HAとNAの抗原特異性によって，H1〜H16およびN1〜N9の組み合わせによって多くの亜型に分類されるのに対し，B型やC型にはこのような亜型は存在しない。

3.3.2 主要な呼吸器系感染ウイルスによる人体への影響

(1) 生体の免疫応答

生体はウイルス抗原などの感作を受けるとさまざまな免疫反応を展開して対抗する。ここでは，その中で最も重要な免疫応答の1つである抗原抗体反応について説明する。抗原を認識し，免疫応答を始動するのはリンパ球の役割である。リンパ球は，抗原認識と排除の仕組みで異なるB細胞とT細胞と呼ばれる2種類のリンパ球群を備えている。B細胞は骨髄（bone marrow）で分化・成熟し，T細胞は胸腺（thymus）で分化・成熟することからこのように呼ばれており，いずれの細胞も抗原を意識することによって増殖・分化する。以下に抗原抗体反応の概要を示す。

生体は抗原に対して特異的な抗体を生成する。その過程には多くの細胞と複雑な調節機能が働いている。生体内に入った異物は血液中や各組織中に多数存在する好中球やマクロファージによって捕捉される。好中球やマクロファージは貪食細胞と呼ばれ，抗原を細胞内に取り込んで分解する働きがある。マクロファージはその細胞表面に処理された断片抗原を提示し，ヘルパーT細胞に抗原の情報を伝達する。このマクロファージ上の抗原を意識したヘルパーT細胞は活性化し，各種のサイトカインを産生することによって抗体産生前駆細胞であるB細胞を抗体産生細胞へと分化，成熟させる。B細胞はIgM抗体産生細胞からIgG，IgA抗体産生細胞へとシフトしていく。ここで，IgM，IgG，IgAとはヒトの抗体を表しており，IgD，IgEと合わせて5つのクラスがあり，構造や分子量，血清中濃度や作用が異なる。以下にそれぞれの抗体の主要な作用を示す。

IgM抗体：抗体の赤血球や細菌を凝集させる。IgG抗体：貪食細胞の貪食を亢進する。IgA抗体：血清型抗体と分泌型抗体があり，後者が粘膜での免疫システムに寄与する。IgD抗体：B細胞の分化・増殖を亢進する。IgE抗体：アレルギーの原因となる。

なお，生成された抗体は次第に代謝され減少する。この現象は通常，抗体半減期として表現されることが多い（IgM：5日，IgG：21日，IgA：6日，IgD：3日，IgE：2日）。表3.8におもな免疫担当細胞の種類を示す。

(2) コロナウイルス（*Coronavirus*）

風邪症候群の15％がコロナウイルスによるといわれている。典型的症候は鼻水と倦怠感であり，咳と咽頭痛はそれほど強くない。免疫応答，再罹患を起こす可能性も高い。SARS（Severe Acute Respiratory Syndrome，重症急性呼吸器症候群）ウイルスは新型のコロナウイルスである。その症状は，38度以上の急激な発熱，痰を伴わない咳や呼吸困難があり，胸部X線写真では肺炎の所見がみられる。また，頭痛，悪寒戦慄，食欲不振，全身倦怠感，意識混濁，発疹，下痢などの症状を伴うこともある。

(3) アデノウイルス（*Adenovirus*）

49種類の血清型が知られており，流行性角結膜炎や咽頭結膜炎などの原因となるウイルスである。流行性角結膜炎はアデノウイルス4，8，19，37型感染に

表 3.8　感染に対する生体の防御機構

非特異的防御機構	表皮・粘膜バリア	正常な皮膚	完全な構造の皮膚により微生物の侵入を阻止する
		常在微生物叢	皮膚や粘膜表面に一定の割合の微生物が住み着くことで他の微生物が定着できなくする
		粘膜	無傷な粘膜表面も微生物の侵入を阻止する
		上気道の線毛	繊毛運動により，喀痰などとともに侵入してきた微生物を排出する
	液性因子	皮膚腺よりの脂肪酸	皮膚の表面などで微生物の付着を阻止したり殺菌をする
		殺菌性因子	リゾチーム，ラクトフェリン，トランスフェリンなどにより細菌などに対する殺菌作用を示す
		補体	オプソニン作用，白血球走化作用，細胞壁破壊作用など
		胃酸，消化液	強酸による殺菌作用や消化液（ペプシン，トリプシン）による病原体の溶解
	細胞性因子	食細胞（マクロファージ，好中球）	微生物の貪食や各種液性因子の産生によるリンパ球活性の調節作用
		NK（ナチュラルキラー）細胞	ウイルス感染細胞や腫瘍細胞の破壊・除去
特異的防御機構（免疫）	液性因子	抗体	各種抗体（IgG，IgM，IgAなど）が微生物と結合し，貪食や殺菌を促進する
		サイトカイン	インターロイキンと呼ばれる可溶性因子により免疫応答の調節を行う
	細胞因子	抗原提示細胞（マクロファージ，樹状細胞など）	それぞれの微生物特有の構造を認識し，その情報をリンパ球に伝達することで免疫応答を誘導する
		Tリンパ球	抗原提示細胞よりの情報を受け，細胞性免疫を惹起したり，抗体産出を調整
		Bリンパ球	形質細胞に分化して各種の抗体タンパクを分泌，微生物の貪食や殺菌を誘導

よって起こり，目蓋の裏側の発疹や充血，腫れ，流涙などの症状が激しく現れる。咽頭結膜炎はアデノウイルス 2，3，4，7，11，14 型感染によって起こり，高熱で発症し，結膜炎に加えて咽頭炎の症候が現れる。発熱は 39～40℃が 3～7 日続き，時に頭痛や嘔吐，腹痛や下痢を伴うこともある。

（4）ライノウイルス（*Rhinovirus*）

風邪症候群の 30～50％がヒトライノウイルス（HRV：*Human Rhino Virus*）によるといわれている。おもな症状は，咽頭痛，鼻詰まり，くしゃみなど上気道

に現れることが多い。しかし，乳幼児の感染では時に肺炎，気管支炎，気管支ぜん息，中耳炎などを誘発することがある。感染経路は，鼻漏等で汚染された指や衣服，あるいはドアノブなど不特定の人が触る部分が原因となることが多いが，飛沫感染することもある。同時期に複数の血清型ウイルスが存在することも珍しいことではなく，再罹患の危険性が高い。

(5) RSウイルス（*Respiratory Syncytial Virus*）

非常に感染力の強いウイルスであるが，大人は鼻風邪程度で終わることがほとんどである。しかし，特に6か月未満の乳幼児が感染すると，重症化することが多く，下気道にまで達すると重症の肺炎や細気管支炎を起こす。

(6) パラインフルエンザウイルス（*Parainfluenza Virus*）

4種類の血清型のうち，おもに1～3型が人の呼吸器感染症を引き起こす。中でも3型の感染力が強く，1歳までに50％以上，3歳までにほとんどが感染するといわれている。おもな症候は，咳，呼気性喘鳴，かすれ声などがあり，熱を伴わないことが多い。ただし，6か月未満の乳幼児が3型に感染すると，RSウイルス感染に似た重症の肺炎や細気管支炎を起こすことがある。コロナウイルスと同様に免疫応答が弱く，再罹患を起こす可能性が高い。

(7) インフルエンザ（*Influenza Virus*）

インフルエンザという言葉の発祥地はイタリアとされている。イタリア人はこの病気が"天体の影響"（イタリア語でinfluenza）によって起こると考えていたことから，インフルエンザと呼ぶようになったという。さらに歴史を遡った紀元前412年頃，ヒポクラテスがインフルエンザの流行と思われる記述をしている。それから2000年以上の歳月が経過した現在，人類は未だにインフルエンザの流行を食い止められずにいる。

(a) インフルエンザ流行の歴史　　1918年にスペイン風邪の世界的大流行が起きた。このインフルエンザによる死亡者数は，記録が残っている地域だけで，第1次世界大戦の推定死亡者数約800万人をはるかに超える2,000万人以上とされている。この数字とその後の記録から，2,000～4,000万人が犠牲になったと類推されている。日本においても約2,400万人が感染し，約40万人が死亡したといわれている。さらに，1957年のアジア風邪，1968年に香

港風邪，1977年のソ連風邪のように，インフルエンザは世界的大流行として幾度となく猛威を振るっている。

(b) インフルエンザウイルス（*Influenza Virus*）　A型ウイルスの亜型は，16種類のHAと9種類のNAの組み合わせが考えられる。前述のスペイン風邪は，H1N1，アジア風邪はH2N2，香港風邪はH3N2，ソ連風邪はH1N1であることがわかっている。これらが世界的な大流行となった要因は，ウイルスの不連続変異（antigenic shift）にある。不連続変異とは，多くの亜型が存在するA型に起こるもので，亜型の異なる2種のA型ウイルスが同じ細胞に混合感染したとき，糖蛋白質が置き換わり抗原性がまったく新しい新型ウイルスがつくられることである。われわれは新型ウイルスに対する抗体をもっていないため，世界規模での大流行が起こり得る。これに対し，亜型は前年と同じで抗原構造がわずかに変異したものを連続変異（antigenic drift）といい，A～Cのいずれの型においても毎年起きている。

インフルエンザの症候は，39℃以上の発熱・頭痛・関節痛・筋肉痛などの全身症状が強く，さらに高齢者では気管支炎・肺炎などを併発し重症化することが多い。また，乳幼児が感染した際には，脳炎，脳症を引き起こすこともある。一般に，インフルエンザ患者の1度のくしゃみに含まれるインフルエンザウイルス数は，10万個といわれている。そのうえ，このウイルスは感染力が非常に強いため，大規模な集団感染が危惧される。特に，インフルエンザが重症化しやすい高齢者や基礎疾患（気管支ぜん息等の呼吸器疾患・慢性心不全・先天性心疾患等の循環器疾患・糖尿病・腎不全・免疫不全症）を有する人たちが多く入所している施設では，細心の注意を払う必要がある。

3.3.3　呼吸器系感染ウイルスによる社会活動への影響

インフルエンザをはじめとする多くの呼吸器系のウイルス感染症は冬期に多発する。これには以下の要因，すなわち①低温，低湿環境が宿主の気道における抵抗性を弱める，②ウイルスが低湿環境を好む，③換気が不良な室内に集まるため飛沫感染の機会が増す，などが考えられる。集団感染はこれらの要因が重なり合って引き起こされる。学校はその顕著な例であり，流行増幅点となって学級閉鎖

に至るケースは毎年相当な数にのぼる。また，インフルエンザの重症化，あるいはそれによる死亡は高齢者や基礎疾患をもった患者に起こりやすい。そのため，高齢者施設など多数の高齢者が生活する環境においてはひとたび集団感染が発生すると，死亡率はかなり高くなると予想される。さらに病院では，基礎疾患をもった患者に加えて免疫抑制治療を受けている患者など，感染に対して抵抗力の弱い患者が多数入院しており院内感染（nosocomial infection）が容易に引き起こされる。このように，インフルエンザに代表される集団感染では，多数の死亡者，患者が発生するなど，それがもたらす個人的，社会的損失は計り知れない。

3.3.4 現状のインフルエンザ対策とその問題点
(1) インフルエンザワクチン

日本では，1962年から学童を対象にインフルエンザワクチンの集団予防接種が行われ，毎年人口の26％に相当する国民が接種を受けていた。しかし，1994年の予防接種法改正に伴い，インフルエンザが予防接種疾患から除かれ，集団摂取は中止された。任意摂取となった現在，日本のインフルエンザワクチン摂取率は欧米と比較して非常に低い水準となっている。

(2) インフルエンザワクチンの効果

現行のインフルエンザワクチンは皮下注射のため血中抗体を高める効果がある。しかし，インフルエンザは気道粘膜上皮細胞での増殖が即発症であるため，血中抗体が高くとも気道内の局所分泌抗体（IgA）が充分でなければ感染発症を抑えることは難しい。そのうえ，3.3.3項で述べたようにIgAの抗体半減期は約6日であり，充分な抗体価を維持できる期間は限られている。いっぽう，たとえ感染後に抗体の急激な上昇があったとしても，インフルエンザはその潜伏期が1～2日とウイルス感染症の中で最も短いため，発症には間に合わないことになる。

繰り返しになるが，インフルエンザワクチンには血中抗体を誘導する効果がある。それにより，インフルエンザの重症化や死亡率を抑え，流行の拡大を阻止することがワクチンの意義である。しかし，ウイルスに不連続変異が起こり，抗原性のまったく新しい新型ウイルスが出現すると，ワクチンによってその流行を抑

えることは難しい。

　以上のことから，ワクチンによってインフルエンザの完全防御を実現するためには次の諸問題を解決しなくてはならない。①局所分泌抗体を充分に産出できること，②インフルエンザ流行時に充分な抗体価をもたせること，③次に流行するウイルスの抗原構造を的確に予想すること，いずれも非常に困難な問題である。

3.3.5 まとめ

　本節では，室内環境学分野の読者を対象に，ウイルス特にインフルエンザウイルスの感染防止を念頭に，その際に必要と考えられるウイルスに関する基礎知識について述べた。毎年のインフルエンザ感染者数は相当な数にのぼり，厚生労働省の集計報告によると2000年の全国でのインフルエンザ感染者数は959万人であった。学級閉鎖などの集団感染に至るケースも多く，高齢者施設や病院での集団感染を想定すると，インフルエンザがもたらす個人的，社会的損失は計り知れない。現状のインフルエンザ対策としてワクチンがあげられるが，日本のワクチン摂取率は欧米と比較して非常に低い。そのため，行政側がインフルエンザワクチンを国民に推奨し，接種率を上げることは当然重要である。同時に，SARSウイルスのような新型ウイルスによる大流行の阻止やインフルエンザの完全防御の実現を考えたとき，ウイルスが生体の呼吸器系に侵入する以前に殺菌することが要求される。そこで，室内環境に感染防止システムを導入することは，インフルエンザをはじめ病原性ウイルスがもたらす多大な損失を考慮すればその意義は非常に大きいといえる。

引用・参考文献

1) 厚生統計協会：「厚生統計協会，国民衛生の動向・厚生の指標」，**56**(9)，pp.125-150，廣済堂，2009.
2) 小林寛伊：『感染制御学』，pp.41-74，へるす出版，2006.
3) 鈴木庄亮：『シンプル衛星公衆衛生学』，pp.71-84，南光堂，2010.
4) 中山大樹：『環境調査のための微生物学 第4版』，pp.142-184，講談社，1980.
5) 眞野善洋：『スタンダード公衆衛生学』，pp.123-131，文光堂，2003.
6) 柳宇：「シックハウスとは」，『冷凍』，第80巻，第934号，pp.3-9，2005.
7) 日本建築学会：『微生物による室内空気汚染に関する設計・維持管理規準・同解説』，2005.
8) 柳宇：「かびによるヒトの健康への影響とそれに対する規制の現状」，『室内環境学会』，**11**(2)，pp.111-116，2008.
9) 柳宇：『微生物・花粉による室内空気汚染とその対策―健康影響・測定法から建築と設備の設計・維持管理まで―』，日本建築学会編，pp.29-32，pp.39-42，pp.79-83，技報堂出版，2009.
10) 柳宇：「エアフィルタによる浮遊微生物粒子の捕集性能の評価について」，『室内環境』，**10**(1)，pp.23-32，2007.
11) 柳宇：『空気調和・衛生工学便覧』第14版・1基礎編・第14章・空気質，pp.343-356，2010.
12) 柳宇，池田耕一，鍵直樹，山田花菜，藤井修二，西村直也：「事務所ビルにおけるバイオエアロゾルの挙動に関する研究」，『第23回エアロゾル科学・技術研究討論会講演論文集』，pp.29-30，2006.
13) 柳宇：『微生物事典』，pp.609-616，朝倉書店，2008.
14) 柳宇，三浦邦夫，入江建久，池田耕一：「空調用ダクト内付着粒子状物質の挙動と制御に関する研究」，『空気調和・衛生工学会論文集』，No.86，pp.97-105，2002.
15) K.Abe, Y.Nagao, T.Nakada, S.Sakuma, : Assessment of Indoor Climate in an Apartment by Use of a Fungal Index, *Appl, Environ,*

Microbiol, 62, pp.959-963, 1996.
16) 柳宇ほか：「居住環境における健康維持増進に関する研究 その21」，「居住環境と児童の健康障害との関連性に関する調査研究（9）」，「住宅の室内環境に起因する健康影響に関する実測調査（Phase 3）での梅雨期真菌測定結果」，『日本建築学会大会学術講演会梗概集（D）』，pp.1115-1116, 2010.
17) 柳宇，鍵直樹，池田耕一：「空調システムにおける微生物汚染の実態と対策に関する研究」，「第4報―個別方式空調における「かび臭」原因究明のための調査」，『日本建築学会計画系論文集』，No.654, pp.721-726, 2010.
18) ジーナ・コラータ著，渕脇耕一訳：『インフルエンザウイルスを追う』，ニュートンプレス，2000.
19) 籏谷広司，伊木繁雄，長野秀樹，横山真太郎：「呼吸器系ウイルスと社会的活動への影響―インフルエンザウイルスを中心として―」，『人間と生活環境』，Vol.11, pp.3-7, 2004.
20) 加地正郎：『風邪・ウイルス・人』，西日本新聞社，1989.
21) 児玉浩憲：『図解雑学 ウイルス』，ナツメ出版企画，1998.
22) 甲野礼作，石田名香雄，沼崎義夫：『臨床ウイルス学 講義篇』，講談社，1978.
23) 喜田宏：「新型インフルエンザウイルスの出現予知と流行防止」，『科学』，Vol.68, pp.691-699, 1998.
24) 喜田宏：「新型インフルエンザウイルスの出現のメカニズムとその対策」，『小児科診療』，Vol.62, pp.340-345, 1999.
25) 喜田宏：「新型インフルエンザの発生のメカニズムと対策」，『学術月報』，Vol.52, pp.182-187, 1999.
26) 喜田宏：「インフルエンザの動物種間伝播：新型ウイルスの出現に果たすカモ，家禽とブタの役割」，『化学療法の領域』，Vol.15, pp.29-34, 1999.
27) 喜田宏：「インフルエンザウイルスはどこからくるのか―出現のメカニズムと流行の予防―」，『細胞工学』，Vol.19, pp.27-32, 2000.
28) 喜田宏：「インフルエンザウイルスの分子生物学2 宿主域とレセプター特異性」，『治療学』，Vol.34, pp.33-37, 2000.

29) 喜田宏:「インフルエンザは人獣共通伝染病―新型ウイルス出現のメカニズムと流行予防」,『綜合臨床』, Vol.49, pp.252-255, 2000.
30) 永井美之,石浜明監修:『ウイルス実験プロトコール』, メジカルビュー社, 1995.
31) 中島捷久,中島節子,澤井仁:『インフルエンザ―新型ウイルスはいかに出現するか―』, PHP研究所, 1998.
32) 日本建築学会編:『微生物・花粉による室内空気汚染とその対策』, 技報堂, 2009.
33) 野本明男,西山幸廣:『ウイルス研究の現在と展望』, 共立出版, 2008.
34) マイケルB. A. オールドストーン著,二宮陸雄訳:『ウイルスの脅威―人類の長い戦い』, 岩波書店, 1999.
35) 梅田悦男:『インフルエンザと戦う―健康の危機管理―』, 裳華房, 1998.
36) 山内一也,北野忠彦,石浜明訳:『ウイルス学事典 第2版』, 西村書店, 2002.
37) 吉岡誠記,横山真太郎,小口智:「高齢者施設における主要室内空気質の測定と加湿滅菌システムの適用」,『空気調和・衛生工学論文集』, 第146号, pp.13-21, 2009.

第4章
有害動物および愛玩動物と室内環境

4.1 室内で発生する昆虫類

川上裕司

4.1.1 現在の種類数

　世界中の既知の昆虫種は75〜90万種であり，推定約100万種が現存するというのがひと昔前の定説であった．近年では，推定約180万種が現存するとの説に変わりつつあり，新種の記載数が減少傾向にないことから推定約500万種が存在するという研究者もいる．「進化と繁栄」をキーワードとするならば，脊椎動物の頂点が人類（＝1属1種の現生人類，ヒト *Homo sapiens sapiens* LINNAEUS, 1758）であり，無脊椎動物の頂点が昆虫類（昆虫綱 Insecta）である．地球上の動物の70％が昆虫類であり，あらゆる環境条件への適応力が高いことが地球上で繁栄した理由である．そして，室内環境中でみられる昆虫類は，人のライフスタイルを上手に利用して生活する一群である．

4.1.2 昆虫の学名と分類

　学名は，属名と種小名からなる二名式の種名（イタリック体）が付けられ，その後に命名者を立体文字で付記することになっている．種名は先取権が認められており，その動物に与えられた最初の名が有効とされ，発表年を西暦で命名者の後に記すことになっている．命名者と発表年をカッコで囲む場合は，その後に変更があったことを示す．詳細は国際動物命名規約を参照のこと[1]．

4.1 室内で発生する昆虫類

　節足動物門の六脚亜門（Hexapoda）—汎甲殻類（下門）に属するのが昆虫綱（Insecta）である。六脚類や六脚虫とも呼ばれる。六脚類（内顎類＋外顎類；真正昆虫類）は甲殻類（エビ，カニ）に近縁であり，合わせて「汎甲殻類」と呼ぶ。六脚亜門（Hexapoda）を，昆虫綱（Insecta＝外顎綱 Ectognatha）と内顎綱（Entognatha）とに分類し，内顎綱に，カマアシムシ目（原尾目 Protura），ト

表 4.1　昆虫綱の分類[2]

亜　綱	Subclass	目	Order
1. 単関節丘亜綱	Monocondylia	① イシノミ目	Microcoryphia
2. 双関節丘亜綱　無翅下綱	Dicondylia Apterygota	② シミ目（総尾目）	Thysanura*
3. 双関節丘亜綱　有翅下綱	Dicondylia Pterygota	③ カゲロウ目（蜉蝣目）	Ephemeroptera
		④ トンボ目（蜻蛉目）	Odonata
		⑤ ゴキブリ目（網翅目）	Blattaria*
		⑥ カマキリ目（蟷螂目）	Mantodea
		⑦ ハサミムシ目（革翅目）	Dermaptera
		⑧ カワゲラ目（襀翅目）	Plecoptera
		⑨ バッタ目（直翅目）	Orthoptera
		⑩ ナナフシ目（竹節虫目）	Phasmida
		⑪ シロアリモドキ目（紡脚目）	Embioptera
		⑫ ジュズヒゲムシ目（絶翅目）	Zoraptera
		⑬ ガロアムシ目（擬蟋蟀目）	Grylloblattodea
		⑭ マントファスマ目（踵行目）	Mantophasmatodea
		⑮ シラミ目（虱目）	Anoplura*
		⑯ チャタテムシ目（噛虫目）	Psocoptera*
		⑰ ハジラミ目（食毛目）	Mallophage
		⑱ アザミウマ目（総翅目）	Thysanoptera
		⑲ カメムシ目（半翅目）	Hemiptera*
		⑳ アミメカゲロウ目（脈翅目）	Neuroptera
		㉑ コウチュウ目（鞘翅目）	Coleoptera*
		㉒ ネジレバネ目（撚翅目）	Strepsiptera
		㉓ シリアゲムシ目（長翅目）	Mecoptera
		㉔ ノミ目（隠翅目）	Siphonaptera*
		㉕ ハエ目（双翅目）	Diptera*
		㉖ トビケラ目（毛翅目）	Trichoptera
		㉗ チョウ目（鱗翅目）	Lepidoptera*
		㉘ ハチ目（膜翅目）	Hymenoptera*

注1　近縁な種類（目）から順に列記した
注2　*を付けた10目が室内環境中で発生する

ビムシ目（粘管目 Collembola），コムシ目（倍尾目 Diplura）を所属させるのが近年提唱された分類体系である。内顎綱に属する六脚類には，顎が体の中にあるなどの共通性があり，分子系統学的解析からも単系統性が支持されている。

昆虫綱（Insecta）の分類は基本的には「Systema naturae 2000；(http://sn2000.taxonomy.nl/)」に準拠するが，研究者によって見解が分かれている。一般的に昆虫綱は，①単関節丘亜綱（Monocondylia），②双関節丘亜綱（Dicondylia）-無翅下綱（Apterygota）③双関節丘亜綱（Dicondylia）-有翅下綱（Pterygota）の3つに大別され，現存するものだけで28目に分類されている。また，室内環境中で発生して問題となる昆虫類は，概ね無翅下綱の1つの目と有翅下綱の9つの目に属する昆虫類である（表4.1）。「綱」や「目」といった分類体系について，一般に馴染みの深い「モンシロチョウ」を例にして表4.2に示す。

表 4.2　モンシロチョウ（*Pieris rapae*）を例とした昆虫の分類のカテゴリー

カテゴリー		分類の単位	
界	Kingdom	動物界	Animalia
門	Phylum	節足動物門	Arthropoda
亜門	Subphylum	大顎亜門	Mandibulata
綱	Class	昆虫綱	Insecta
亜綱	Subclass	有翅亜綱	Pterygota
目	Order	チョウ目	Lepidoptera
亜目	Suborder	二門亜目	Ditrysia
上科	Superfamily	アゲハチョウ上科	Papilionoidea
科	Family	シロチョウ科	Pieridae
亜科	Subfamily	シロチョウ亜科	Pierinae
族	Tribe	シロチョウ族	Pierini
亜族	Subtribe	シロチョウ亜族	Pierina
属	Genus	シロチョウ属	*Pieris*
亜属	Subgenus	モンシロチョウ亜属	*Artogeia*
種	Species	モンシロチョウ	*rapae*
亜種	Subspecies	モンシロチョウ日本亜種	*crucivora*

4.1.3 昆虫の形態

動物界最大の分類群である「節足動物門」に属する動物は，体の表面が外骨格と呼ばれる硬い殻（キチン質とタンパク質などでできたクチクラ）で覆われるグ

ループであり，昆虫，ダニ，クモが含まれている。脱皮により古い外骨格が脱ぎ捨てられ，新しい外骨格が形成されることによって成長するのが大きな特徴である。体は，体節の繰り返し構造をしており，体の表面を覆う外骨格も体節単位になっている。体節の間は関節状に可動であることが多い。各体節からは，それぞれ1対の関節肢と呼ばれる脚が出ている。関節肢も体と同様に外骨格で覆われ，途中に関節があるのが特徴である。

昆虫類の大きさは，コナチャタテ科やトビコバチ科のように体長1～2mmの微小種からオオサマボウバッタのように体長170mmに達する大型種までさまざまである。室内環境で害虫と認識される種は，ゴキブリ類を除くとほとんどが10mm以下である。

昆虫類の形態は多様であるが，概ね以下の6項目が形態的特徴である。

① 昆虫の体は頭部・胸部・腹部の3部構成になっている。
② 頭部に1対の触角と1対の複眼がある。
③ 胸部は前胸，中胸，後胸の3節から成り，それぞれの胸に1対ずつ脚が付いており，前脚，中脚，後脚と呼ぶ。また，2対の翅は前翅と後翅と呼ばれ，中胸と後胸から出ている（2対の翅のうちの1対が退化して痕跡的になったグループや翅のないグループもいる）。
④ 腹部は11節であるが，基部の癒合や末端節の生殖器化などにより5～7節にみえることが多く，付属肢（脚）はない。
⑤ 卵生である（ニクバエ亜科のように1齢幼虫を産む胎生のグループもいる）。
⑥ 生育過程で，変態（幼虫が成虫に至る段階で形態が変化する）を行う。幼虫が蛹を経て成虫になる「完全変態のグループ」と，幼虫が脱皮を繰り返して蛹を経ないで成虫になる「不完全変態のグループ」に分けられる。成虫になるときに翅が発達するグループが多い。

4.1.4 昆虫の生態

(1) 発生型からみた特徴

室内環境学から昆虫の発生型をみると，①室内空間発生型，②屋外発生侵入型，

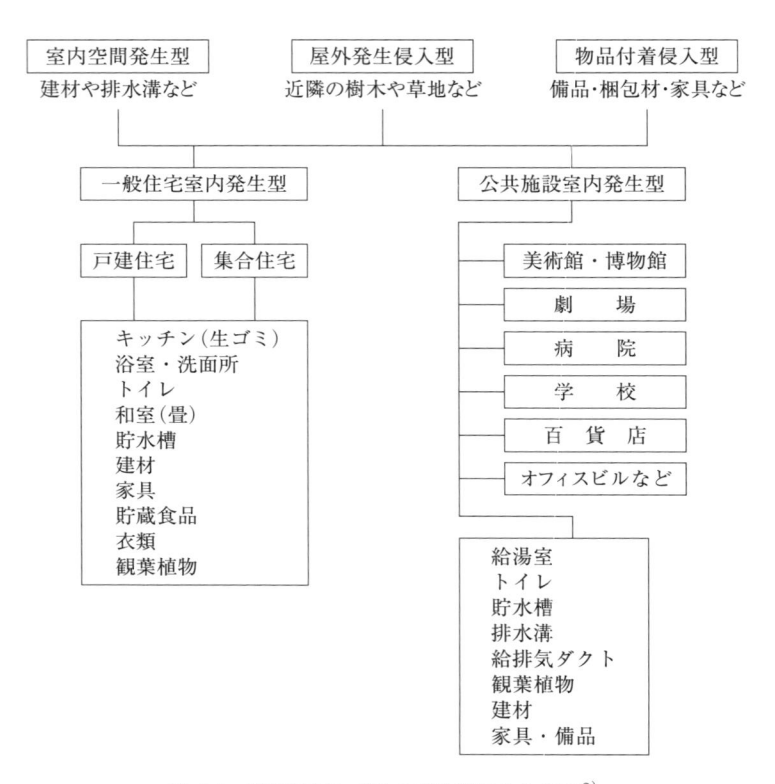

```
┌──────────────┐  ┌──────────────┐  ┌──────────────┐
│室内空間発生型│  │屋外発生侵入型│  │物品付着侵入型│
│建材や排水溝など│ │近隣の樹木や草地など│ │備品・梱包材・家具など│
└──────────────┘  └──────────────┘  └──────────────┘
```

┌─────────────────┐   ┌─────────────────┐
│一般住宅室内発生型│   │公共施設室内発生型│
└─────────────────┘   └─────────────────┘

一般住宅室内発生型：戸建住宅／集合住宅
- キッチン(生ゴミ)
- 浴室・洗面所
- トイレ
- 和室(畳)
- 貯水槽
- 建材
- 家具
- 貯蔵食品
- 衣類
- 観葉植物

公共施設室内発生型：
- 美術館・博物館
- 劇場
- 病院
- 学校
- 百貨店
- オフィスビルなど

  - 給湯室
  - トイレ
  - 貯水槽
  - 排水溝
  - 給排気ダクト
  - 観葉植物
  - 建材
  - 家具・備品

図 4.1 昆虫類(ダニ類)の発生型による分類[2]

③物品付着侵入型の3つの型に区分される（図4.1）。また，建物の立地条件によって室内環境中で有害種となることもある。例えば，河川や湖沼が付近にある場合には，灯火に誘引されてユスリカ類が建物のガラス窓に飛来する。そして，「①サッシの桟でユスリカ類が死亡→②死骸が溜まる→③乾燥して微細塵となる→④窓開け換気の際に室内空気中に微細塵（アレルゲン）が飛散する→⑤人がそれを吸入してぜん息症状を起す」というプロセスが生じたような場合である。ほかの昆虫でも同様に吸入アレルゲンとなることが示唆され（表4.3），室内環境の多様化にともない，新たに有害種として注目される昆虫が現れることも想定される。

4.1 室内で発生する昆虫類

表 4.3 室内環境で皮膚炎やアレルギー疾患を引き起こす昆虫類

生態からみた要因	原因物質	おもな昆虫種
1) 皮膚炎やアレルギー症状を引き起こす活性物質を有する 2) 一時期に大量の数の個体が発生する 3) 自然界に広く分布している 4) 風で運ばれたり,灯火に誘引されて室内に侵入する 5) 灯火に飛来して,窓際で死骸となりやすい	①翅や体表面にある微細な鱗粉・鱗毛・毒針毛 ②虫体構成成分やヘモグロビンなどの体内物質 ③排泄物や代謝産物 ④体表面に付着するカビ	チャドクガ,ヤネホソバ,ノシメマダラメイガ,ヒラタチャタテ,ホンチャタテ,アカムシユスリカ,オオユスリカ,セスジユスリカ,クロゴキブリ,チャバネゴキブリ,アオバアリガタハネカクシ,アオカミキリモドキ,タバコシバンムシ,ナミテントウ

(2) 加害する対象からみた特徴

昆虫類を加害する対象から分類すると,①衛生害虫 (Sanitary insect pest, Vector),②家屋害虫 (Wood-destroying insect pest),③食品害虫 (Food stuff insect pest),④衣類害虫 (Clothing harmful insect pest),⑤不快害虫 (Nuisance) の5つに分類することができる(表4.4)。また,①でも②でもあるというように重複する昆虫もいる。人に不快感を与えるという観点から,①〜④のすべて,または一部を,不快害虫 (Nuisance) と呼ぶこともある。

一方向の視点でみたときに,その昆虫が人に何らかの害を及ぼす場合に,その昆虫を「害虫 Insect pest」と呼ぶ。別な視点に立って同じ昆虫をみたとき,む

表 4.4 昆虫類(ダニ類)の加害対象による分類

分類	加害対象と生態的特徴
1) 衛生害虫	① 細菌・真菌・ウイルスを媒介する　⑤ 寄生虫の中間宿主になる ② 吸血する　⑥ 皮膚炎を起こす ③ 刺したり,咬んだりする　⑦ アレルゲンとなる ④ 寄生する
2) 家屋害虫	⑧ 建材や家具を食害したり,汚染したりする
3) 食品害虫	⑨ 食品を食害したり,汚染したりする
4) 衣類害虫	⑩ 衣類や敷物を食害したり,汚染したりする
5) 不快害虫	⑪ 室内に侵入するなど不快感を与えるが,刺咬害や皮膚炎の原因とならない

注　不快害虫を衛生害虫に統合する考え方もある

しろ人に有益な「益虫 Useful insect」と判断できることもある。種々の生物は，相互に複雑な関係をもって生活しており，ある生物種の個体数の増加と減少が，生物群集全体に予測できない変化を引き起こすこともある。そのため，防除対策を実施する前に，その昆虫を「害虫」とみなすかどうか慎重な判断が必要な場合もある[3]。

4.1.5 室内環境から発生するおもな種の特徴

発生型からみた特徴と加害する対象からみた特徴を踏まえて，特に一般住宅や学校などの公共施設で普通にみられる昆虫について図4.2と表4.5に示す。

検査法については4.2節の室内塵性ダニ類の項に一括して示す。

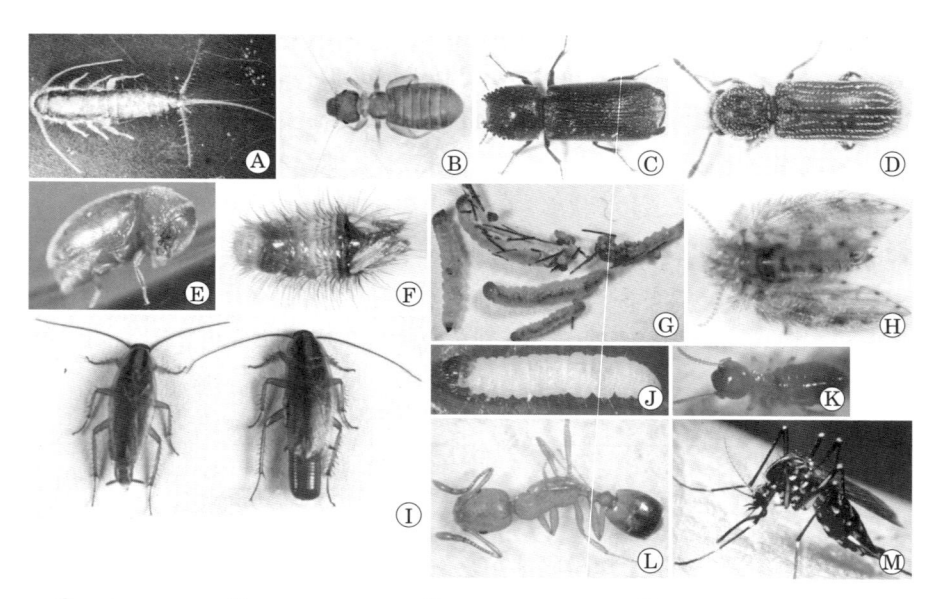

Ⓐセイヨウシミ，Ⓑヒラタチャタテ，Ⓒオオナガシンクイ，Ⓓケブトヒラタキクイムシ，Ⓔタバコシバンムシ，Ⓕヒメマルカツオブシムシ幼虫，Ⓖコイガ幼虫，Ⓗホシチョウバエ，Ⓘチャバネゴキブリ♀♂，Ⓙノシメマダラメイガ幼虫，Ⓚイエシロアリ職蟻，Ⓛイエヒメアリ，Ⓜヒトスジシマカ

図4.2　室内で発生するおもな昆虫類

4.1 室内で発生する昆虫類

表 4.5 室内で発生するおもな昆虫類の特徴

発 生 型	加害による分類	昆虫の科名と代表種	形 態・生 態
室内空間発生型	家屋害虫	シミ科 Lepismatidae ヤマトシミ，セイヨウシミ，マダラシミ	翅を欠き，フナムシに似る。家屋内に住みつき，書籍，掛け軸，乾燥食品などを食害する。
室内空間発生型	家屋害虫 衛生害虫	コナチャタテ科 Liposcelididae ヒラタチャタテ，ホンチャタテ，カツブシチャタテ，ソーメンチャタテ	体長1〜1.5mm。古本から見つかることが多い。真菌や藻類を餌とする。独自の抗原性をもつ特異的なアレルゲンであることが最近の研究からわかりつつある。
室内空間発生型	家屋害虫 食品害虫 衛生害虫	シバンムシ科 Anobiidae タバコシバンムシ，ジンサンシバンムシ，フルホンシバンムシ，マツザイシバンムシ	赤褐色円筒形の微小甲虫。幼虫と成虫が菓子類，漢方生薬，書籍，ドライフラワー，コウリャンボード，絹製品，鰹節など多岐にわたって食害する。真菌を付着・運搬する。
物品付着侵入型	家屋害虫	ナガシンクイムシ科 Bostrychidae ホソナガシンクイ，オオナガシンクイ，ヒメタケナガシンクイ，チビタケナガシンクイ	黒褐色円筒形の甲虫。建材，家具，額から発生する。加工製品中に閉じ込められた幼虫は休眠と食害を繰り返しながら成長し，2〜5年経過してから蛹化〜羽化して外部へ穿孔脱出する。
物品付着侵入型	家屋害虫	ヒラタキクイムシ科 Lyctidae またはナガシンクイムシ科ヒラタキクイムシ亜科 Lyctinae ケヤキヒラタキクイムシ，ケブトヒラタキクムシ	細長く扁平な甲虫。建材，家具，額から発生する。幼虫はフラス（木屑状虫糞）を材の外部に排出せずに，孔道内に貯留する。成虫が羽化脱出の際に大量のフラスを外部に排出する。
室内空間発生型 屋外発生侵入型	衣類害虫	カツオブシムシ科 Dermestidae ヒメマルカツオブシムシ，ヒメカツオブシムシハラ，ジロカツオブシムシ	円形・楕円形の甲虫。幼虫は長い剛毛をもつ。幼虫はカツオブシ，動物標本，毛皮，羊毛の衣類，羽毛，絹織物を食害する。成虫は屋外で花蜜や花粉を食する。
室内空間発生型 屋外発生侵入型	衣類害虫 食品害虫	ヒロズコガ科 Tineidae コイガ，イガ，ジュウタンガ，コクガ	前翅長30mm以下の小形蛾。カツオブシムシと同様に動物性繊維製品を食害する衣類害虫と穀類などを食害する食品害虫が含まれる。
室内空間発生型 物品付着侵入型	食品害虫	メイガ科 Pyralidae ノシメマダラメイガ，スジコナマダラメイガ，スジマダラメイガ	前翅長7〜11mmの小形蛾。老熟幼虫は乳白色〜黄白色で，粉類，乾果，菓子，チョコレートなどを食害する。食品異物となりやすい。
屋外発生侵入型	家屋害虫 衛生害虫	ゴキブリ科 Blattidae クロゴキブリ，ヤマトゴキブリ，ワモンゴキブリ，コワモンゴキブリ	全体に光沢のある黒褐色。屋外の樹木上に生息し，夏季に室内に侵入して冷暖房・加湿・照明・食物を利用して繁殖する。
室内空間発生型	家屋害虫 衛生害虫	チャバネゴキブリ科 Blattellidae チャバネゴキブリ	黄褐色で，前胸背面に1対の細長い黒斑がある。耐寒性がなく，室内に定住して人の食物を食害する。
屋外発生侵入型	家屋害虫	ゴキブリ目・シロアリ科 ミゾガシラシロアリ亜科 Thinotermitinae ヤマトシロアリ，イエシロアリ	地中で営巣する「地下シロアリ」の仲間で，巣から蟻道を延ばして周辺の建物や木材を食害する。女王蟻と王蟻を生殖虫とし，職蟻，兵蟻，副生殖虫でコロニーを構成する。
屋外発生侵入型	衛生害虫	カ科 Culicidae ヒトスジシマカ，アカイエカ，チカイエカ	雨水枡やベランダに置いた植木鉢の水受け皿から発生して，室内に侵入する。吸血により，ウエストナイルウイルスの媒介となる危険性。
室内空間発生型	不快害虫	チョウバエ科 Psychodidae ホシチョウバエ，オオチョウバエ	体全体が灰黒色で，毛が密生しており小さな蛾に似る。ビルの雑排水槽で発生し，トイレの壁などで普通に見かける。
物品付着侵入型 屋外発生侵入型	食品害虫 衛生害虫	アリ科 Formicidae イエヒメアリ，アルゼンチンアリ	室内に大量に侵入したり，室内に営巣して，食物の食害や刺咬害を引起こす。

4.2 室内塵性ダニ類

川上裕司

4.2.1 現在の種類数

世界から約4万種を超えるダニ類が記載されているが，未知の種が多く，実際には推定約50万種は現存するといわれている。このうち室内塵からみつかったダニは世界中で約150種，日本で約110種が記録されている。その大部分は屋外で生息する自由生活種や動植物寄生種の室内迷入であり，室内生息性の室内塵性ダニ類は10種前後である。

4.2.2 ダニの学名と分類

ダニ目は，気門の位置によって7つの亜目に分類され，このうち室内で発生するのは，表4.6に示す①〜④である。

「ケナガコナダニ *Tyrophagus putrescentiae*（SCHRANK, 1781）」を例にした分類のカテゴリーを表4.7に列記する。ダニの分類体系は変わりつつあり，ダニ目をダニ亜綱とする分類もあるので，一例として理解していただきたい。

表 4.6 ダニの分類体系

亜目の分類	代表的な科
① 前気門（ケダニ）亜目（Prostigmata）	ホコリダニ科，ツメダニ科，シラミダニ科，タカラダニ科など
② 中気門（トゲダニ）亜目（Mesostigmata）	マヨイダニ科，オオサシダニ科，ワクモ科など
③ 無気門（コナダニ）亜目（Astigmata）	チリダニ科，コナダニ科，ニクダニ科など
④ 隠気門（ササラダニ）亜目（Cryptostigmata）	イエササラダニ科，カザリヒワダニ科など
⑤ 後気門（マダニ）亜目（Metastigmata）	マダニ科，ヒメダニ科（野生動物に寄生する大型のダニで室内環境中には生息しない）
⑥ 背気門（アシナガダニ）亜目（Notostigmata）	アシナガダニ科
⑦ 四気門（カタダニ）亜目（Tetrastigmata）	カタダニ科

表 4.7 ケナガコナダニ（*Tyrophagus putrescentiae*）を例としたダニの分類のカテゴリー[4]

カテゴリー		分類の単位	
界	Kingdom	動物界	Animalia
門	Phylum	節足動物門	Arthropoda
亜門	Subphylum	鋏角亜門	Chelicerata
綱	Class	蛛形綱	Arachnida
亜綱	Subclass	サソリ亜綱	Latigastra
目	Order	ダニ目	Acarina
亜目	Suborder	無気門亜目	Astigmata
上科	Superfamily	コナダニ上科	Acaroidea
科	Family	コナダニ科	Acaridae
亜科	Subfamily	コナダニ亜科	Acarinae
族	Tribe	ケナガコナダニ族	Tyrophagini
亜族	Subtribe	−	
属	Genus	ケナガコナダニ属	*Tyrophagus*
亜属	Subgenus	−	
種	Species	ケナガコナダニ	*putrescentiae*
亜種	Subspecies	−	

4.2.3 ダニの形態

ダニとクモは同じ蛛形綱（クモ綱）に属し，昆虫とは分類学的に遠縁で，形態はそれぞれ顕著に異なる。ダニの体は頭部・胸部・腹部が一体化して境がなく（頭部と胴体部と呼ぶこともある），4対の脚をもつ。クモの体は頭胸部が一体化し，腹部と2部構成になっており（頭胸部と腹部と呼ぶ），4対の脚をもつ。

ダニの成長は，『卵→幼虫→若虫→成虫』が基本であるが，種によっては『卵→幼虫→第1若虫→第3若虫→成虫』の5期や『卵→幼虫→第1若虫→第2若虫（ヒポプス）→第3若虫→成虫』の6期を経過する。環境条件や栄養条件が悪いときにヒポプスを形成して，昆虫の体に付着するなどして生息場所を変え，第3若虫になるコナダニ類もいる。また，『卵→若虫→成虫』や卵胎生を営む種など例外も多い。

室内環境中からみつかるダニ類の簡単な科の検索を図4.3に示す。

室内環境中からみつかるダニの科の検索

① くびれがある
背面から顎体部はみえない

- 赤褐色（約0.35mm）　カザリヒワダニ科
- 灰白色（約0.25mm）　イエササラダニ科

② 胴体部にくびれはない
背面から顎体部がみえる

③ 顎体部は大きく発達している
触肢の先端にツメがある
橙色～黄褐色（0.5～0.8mm）　ツメダニ科

④ 顎体部は普通の大きさ

⑤ 体長0.5～0.8mm
全体に長円形である
ひし形の背板がある
短い毛がほぼ均一に分布する　オオサシダニ科・ワクモ科

⑥ 体長0.5mm以下
⑤の特長とは異なる

⑦ 第2脚と第3脚の間が顕著に離れる
体長0.2mm以下　ホコリダニ科

⑧ 第2脚と第3脚の間が顕著に離れない
長い体毛がある

- コナダニ科
- チリダニ科
- ニクダニ科

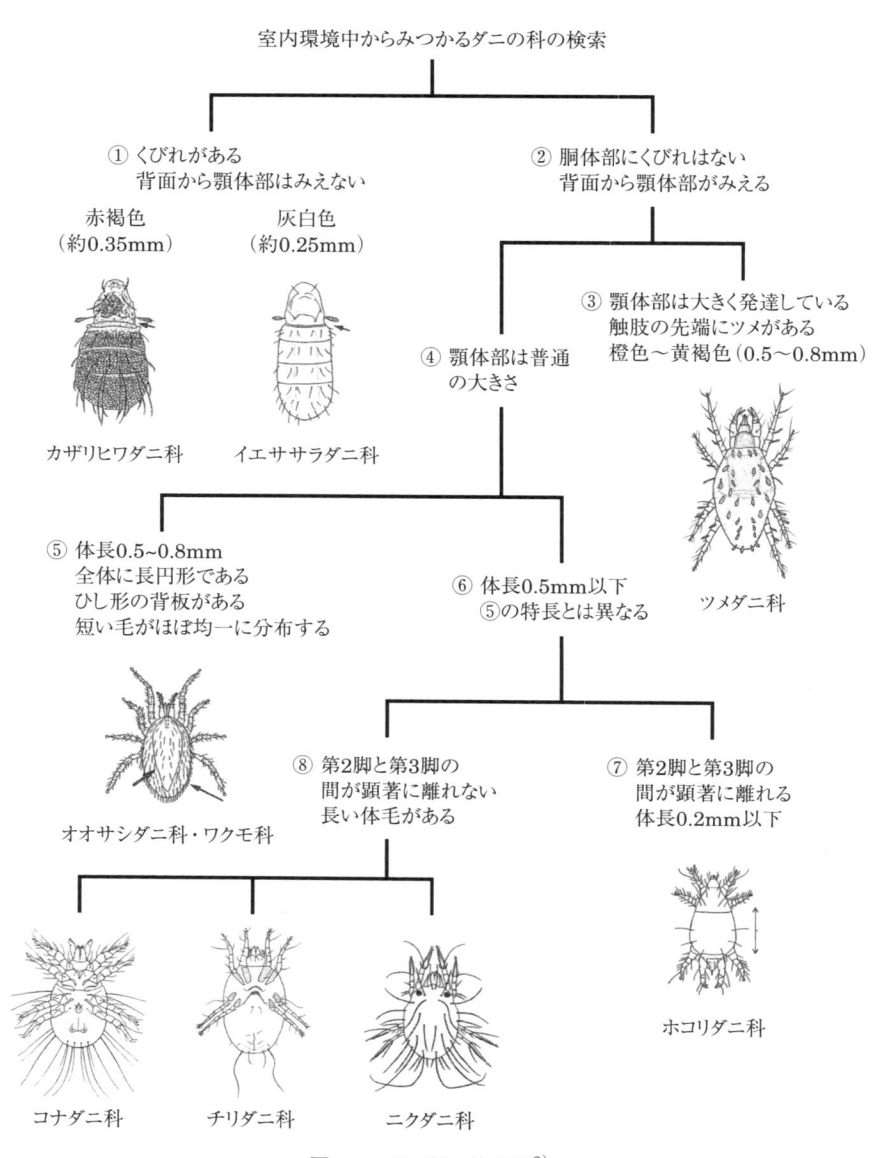

図 4.3　ダニ類の検索図[2)]

4.2.4 室内塵性ダニ類の生態

室内の塵埃から発生する室内塵性ダニ類（House dust mite）は温度25～30℃，湿度70％以上で，潜り込めるスペースが多い室内環境中で繁殖しやすい。高断熱高気密の住宅構造のうえ，家具・敷物・家電製品・衣類・愛玩動物の餌などが所狭しと並べられているような住宅は，室内塵性ダニ類が繁殖しやすい環境といえる。「ダニ・カビ・ハウスダスト」が住宅内のアレルゲンの代表格であることは，周知の事実である。微小なダニ類は目に見えにくいために，「ダニに刺された場合には，必ず2か所の刺し口が残る」といったような風評やさまざまな憶測も多い。また，見えないダニに対する意識過剰から，ノイローゼ（偽ダニ症，寄生虫妄想症）になる人もいる。

4.2.5 室内環境から発生するおもな種の特徴

(1) チリダニ科（Pyroglyphidae）

室内塵のダニ相をみた場合には，洋の東西を問わずチリダニ科のダニが圧倒的に多く，70～80％を占める。塵埃中の人の垢やフケ，食品クズ，微小昆虫の死骸などを餌として繁殖し，気管支ぜん息，アレルギー性鼻炎，アトピー性皮膚炎，慢性じん麻疹などのアレルゲンとなる。その歴史は古く，室内のチリダニ類の増減がアレルギー性小児気管支ぜん息にかかわりがあることが1960年代に既に報告されている。死骸が乾燥してできた微細片や排泄物は，呼吸器や皮膚の汗腺から侵入してアレルゲンとなる。そして，夏から秋にかけての本種の繁殖ピーク期に，アレルギー疾患が多発する傾向がある。

コナヒョウヒダニ *Dermatophagoides farinae* HUGHES（英名：american house dust mites）とヤケヒョウヒダニ *Dermatophagoides pteronyssinus*（TROUESSART）（英名：european house dust mites）が代表種である。体長0.25～0.44mm。全体に透明感のある白色で，室内塵中に最も普遍的かつ恒常的に生息する。この2種のダニの虫体破片や排泄物には，多種のアレルゲンとなる成分が含まれており，WHO（世界保健機関）のAllergen Nomenclature Systemに登録されているものだけでも「Der p1/Der f1（分子量25×10^{-3}）」から「Der p10/Der f10（分子量36×10^{-3}）」まで10グループのアレルゲンがある。これらのアレルゲンは，分

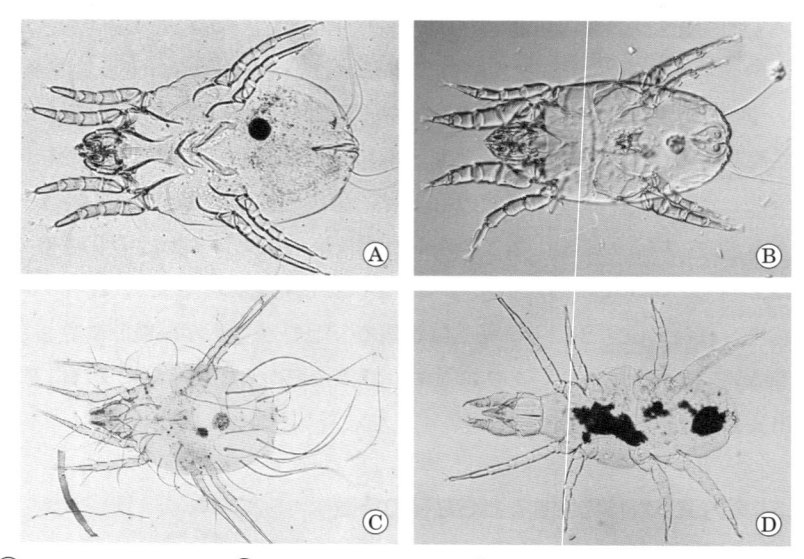

Ⓐヤケヒョウヒダニ♀，Ⓑヤケヒョウヒダニ♂，Ⓒイエニクダニ，Ⓓミナミツメダニ
図4.4　代表的な室内塵性ダニ類

子量が数万のタンパク質で，多くはプロテアーゼをはじめとする酵素である。チリダニにとっては生命の維持に必須の酵素タンパク質が，人に対してはアレルゲンとして働いている。コナヒョウヒダニとヤケヒョウヒダニの対応するアレルゲン（Der p1とDer f1など）の間には，強い免疫学的交差反応性があるため，臨床的には両種のアレルゲンはほぼ同じものとして扱われている。

(2) コナダニ科（Acaridae）

室内塵，貯蔵食品，医薬品などから発生する。繁殖力が旺盛で，繁殖要因が整うと爆発的に増えることがあり，アレルゲンになる。

ケナガコナダニ *Tyrophagus putrescentiae*（SCHRANK）が代表種である。体長0.3〜0.4mm。後体部の後縁毛は7対あって長い。家屋内の畳に発生するカビを餌として梅雨時期などに大繁殖することもある。穀粉をはじめ乾燥した果実，野菜，2次加工品の菓子類，ペットフードなどからも発生する。

(3) ニクダニ科（Glycyphagidae）

コナダニ科と同様，室内塵をはじめ，貯蔵食品，医薬品などから発生する。

イエニクダニ *Glycyphagus domesticus* DeGeer（英名：house mite）が代表種である。体長0.3～0.8mm。透明感のある乳白色。胴体部や脚の毛が太く，脚の跗節が細長い。低温多湿（15℃，80％R.H.）を好み，冬季に結露が発生する家屋の塵埃中に多くみつかる。穀類，乳製品，乾燥肉類，乾燥魚類，動物標本などから発生するが，繊維に生えたカビも食する。

(4) ツメダニ科（Cheyletidae）

鉤爪のような触肢をもち，その先端から顕著な爪がでているのが特徴。ほかのダニや微小昆虫類を捕らえて，針状の鋏角を体内に刺し込んで体液を吸う。夜間就寝中に人を刺すことがあるが，人血を吸うことはない。刺された部位はアレルギー性皮膚炎を起こし，人によっては5mm前後の痒性皮疹（紅斑）が1週間も続くことがある。大腿部と上腕部の内側や腹腰部が刺されやすく，布団や畳に接した側に刺咬害を受けることが多い。また，築2～3年の新築住宅や畳を替えて2～3年の住宅で発生しやすく，人の被害は8～9月に多い。これは，畳の含水量が多くなることにより餌となるチリダニ類やイエササラダニなどが繁殖することが原因である。

ミナミツメダニ *Chelacaropsis moorei* Baker（英名：cheyletid mite）が代表種である。体長0.3～0.5mm。淡黄色で，爪の基部に3個の瘤状飾爪をもつ。東南アジアなど熱帯が原産で畳の材料とともに日本に侵入したといわれる。30～32℃で旺盛に繁殖する。

(5) イエササラダニ科（Haplochthoniidae）

ササラダニの仲間は土壌動物であり，落葉などの分解者として自然生態系の中で重要な役割を担っている。

イエササラダニ *Haplochthonius simplex* Willmann（英名：haplochthoniid mite）は人の住環境に適応したササラダニであり，室内塵埃中の有機物やカビを餌として生活している。体長0.25～0.3mm。灰白色から薄黄色で，長楕円形。胴体部背面に3本の横溝が等間隔に存在する。日本，台湾，香港，アメリカなどの室内塵から検出されており，特に，日本の家屋の和室（畳）から普通に分離される。刺咬害やアレルゲンの原因種ではない。

4.2.6 調査法と同定検査

(1) 必要な器具機材

　室内環境での昆虫やダニの調査と同定検査を行うためには，以下に列記した器具・機材を揃えるとよい。

　①研究用ルーペ（×5～10），②ペンライト，③ガラスサンプル管，④実体顕微鏡，⑤光学顕微鏡，⑥スライドグラス＆カバーグラス，⑦ガム・クロラール封入液，⑧ピンセット，⑨柄付針

(2) 目視による調査と観察

　室内の壁面・床・窓ガラスの桟などを肉眼で十分観察することが大切である。ペンライトで光をあてながらルーペで観察すると，鮮明に見ることができる。研究用ルーペは，目に近い位置で固定し，検体をルーペに近づけることによって焦点が合うので，使い方を間違えないよう注意する。

(3) 捕獲トラップによるモニタリング調査

　目視では生息が確認できない微小な昆虫類については，捕獲調査用の粘着式トラップ（ゴキブリ用やダニ用の粘着シート・種類別のフェロモントラップなど）を室内に配置して調査を行い，発生数を指数として数値化するとよい。

(4) アレルゲン量の測定

　幼稚園～高等学校のような室内環境では，「ダニ数＝100匹/m^2以下又はこれと同等のアレルゲン量以下であること」が望ましいとされている（参考：文部科学省・学校環境衛生基準）。ダニアレルゲンの測定法として，「酵素免疫測定法（Enzyme-Linked Immunosorbent Assay, ELISA）」による検査キットやその簡易検査キットが市販されており，比較的簡単に検査することができる。

(5) 実体顕微鏡と光学顕微鏡による観察と同定

　昆虫やダニを同定するためには，実体顕微鏡を使って検体の微細形態を観察しながら検索表や検索図（図4.3）と照らし合わせる必要がある。体長3mm以下の微小昆虫やダニの観察にはプレパラート標本を作製して，光学顕微鏡で微細形態を観察する必要がある[2]。

　［プレパラート（スライド）標本の作製法と観察］

　①　スライドグラスに1滴ガム・クロラール封入液*を滴下し，その上に柄付

針を使って検体を乗せる。
② カバーグラスをかけて封入液が全体に広がった後，アルコールランプの火に軽くかざして静かに沸騰させて気泡を抜く。
③ 透明マニキュアをカバーグラスの周囲に均一に塗布して，完全に封入する。
④ 光学顕微鏡にプレパラート標本をセットして，10～80倍で微細形態を観察する。

4.3 家住性ネズミ

谷川　力

　ネズミが屋内に居ることついて日本人の考え方は甘いようだ。ネズミは大黒様のお使いで金持ちの象徴でもあり，おとぎ話でも人を助け恩返しもする。有名なおとぎ話に「おむすびころりん」があるが，その話でもネズミはよい役柄を演じている。アニメでもネズミはスーパースターとして活躍することが多い。体が小さくて知恵があり，顔がかわいい，悪役のライバルとしてネコがいるなどキャラクターとして申し分ない。また，十二支でもネズミは子年として1番初めに数えられ，小さくて賢い動物とされている。昔から日本人はネズミを身近な存在と考え，子供のころから悪者として扱わず，駆除されにくい存在になっているのかもしれない。しかし，たった1匹のネズミでもケーブルを齧り，時には通信機器類を遮断してしまう。また，食物と営巣場所が豊富にあればネズミ算のように増え

＊ ガム・クロラール封入液の作製法：
①アラビアゴム末8g，抱水クロラール30g，精製水10mlを乳鉢に入れて，乳棒を使ってよく砕きながら混ぜて溶解する。
②これに氷酢酸1mlとグリセリン2mlを加えて，再びよく混ぜて溶解する。
③これを吸引ろ過または遠心沈殿して，微細な不純物を除去した後，小瓶に移して常温で保存する。

てしまう。飲食店，デパート等量販店，食品工場など，食物の多い環境であれば，被害が連続し増大する可能性が高い[5]。

4.3.1 家住性ネズミの種類と生態
(1) 種類

日本には21種類ほどのネズミの仲間が生息しているが，室内に侵入種類は以下に示す3種類にすぎない。

(a) ドブネズミ　　成獣は体長が25cmほどになり，尾の長さはこれよりやや短く，耳を前に倒しても目に届かない。厨房や地下，下水道，建物の外周の植栽に多く，比較的湿った環境を好む。どう猛で攻撃性が強いので捕獲されたネズミの取り扱いには気をつけなければならない。雑食性で植物質，動物質など何でも餌にするが，比較的肉類を好む。

図4.5　ドブネズミ

(b) クマネズミ　　ドブネズミよりやや小型で成獣は体長が15cmほどになり，尾の長さが体長より長く，耳を前に倒すと目に届く。登はん能力に優れ，ビルの高層階までも容易にケーブルやパイプなどを利用して登ってしまう。本種は都市の建築物に多くみられ，屋内では比較的高い場所を活動する。警戒心が強く捕獲されにくいため難防除になることが多い。また，殺鼠剤の1つ，血液凝固阻止剤にも抵抗性をもっている。食性は種子類など植物質を好む。

図4.6　クマネズミ

(c) ハツカネズミ　　体長が5～6cmの小型のネズミで，尾は体長より短く耳は大きい。腹側の毛色は白色であることが多い。建築物内でもみられること

があるが，むしろその周囲に生息する。食性は雑食性で昆虫・種子類を好む。水を摂らなくても長期生息が可能なネズミである。

(2) 生態

(a) 活動時間　一般的に夜行性だが，人の活動時間に左右され，日中でも活動することがある。夜間活動するときにでも絶えず活動するわけではなく，消灯後が最も活発になる。

図4.7　ハツカネズミ

(b) 営巣場所や活動範囲　ネズミの巣は紙やビニールを集めただけのことが多く，いずれのネズミも建築物の内部に巣をつくるが，ドブネズミでは建物周囲の植栽や土中，下水溝内部にも営巣する。建築物内部の巣は二重壁内，厨房機器内，断熱材内などあらゆる場所が考えられる。クマネズミは垂直行動を得意とするため，高所移動や高所での営巣がみられるが，ドブネズミやハツカネズミは水平移動が多く，あまり高所を移動している姿はみられない。ドブネズミは泳ぎが得意で下水管や水洗トイレから侵入することもある。

(c) 証跡（ラットサイン）　ネズミの活動する通路は一定していることが多いので，通路となる柱やパイプ，壁面は体の汚れと脂で黒光りしている。これをラットサインと呼ぶ。糞はネズミの活動が盛んな場所にたくさん落ちている。足跡はホコリがたまったような場所でみられる。さらに，かじり跡によっても確認できる[5), 6)]。

図4.8　ラットサイン

4.3.2　家住性ネズミによる被害

(1) 衛生的被害

最も恐ろしいのはネズミからの感染症の伝播である。中でもペストは，14〜

18世紀のヨーロッパで猛威をふるい，ヨーロッパ全人口の4分の1が死亡した。ペストは今でも感染症では最も危険な1類感染症に分類されている。また，ネズミはいろいろな食中毒の原因菌を運ぶ能力をもっている。特にサルモネラとの関係は深く，保菌ネズミは糞中からサルモネラを排泄し続け被害を広げる。レプトスピラ症は，最近では4類感染症に定められ，都市でも単発的に発生がみられる。鼠咬症は，ネズミなどのげっ歯類に咬まれたときに，その口腔内にいる菌が侵入して起こる。また，ネズミに寄生しているイエダニによる強い掻痒感で皮膚に炎症を起こすこともあり，強い痒みによる精神的なダメージは計りしれない。

(2) 経済的被害

ネズミの門歯が伸び続けるため，電線や通信ケーブル，ガス管など食物以外の物をかじり，火災・通信不能，ガス爆発など大きな災害につながる。体が小さいためあらゆる場所へ侵入できるので，暖かい電気室へ潜り込んで短絡させるような停電事故も起こす。

さらに，食品中へネズミ自身が混入することや糞の混入や食害なども含め，大きな経済的ダメージを与える[5]。

4.3.3 家住性ネズミの防除の基本

(1) IPM

厚生労働省は「建築物環境衛生維持管理要領」[7]を通知した。具体的には有害生物防除にIPM（総合的有害生物管理：Integrated Pest Management）の理念に沿った工法を勧めている。重要なことは環境的対策を重視し，①薬剤を一定量，均等に無差別な使用はしない。②調査を重視し，調査結果から防除対策を考える。③調査には証跡，捕獲数などの情報を記録し，その解析した結果から施行方法を選択する。④調査結果から生息しないような環境があれば，薬剤などは使用せず調査のみとする。⑤維持管理水準を決める（表4.8）。⑥実施権限者と組織フローを定め，その指示に従う。

以上6つの条件を建築物に対する衛生対策の1つとして求めているが，⑤についてネズミでは条件の判断が難しいのが現状である[8]。表4.8のように維持管理水準は事前調査時に行うことが望ましく，その調査期間を一定にする必要がある。

表 4.8　ネズミの維持管理水準例

維持管理水準	条　　件
許容水準 条件①～③がすべて該当すること	①生きた個体が確認されないこと ②配置した無毒餌が喫食されないこと ③天井の出入り口に配置した無地の紙に足跡やかじり跡がつかないこと
警戒水準 条件①～②がすべて該当すること	①生きた個体が確認されないこと ②無毒餌の喫食，配置した無地の紙に足跡やかじり跡のどちらか一方が確認される
措置水準 条件①～③のいずれか1つ以上該当すること	①生きた個体が確認される ②食品や家具・什器などに咬害が見られる ③無毒餌の喫食，配置した無地の紙に足跡やかじり跡の両方が確認される

維持管理水準は，あくまでも目安であるので，それぞれ室内環境に応じて合理的な水準をつくることも考えなければ成功しない[9]。

(2) 防除対策の基本

防除対策の基本は，侵入してから対策をたてるのでは遅く，侵入させない構造と誘引源となる食物を除去する予防的対策が重要である。さらに，その環境を維持しなければならない。これらの対策ができないような施設では構造を改善し，新たにネズミの侵入を防止する対策を実行する。この原則をまとめると，表4.9のように室内の管理面での維持に必要な3つの改善の徹底と，ネズミが侵入繁殖しやすい環境の改善に必要な3つの防除対策を組み合わせた工法が必要となる。

表 4.9　ネズミ防除に必要な3条件

3つの改善 (3Sという)	整　理 seiri	巣材を与えない
	整　頓 seiton	定着阻止
	清　掃 seiso	食物を絶つ
3つの防除	環境的対策	3S+通路の遮断
	化学的対策	殺鼠剤，忌避剤
	物理的対策	捕獲機器

(3) 具体的防除対策

ネズミの侵入防止対策としては，日常の衛生管理と調査が欠かせない。また，環境的対策，化学的対策，物理的対策を組み合わせている。防除対策は，環境的対策を重視しないと化学的対策や物理的対策の効果が半減するばかりでなく，失敗に終わることもある。防除の基本は，環境的対策を中心に施工すると化学的対策と物理的対策の効果が相乗的に働く。そのため，5W1Hを明確に示す必要がある[10),11)]。

4.3.4 実際の防除法

(1) 環境的対策（施設改善）

(a) 食物の管理　ネズミは1日のエネルギー消耗が激しく，数日の絶食で餓死することがあるので，餌の管理が重要になる。

(b) 巣・生息場所の管理　ネズミの巣は繁殖に欠かせないことから，日常の整理整頓，営巣しやすい場所の点検が重要になる。特に同じ場所に長く物を置きっぱなしにするとそこが営巣場所となりやすく，厨房内やその周囲の天井裏なども絶えず点検しなければならない。郊外の建築物では，外周（敷地内外）にも目を向けることも重要で，外周部に雑草や放置した機材のような隠れ家が多ければ，それだけ侵入の機会を増やすことになる。

(2) 侵入防止対策

(a) 遮断構造　侵入路を塞ぐことは重要で，塞がないとネズミの行動域が広範囲になるため，防除効率が悪く経費もかかる。そこで出没する範囲をできるだけ最小限に止めること，出没しない場所をできるだけ多くしていくことが必要となる。特に電気ケーブルやガス・水道管の導入口周囲も侵入しやすいので難燃性のパテなどで塞ぐようにする。

(3) 化学的対策

(a) 殺鼠剤　殺鼠剤は急性殺鼠剤と抗凝血性殺鼠剤（血液凝固阻止剤）に分けられるが，特別な場合を除き安全面から抗凝血性殺鼠剤が使用される。建築物内において殺鼠剤は，食品工場などではできるだけ使用は控えるべきとの意見も多い。しかし，ネズミの数が多いときや捕獲や環境改善での減少がみ

られない場合は，誤食や異物混入にならない場所で使用する方がはやくネズミの問題が解決する。なお，抗凝血性殺鼠剤は，解毒剤としてビタミンKが有効であるため，誤食時にも比較的安全性が高い。

(b) 忌避剤　ネズミの咬害防止に使用される味覚忌避剤と臭いによる嗅覚忌避剤がある。

化学的防除では，使用場所，使用量，使用日，使用薬剤など記録を残し，特定建築物内での使用は医薬部外品の殺鼠剤を使用する。

(4) 物理的対策

捕獲器（トラップ）　ネズミ捕獲用に一般的に用いられるのは粘着トラップである。防除作業の事前事後の調査や，生息の確認にも使用する。その他にはカゴ式トラップが多く用いられている。

対策で重要なことは効果判定を行うことである。効果判定は事前との比較であり，捕獲数，被害件数，目撃など証跡の有無，アンケート結果など多方面から解析することが重要である[10), 11)]。

4.4　室内で飼育される愛玩動物

森田幸雄

社会構造の複雑化によるストレスの増加や家族構成の少子高齢化などのさまざまな社会の変化によって，今まで屋内外で飼育されていたペット動物が，真の伴侶動物（コンパニオンアニマル）として室内で飼育され，ヒトと生活をともにするようになってきている。また，嗜好の多様性などから従来飼育されていなかった爬虫綱（カメ，イグアナ，ヘビなど）やげっ歯目（プレーリードッグ，リス，モモンガなど）など，さまざまな野生動物（エキゾチックアニマル）が輸入され，飼育されている。

ヒトと愛玩動物との接触が密になると，動物が保有している病原体がヒトに感染することがある。このような感染症を動物由来感染症または人獣共通感染症と

いう。ヒトに感染する微生物のうち60％以上，800種類以上の感染症が動物由来であるといわれている。2009年に出現・流行した新型インフルエンザ（豚インフルエンザA/H1N1）も感染の起源は豚から人への動物由来感染症である。

動物由来感染症の病原体を保有している動物は症状を示さないことが多いので，動物の外見から病原体保有の有無を確認することは難しい。わが国でみられるおもな愛玩動物由来感染症を表4.10に示す。

表 4.10 わが国で発生するおもな愛玩動物由来感染症

動物	感 染 症 名
イヌ	カプノサイトファガ症，パスツレラ症，猫ひっかき病，ブルセラ症，レプトスピラ症，皮膚糸状菌症，イヌ・ネコ回虫症，カンピロバクター症，サルモネラ症，ほか
ネコ	パスツレラ症，カプノサイトファガ症，猫ひっかき病，トキソプラズマ症，Q熱，皮膚糸状菌症，イヌ・ネコ回虫症，カンピロバクター症，コリネバクテリウム　ウルセランス感染症，ほか
鳥類	オウム病，カンピロバクター症，クリプトコッカス症，ほか
齧歯目	レプトスピラ症，鼠咬症，エルシニア症，皮膚糸状菌症，ほか
爬虫綱	サルモネラ症，ほか
観賞魚	非定型抗酸菌症，ほか

本節では感染症の発生・流行のメカニズムと基本的な予防法，および，わが国で発生している動物由来感染症のうち，特に室内で飼育される愛玩動物からヒトに感染する機会が高い疾病について記述する。

4.4.1 感染症の発生・流行のメカニズムと基本的な予防法

感染症の発生・流行には「病原体が存在すること」，「感染症にかかる感受性動物であるヒトや動物が存在すること」，病原体と感受性動物とをむすぶ「伝播経路があること」の3要素が必要である。そして，その3要素のうち1つ以上の対策を講ずることで感染症の発生・流行を予防することができる。すなわち，「病原体を殺滅すること」，「伝播経路を遮断すること」，「ヒトや動物が健康であり，またワクチン接種などをして免疫力・抵抗力を高めること」である（図4.9）。

愛玩動物からの動物由来感染症事例では，飼い主は愛玩動物と濃厚な接触（キ

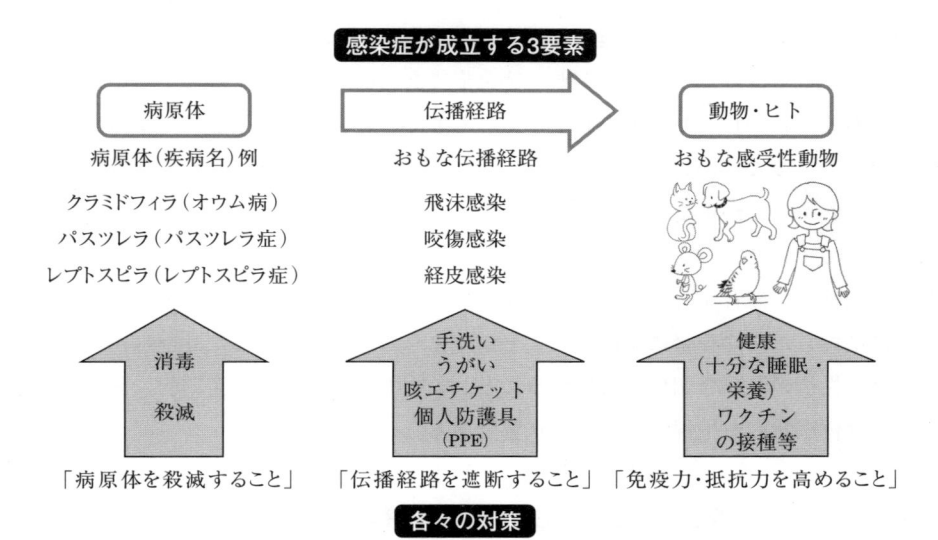

図 4.9 感染症が成立する3要素と各々の対策

スすること,ヒトが使用している箸などで動物に給餌すること,一緒に寝ることなど)によって感染が成立している場合もある。

(1) 病原体の殺滅・消毒

わが国で発生している愛玩動物由来感染症の多くは栄養型細菌またはクラミドフィラによるもので,これらの病原体が糞や尿,唾液中に存在し排泄されるために環境汚染をひきおこす。この場合,飼育環境を消毒用アルコールや次亜塩素酸ナトリウムなどで消毒することが必要である。次亜塩素酸ナトリウムは皮膚や粘膜に刺激性があり素手で取り扱うことができない。また,漂白作用や金属腐食性もあることから施設や器具への使用については注意が必要である。

(2) 伝播経路の遮断

「動物と節度ある接触をすること」,「動物と触れあった後や食事をする前には手洗い・消毒を行うこと」,「糞や尿を片づけるときは手袋,マスクを装着し,汚染が認められた場所は消毒を行うこと」などが必要である。2009年の新型インフルエンザ流行の際,厚生労働省はその感染予防として「手洗い」,「うがい」,「咳エチケット」を推奨した。それはこの伝播経路の遮断を目的としたものである。

(3) 感受性動物の免疫力・抵抗力を高める

動物・ヒトともにワクチンがある感染症であればワクチンを接種することが有効である。しかし，わが国で発生している多くの動物由来感染症に対するワクチンは極めて少ない。よって，「動物やヒトが健康であること」によって抵抗力を高めておくことが重要である。

(4) その他

愛玩動物を飼育する場合，その動物の生態，行動，性格，寿命などの特徴を十分に把握した後に一緒に生活することが望まれる。また，咬んだりひっかいたりしない性格の温厚な個体を選択すること，動物も人間と同様に定期的に健康診断を受け健康状態を把握することも重要である。

4.4.2 わが国で発生しているおもな動物由来感染症

(1) パスツレラ感染症（対象：ネコやイヌ，その他の動物）

(a) 病原体等　おもに *Pasteurella multocida*（パスツレラ・マルトシダ）で，わが国では約100％のネコや10〜80％のイヌの口腔内に常在するグラム陰性の小球桿菌である。ネコやイヌのほかにイグアナなど，多くの動物の口腔内に常在する。

(b) 感染経路　ネコやイヌに咬まれたり（咬傷），ひっかかれたり（掻傷），舐められたりすることで感染する。

(c) 動物の症状　動物は無症状で，ネコで稀に肺炎症状を認めることがある。

(d) ヒトの症状　咬傷や掻傷が軽度の場合，症状は創傷箇所やその付属リンパ節に限定される。この場合は，創傷から数時間以内にその箇所が腫脹，発赤，疼痛となり，傷口の浸出液から病原体（*P. multocida*）が分離される。そして約3割が創傷部位の化膿を認める。創傷が深部へ達する場合は骨髄炎や敗血症性関節炎になることもある。

(e) 感染予防法　ネコ・イヌなどの動物に咬まれたり，ひっかかれたりしないように気をつける。咬まれたら局所をすぐに消毒し，医師の受診をうける。特に免疫力が弱っていると思われる人（高齢者，血液疾患，エイズ患者など）は重症化することもあるので注意する。

(2) カプノサイトファガ感染症（対象動物：イヌ，ネコ）

(a) 病原体等　*Capnocytophaga canimorsus*（カプノサイトファガ・カニモルサス）で動物の口腔内に常在するグラム陰性桿菌である。わが国では74％（240/325）のイヌおよび57％（66/115）のネコの口腔内から検出されている[12]。

(b) 感染経路　イヌに咬まれたり（咬傷），舐められたりすることで感染する。

(c) 動物の症状　イヌやネコは無症状である。

(d) ヒトの症状　健康な人はほとんど無症状で経過するが，病気や高齢などで免疫が弱っている人が発症すると敗血症になり急速な転帰で死亡することもある（致死率30～36％）。近年，わが国でも本菌による敗血症，髄膜炎，多臓器不全の症例が報告されはじめており，これらの事例ではイヌやネコの咬傷・掻傷後，数日の経過で危篤状態または致死となっている。

(e) 感染予防法　免疫力が弱っていると思われる人（高齢者，血液疾患，エイズ患者など）はイヌに咬まれないよう注意が必要である。咬まれたら局所をすぐに消毒すること，医師の受診をうけ抗生物質（**amoxicillin/clavulanic acid**）を服用することが推奨されている。

(3) 猫ひっかき病（対象動物：ネコ，イヌ）

(a) 病原体　*Bartonella henselae*（バルトネラ・ヘンセレ）で，ネコの赤血球に感染するグラム陰性小桿菌である。わが国では約1割のネコの血液から検出されるが，温暖な地域（沖縄・九州地域）に住むネコは，寒冷な地域（東北・北海道）に住むネコに比べて検出率が高い。

(b) 感染経路　本病原体の伝播にはノミが関与している。ネコとネコの伝播はノミの吸血やノミの糞中に排泄される病原体の表皮への汚染によって行われる。ネコノミの糞中に存在する病原体で表皮が汚染されている場合，ネコが体毛や爪をなめる行為によってその病原体は口腔内や爪にも移行する。よって，「ネコにひっかかれたり，咬まれたりすること」だけでなく「ネコと接触するだけ」や「ネコノミに吸血されること」でも感染することある。また，ネコノミはイヌにも寄生することもあるので，イヌとの接触によっても発症することがある。

(c) ネコの症状　　ネコは無症状である。菌血症（病原体が血液から分離される現象）は1年間以上持続する。
(d) ヒトの症状　　ひっかき傷部位の化膿やその創傷部位の付属リンパ節が腫脹する。海外では近年，エイズ患者などの免疫力が落ちた多数のヒトの重症例が報告されている。
(e) 感染症予防　　ネコノミの駆除をすることが有効である。また，基本的なこととして，咬むことやひっかくことがない性格の温厚な個体を選択し，定期的な爪切りを実施することである。また，ネコにひっかかれたらその部位を消毒すること，ネコとの過度な接触をさけること，特に免疫力が弱っていると思われる人（高齢者，血液疾患，エイズ患者など）はひっかかれないように注意することなどである。

(4) ブルセラ症（対象動物：イヌ）

(a) 病原体等　　*Brucella canis*（ブルセラ・カニス）で別名，イヌ流産菌ともいわれるグラム陰性短桿である。動物からヒトに感染するブルセラ症には多くの種があるが，イヌブルセラ症は最も軽症である。わが国には1970年頃，輸入された繁殖犬によって持ち込まれたと推定され，抗体検査を実施すると約5％のイヌは本病原体の抗体を保有している（抗体を保有していることは過去に病原体の曝露があったということを証明することになる）。
(b) 感染経路　　イヌからイヌへは交尾や流産時の汚物などによって汚染された餌，感染犬の尿，乳汁などを介して感染する。イヌからヒトへは罹患犬の尿や精液，死体や流産時の汚物などに存在する病原体が傷口や粘膜から侵入または経口的に侵入することで感染する。
(c) イヌの症状　　外見上で罹患の有無を判定することは困難で，一般的に雄犬は精巣炎や精巣上体炎，雌犬は胎盤炎となり妊娠後期に死産・流産となる。
(d) ヒトの症状等　　通常1～3週間の潜伏期間の後，カゼ様症状（発熱，発汗，悪寒，倦怠感，頭痛など）を呈することがある。「感染症の予防及び感染症の患者に対する医療に関する法律」（感染症法）では4類感染症であり，医師がヒトの本症を診断した場合は，保健所に届け出なければならない。
(e) 感染症予防　　イヌと触れあった後は手洗いとうがいを行う。流産したイヌ

は獣医師の診察を受ける。流産胎仔，流産時の汚物，尿などとの接触は極力避け，流産したイヌの世話をするときは，ゴム手袋，マスクを装着して行う。また，汚物などが付着した場所は，消毒用エタノール，次亜塩素酸ナトリウムなどで消毒する。

(5) オウム病（対象動物：小鳥など）
(a) 病原体等　*Chlamydphila psittaci*（クラミドフィラ・シッタシ）という細胞内寄生性の病原体による感染症である。罹患鳥の排泄物から分離される。また，死亡した鳥の肺，脾臓，肝臓からも分離される。わが国のドバトにおける本病原体の保有率は約20％，国内のインコ類の保有率は約15％である。また，輸入愛玩鳥類の調査では18％のロットから本病原体遺伝子が検出されている。
(b) 感染経路　罹患鳥の糞便中に存在する*C. psittaci*を吸入することで感染する。また，口移しでの給餌や咬まれて感染することもある。
(c) 鳥の症状　一般に無症状であるが，ストレスが加わると発症（元気消失，食欲不振，緑色便を排泄）し，時に死亡する。
(d) ヒトの症状　30～60歳の成人で発症しやすい。感染1～2週間後にインフルエンザ様症状（発熱，悪寒，頭痛，食欲不振，呼吸器症状，筋肉痛，関節痛など）を示す。重症例では急性の全身症状，肺炎や気管支炎などの呼吸器疾患，心外膜炎，心筋炎，心内膜炎などになることがある。感染症法では4類感染症であり，医師がヒトの本症を診断した場合は，保健所に届け出なければならない。
(e) 感染症予防　飼育環境を清潔にし，飼育鳥の健康管理を適切に行う。鳥に口移しで餌を与えない。鳥の世話をした後には，手洗いやうがいを励行する。鳥の飼育者が重い風邪のような症状を示したらオウム病を疑い，医師に鳥を飼っていることを伝える。

(6) レプトスピラ症（対象動物：げっ歯目動物，イヌ）
(a) 病原体　*Leptospira interrogans*（レプトスピラ・インテロガンス）でグラム陰性のらせん菌である。本菌はげっ歯目を主体とした多くの哺乳動物の腎臓に感染し，腎臓から尿中へと病原体が排出される。

(b) 感染経路　　保菌動物の尿中の菌が経皮的・経口的に進入する。
(c) げっ歯目動物の症状　　一般に無症状で経過するが，ハムスターは激しい症状を示し1～2週間で死亡する。本症に罹患した動物が感染源となる。

　　イヌの症状　　急性の場合，出血，発熱，嘔吐，血便，口腔粘膜の潰瘍，黄疸，腎炎，出血傾向などの症状を示し，2～4日で死亡する。

　　この病原体の特定の7種の血清型は家畜伝染病予防法施行規則における届出伝染病であるため獣医師は家畜保健所に届け出なければならない。

(d) ヒトの症状　　潜伏期間は3～14日程度で急性熱性疾患症状（発熱，悪寒，頭痛，全身の倦怠感，眼球結膜の充血，筋肉痛，腰痛など）を示す。軽症型（秋やみ）の場合は風邪と似た症状でやがて回復する。重症型（ワイル病）では，5～8日後から黄疸，出血，肝臓・腎臓障害などの症状がみられる。感染症法では4類感染症であり，医師がヒトの本症を診断した場合は，保健所に届け出なければならない。

(e) 感染症予防　　感染動物の尿との接触をさける。ヒト用ワクチンおよびイヌ用ワクチンが製造されているので，ワクチン接種が有効である。

(7) サルモネラ症（対象動物：爬虫綱，イヌ，ネコ，その他動物）
(a) 病原体等　　*Salmonella enterica*（サルモネラ・エンテリカ）で，動物の消化管内を本来のすみかとするグラム陰性桿菌である。カメ，イグアナなどの爬虫綱は腸管内細菌叢としてサルモネラを保有している（保菌率：17～90％）。また，イヌ，ネコも少ないながらも保菌している個体が存在することがある（保菌率：0～10％）。

(b) 感染経路　　手指を介した経口感染や糞口感染である。また，本菌により2次汚染した食品を喫食することで食中毒を起こすことがある。
(c) 動物の症状　　一般に動物は無症状である。イヌやネコで下痢症状を示すことがある。
(d) ヒトの症状　　急性腸炎症状（下痢，発熱，腹痛など）を示す。
(e) 予防法等　　爬虫綱をペットとして飼育しないことが有効な防止法であるが，飼育する場合は，「爬虫綱の糞便中にはサルモネラがいること」を常に考慮にいれ，動物との接触後は手洗いおよび手指の消毒を実施する。爬虫綱の飼

育エリアとその他のエリアを区画することが重要である。イヌやネコが下痢をした場合，イヌやネコは動物病院で治療するとともに，便で汚染した飼育環境を消毒することや手洗い・消毒を励行することが重要である。

(8) 非定型抗酸菌症（対象動物：観賞魚）
(a) 病原体　　*Mycobacterium marinum*（ミコバクテリウム・マリナム）
(b) 感染経路　　水中に存在する *M. marinum* による経皮感染で，本感染症は従来から熱帯魚養殖場の労働者が罹患する疾病として有名であった。今日，熱帯魚を飼育する一般の飼育者にも発生することがある。
(c) 鑑賞魚の症状　　無症状
(d) ヒトの症状　　病原体の曝露後（熱帯魚の飼育している水槽の水と接触後），2～3週間の潜伏期を経た後に，感染部位（手指に多い）に単一の小結節を形成する。その結節は化膿することもあるが重症化することはない。ヒト→ヒト感染はない。
(e) 感染症予防　　熱帯魚の飼育水槽の水を取り扱う場合は，使い捨て手袋などを使用し，飼育水槽の水との接触をさける。

引用・参考文献

1) 渡辺千尚：『国際動物命名規約提要』，pp.133，文一総合出版，1992.
2) 川上裕司，杉山真紀子：『美術品・博物館の生物学―カビ・虫害対策のためのIPMの実践―』，雄山閣，2009.
3) 善財裕美，川上裕司：『「自然素材」でかんたん防虫―身近なものをつかった虫よけ・虫退治法―』，pp.126，PHP研究所，2010.
4) 川上裕司：「室内環境中に見られるダニ類と小昆虫類」，『室内環境』，pp.10，pp.45-67，2007.
5) 日本ペストコントロール協会編：『PCOのためのIPM』，pp.7-9，日本ペストコントロール協会，2008.
6) 緒方一喜：『ねずみ衛生害虫駆除ハンドブック』，pp.14-24，日本環境衛生セ

ンター，1987.
7) 大澤元毅：『建築物の特性を考慮した環境衛生に関する研究』，pp.33-35，厚生労働省，2010.
8) 芝崎勲：『ネズミ・害虫の衛生管理』，pp.305-323，フジテクノシステム，1999.
9) 田中生男：『建築物におけるIPMハンドブック』，pp.2-8，pp.35-36，中央法規，2008.
10) 谷川力：『安心して住めるネズミのいない家』，pp.20-21, pp.112-140, 講談社，2006.
11) 谷川力：『有害生物防除事典』，pp.102-125，オーム社，2007.
12) M.Suzuki, M.Kimura, K.Imaoka, A.Yamada：Prevalence of *Capnocytophaga canimorsus and Capnocytophaga cynodegmi* in dogs and cats determined by using a newly established species-specific PCR, Vet Microbiol, 144(1-2), 172-176, 2010.

第5章
物理的要素と室内環境

5.1 音環境

井上勝夫

5.1.1 快適な室内音環境の創造

　建築は安全で快適であり，美的要素も兼ね備えた空間の創造にある。空間の快適性を左右する「音環境」は，情報伝達だけでなく危険を知らせたり，癒しや心地よさ，文化をも創造・継承する非常に重要な感覚要因として位置づけられる。よって，建築の各種空間に適した音環境を創造することは，建築の品質向上のために重視しなければならない。

　一般的な建築空間の音環境を左右する要因には，室内の発生音や外部からの侵入音以外に図5.1に示すような，いろいろな種類の音があげられる。特に都市部に存在する建築物の場合は，外来振動に起因する多くの外部騒音（固体音）の影響が混入する。よって快適な室内音環境を創造するためには，まず不必要な騒音を遮断し静寂な空間を創造し，ついで室の目的に応じた「響き」，「音量感」，「明瞭性」などの制御が必要である。

　本節では，建築物の室内音環境を適性に保つために必要な最低限の要素について解説する。

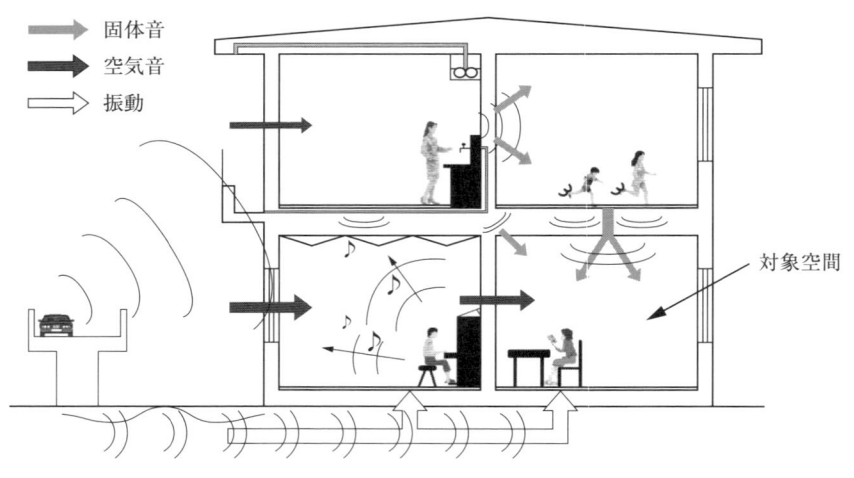

図 5.1　対象空間に影響するいろいろな音

5.1.2　音に関する基礎事項

(1)　音と音波

　音波は空気中の場合，図5.2に示すように空気粒子が振動し大気圧に変化を生じて次々と伝わっていく。この変化は伝搬方向と空気粒子の振動方向が同じと

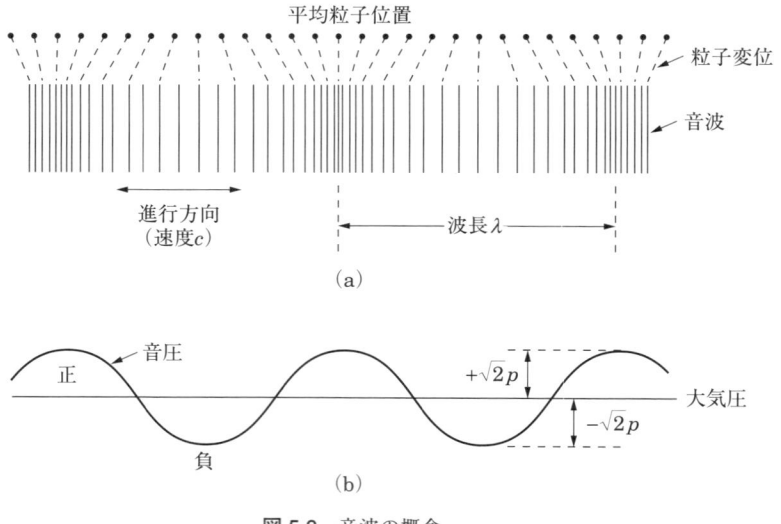

図 5.2　音波の概念

なる縦波（疎密波）である。このように，音波によって大気圧が変化するが，この変化量が音圧〔Pa〕であり，音の強弱を表す基礎的な物理量として用いられる。音速 c〔m/s〕は通常，1気圧下の常温の空気中ではおよそ340m/sとなる。また，図5.2に示すように，波長 λ は音波が1回振動する時間に進む距離を表し，周期 T は1回振動するのに要する時間 sec と定義される。なお，「音」という表現が広く用いられるが，これは音波によって引き起こされる聴覚的現象をいう。

(2) デシベル尺度

音の強弱を表す単位として，dB（デシベル）が用いられる。この値は一般に式(5.1)で定義され，音圧レベル SPL と表現される。

$$SPL = 10\log_{10}\left(\frac{p^2}{p_0^2}\right) = 20\log_{10}\left(\frac{p}{p_0}\right) \text{〔dB〕} \tag{5.1}$$

p_0：基準音圧（$=2\times10^{-5}$ Pa）で音の強さの基準値に対応する値

なお，音の強さのレベル IL という表現が用いられる場合があるが，これは通常，音圧レベル SPL と同じ値を示す。デシベル表示の音圧の基準値は人間の最小可聴値を基に定義されている値である。

(3) 可聴範囲と聴覚系の周波数特性

音圧レベルによって示せば，人間の可聴範囲は0～130dBの範囲といわれる。また，この範囲の各音圧レベルに相当する実音場は表5.1の例のように表現される。

表 5.1　実音と音圧レベルの対応例

音の強さ	音圧	音圧レベル	実音の例
10^{-12} W/m^2	2×10^{-5} Pa	0 dB	可聴限界
10^{-10} W/m^2	2×10^{-4} Pa	20 dB	静かな田舎の夜
10^{-8} W/m^2	2×10^{-3} Pa	40 dB	静かな教室
10^{-6} W/m^2	2×10^{-2} Pa	60 dB	事務室内の音
10^{-4} W/m^2	2×10^{-1} Pa	80 dB	幹線道路端
10^{-2} W/m^2	2 Pa	100 dB	ガード下
1 W/m^2	20 Pa	120 dB	ジェット機の離陸音
10 W/m^2	$20\sqrt{10}$ Pa	130 dB	可聴限界

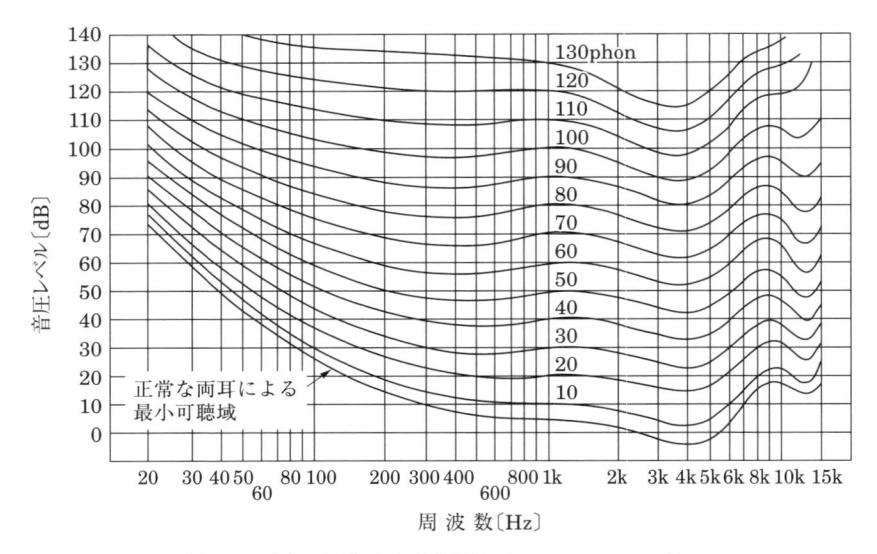

図 5.3 純音に対する等感度曲線（ISO R226, 1961年）

　また，可聴範囲は一般に20〜20,000Hzの範囲といわれ，20Hz以下の音を超低周波音，20,000Hz以上の音を超音波という。可聴音の20〜20,000Hzの範囲内における音圧レベルを，音の大きさ（ラウドネス）という感覚量で表現すると図5.3のように表される。この図中の同一曲線上にある音は同じ大きさに聞こえるということになり，聴覚系の周波数特性（等感度曲線または等ラウドネス曲線という）となる。曲線群をみるとわかるように，人間の感覚は低周波数域の音には鈍感であり，4,000Hz付近の音には最も敏感であるといえる。この聴覚系の音の大きさに対する周波数特性は，音の評価法に対する基本的性質として用いられている場合が多い。

(4) 音の評価

　一般の音は可聴範囲における多くの周波数成分を含む複合音となるため，図5.4に示す聴覚系の周波数特性を補正し評価尺度の基本量として用いられる。この補正量を音圧レベルに適用して表されたものが騒音レベル〔dBA〕である。

　騒音レベルによる騒音の評価基準の例を表5.2に示す。ここで示す基準値は騒音レベル〔dBA〕を単位とするが，騒音の時間軸上での変動を考慮し，等価騒

5.1 音環境

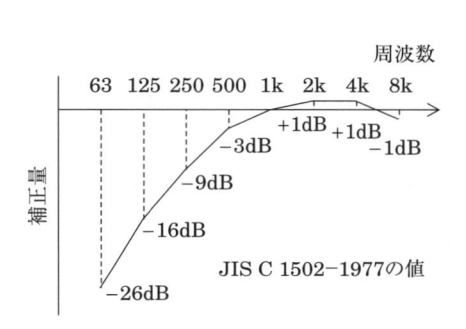

図 5.4 騒音レベル〔dBA〕の補正量

図 5.5 等価騒音レベルの概念
（観測時間は t_1 から t_2）

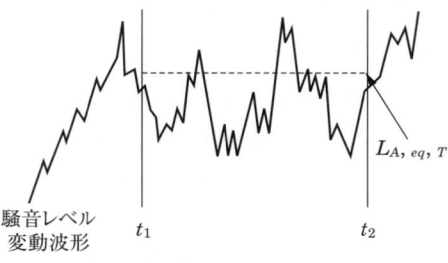

図のように等価騒音レベルは変動する騒音を観測時間内で積分し等価継続的な値に置き換えた数値をいう。

表 5.2 室内騒音の推奨規準（日本建築学会）

室用途		騒音レベル〔dBA〕			適用等級		
		1級	2級	3級	1級	2級	3級
住宅	居室	35	40	45	N-35	N-40	N-45
ホテル	客室	35	40	45	N-35	N-40	N-45
事務所	オープン事務室	40	45	50	N-40	N-45	N-50
	会議・応接室	35	40	45	N-35	N-40	N-45
学校	普通教室	35	40	45	N-35	N-40	N-45
病院	病院（個室）	35	40	45	N-35	N-40	N-45
コンサートホール・オペラハウス		25	30	−	N-25	N-30	−
劇場・多目的ホール		30	35	−	N-30	N-35	−
録音スタジオ		20	25	−	N-20	N-25	−

音レベル（$L_{A,eq,T}$）によって評価される場合が多い。この評価量は，変動する音のエネルギーに着目し，同一エネルギーを有する等価継続的な値で表現したもので，現在ではいろいろな騒音の評価量として一般的に用いられている。変動騒音に対する等価騒音レベルの概念を図5.5に示す。

5.1.3 建物外周壁の遮音性能

(1) 遮音の基礎事項

室内の静謐性を保つためには，外部や隣室などからの透過音を遮断する必要がある。この場合，室内への音の透過部分は窓や壁，換気口，隙間など，さまざま

な透過性能を有する部位が対象となるので，室全体を対象にして総合的な遮音性能を求めなければならない。

その基本性能として，均質な部材の音響透過損失（TL）を知っておく必要がある。部材面に音が入射した場合，図5.6に示すように，透過率が定義されている。これを用いて透過損失が式(5.2)のように定義されている。

$$TL = 10\log_{10}\left(\frac{1}{\tau}\right) \text{[dB]} \tag{5.2}$$

τ：透過率

この透過損失は，部材の性能を表す値であり，部材への音の入射条件によって変化する。一般に用いられる透過損失は音の入射条件が拡散入射の場合の値であり，図5.7のような特性を示す。この図で示すように，透過損失の値は部材の面密度〔m〕，すなわち部材の質量に依存することから「質量則」といわれ，遮音性能を検討するうえで重要な要素となる。

また，実際の壁面等は窓や壁，ドアなどのいろいろな透過損失を有する部材で構成されているため，それらを総合して，式(5.3)で表される総合透過損失（$\overline{TL}$）として表現，使用される場合が多い。

$$\overline{TL} = 10\log_{10}\frac{1}{\tau} = 10\log_{10}\frac{S_w}{\sum \tau_i S_i} \tag{5.3}$$

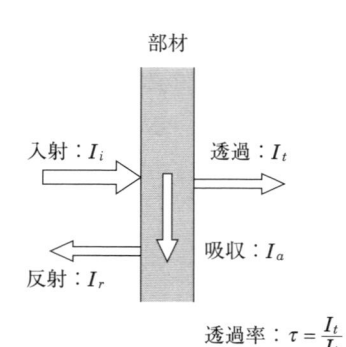

図 5.6 音の入射・反射・吸収

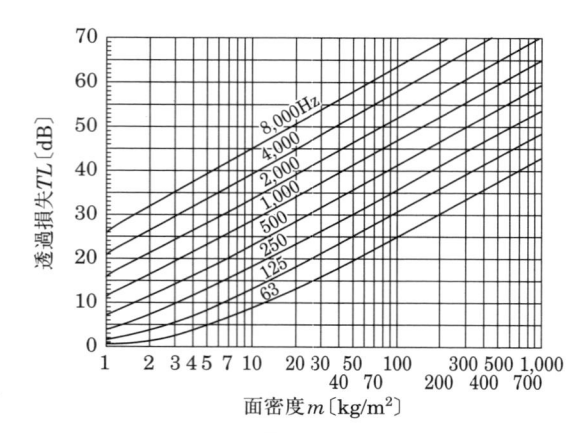

図 5.7 拡散入射時の質量則

τ_i：各部位の透過率 ， S_i：各部位の面積〔m²〕， $\bar{\tau}$：平均透過率 $\left(=\dfrac{\sum \tau_i S_i}{S_w}\right)$ ， S_w：全体の面積〔m²〕 ($=\sum S_i$)

式(5.3)でわかるように，総合透過損失は各部材の透過率とその面積に影響されるから，透過率が極端に大きい，隙間のような部分が存在すると面積的に狭くとも大きな影響を受けることになる。

(2) 外部騒音の遮断

外部から室内に侵入する音の遮音は，以下のように考えればよい。図5.8に示すように，対象とする室の外部に音源があり伝搬音が室の外壁（1面のみ）から室内に透過する場合の壁面外部近傍音圧レベル（L_o）と室内平均音圧レベル（L_i）の差，すなわち外内平均音圧レベル差は，式(5.4)のように表される。

$$L_o - L_i = TL_o + 10 \log_{10} \frac{A_i}{S_w} - 6 \tag{5.4}$$

A_i：室内の等価吸音面積（$= S \cdot \bar{\alpha}_i$）， S_w：音の透過面積〔m²〕（ここでは1面のみ）， TL_o：音の入射面の透過損失（ここでは平面入射を仮定している）， $\bar{\alpha}_i$：室内の平均吸音率， S：室内の総表面積〔m²〕

また，図5.8のように音源が対象壁面より r〔m〕離れている場合，

$$L_o = PWL_S - 20 \log_{10}(r) - 8 \tag{5.5}$$

PWL_S：音源のパワーレベル〔dB〕 $\left(= 10 \log_{10} \dfrac{P}{10^{-12}}\right)$ ， P：音源の音響出力〔W〕

となる。なお，式(5.5)は音源からの音の放射条件が半空間放射の点音源を仮定している。式(5.4)で示されるように，外内音圧レベル差（室内への透過音の低

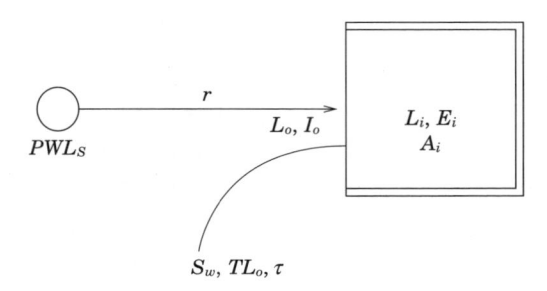

図 5.8 外部から室内への音の透過モデル

減量）を大きくするためには，外壁部分の透過損失（TL_o）を大きくするとともに，音の透過面積（S_w）を減少させ，室内の吸音性（A_i）を増すことが効果的といえる。

5.1.4 室内音環境

(1) 残響時間

室内の音の響き具合を表現する代表的指標として残響時間が用いられる。室内に供給された音響パワーは室内を伝搬し，反射を繰り返しながら壁面などで吸収され次第に減衰して行く。このとき，図5.9に示すように音源停止後，室内の平均音圧レベルが60dB減衰までに要する時間を残響時間と定義する。残響時間（T_{60}）の算出式は一般的に式(5.6)が用いられている。

$$T_{60} = \frac{0.161 \cdot V}{S \cdot \bar{\alpha}} = \frac{0.161 \cdot V}{A} \tag{5.6}$$

V：室の容積〔m³〕, S：室内の総表面積〔m²〕, $\bar{\alpha}$：室内の平均吸音率

式(5.6)で示すように，残響時間は室容積に比例し，等価吸音面積に反比例する物理量である。残響時間は室用途および容積の程度に応じて適性と考えられている「最適残響時間」なる値が示されている。その1例を図5.10に示す。これ

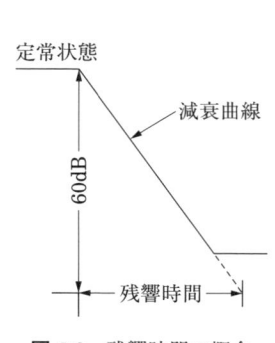

図5.9 残響時間の概念

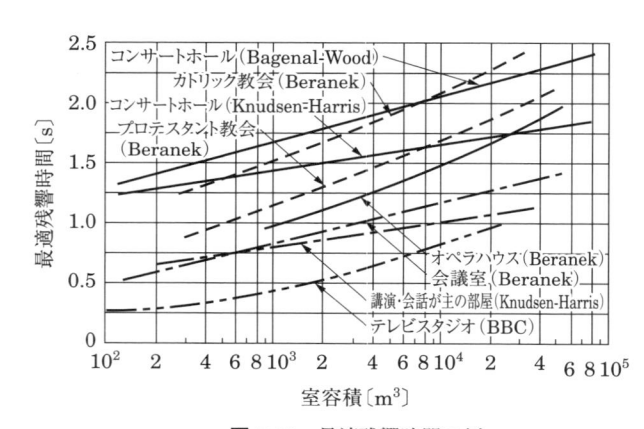

図5.10 最適残響時間の例

をみると，同じ種類の室用途の場合でも室容積の増加に伴い最適残響時間は長めになることがわかる。

(2) 室内音響計画と音響障害の防止

室内の音響状態を適性に保つためには，室用途にもよるが一般的に次の点に留意した計画が必要である。

① 外部からの透過音や設備系騒音が許容値以下に低減されていること。
② 音楽を聴く空間の場合，豊かな響きと適度な音量が確保されること。
③ 室内全体にわたって音圧レベル分布が一様に保たれていること。
④ 講演や講義などを主とする空間では言葉が明瞭に聞き取れること。
⑤ 音響障害のない空間であること。

①に対しては，5.1.3項に示した方法により室用途別に許容値を満足するように遮音設計をして対処することで達成できる。

②，③，④については，(1)の残響時間および室形状，吸音処理による対処が重要となる。残響時間は室容積に比例するから，室用途に応じて適正な容積を確保するよう建築の基本設計の段階で考慮することが必要である。室形は反射音や室の固有振動数の制御に大きく影響するから，特にホールなどの空間設計には重要な検討項目となる。なお，矩形の小空間では，3辺の寸法が簡単な整数倍比にならないように注意する必要がある。

⑤については，エコーによる障害があげられる。室内のある点から音が発せられたとき，室内の任意の点では，音源から直接伝搬してくる直接音が観測され，次いで壁面などに反射した反射音が観測される。これらの2つの音が感覚的に分離して聞こえる現象をエコー（反響）といい，防止すべき音響障害である。音源位置と受音位置を空間的に考え，主要な伝搬経路はチェックしておくべきである。

5.2 光環境

岩田利枝

5.2.1 光の基礎

(1) 光の性質

通常は「目に対して明るさを感じさせる放射」と定義される。放射のスペクトルのうち人間の目が感じることのできる波長380〜780nmの放射を光と呼んでいる。また，この可視域の両側（波長の短い側と長い側）にある紫外域と赤外域は人の目には感じられないが，これらを含めて光放射として扱うこともある。

(a) 分光分布　　光をプリズムなどで波長域ごとに分ける（分光という）と，各波長に特有の色がみられる。光の色は380〜780nmの可視域のうちどの波長域に分布しているか（分光分布）によって決まる。図5.11に北の青空，白熱電球，白色蛍光ランプの分光分布を一例として示す。

(b) 反射・透過・拡散　　光源からの光は，1度物体にあたって間接的に目に入ることの方が多い。光は物体にあたると，反射されるか，透過されるか，吸

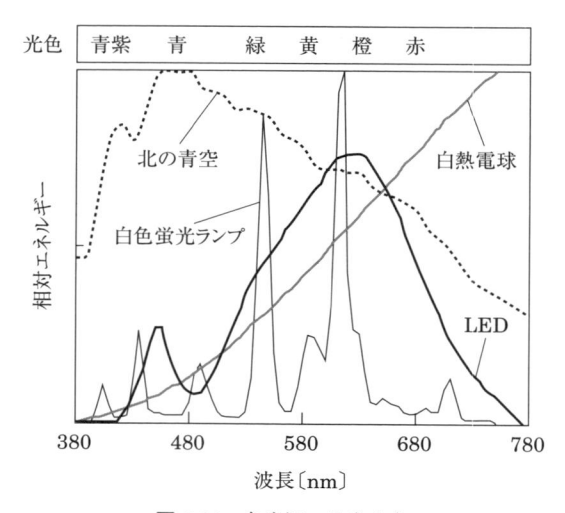

図5.11　各光源の分光分布

拡散反射　　　　　　　　　　正反射

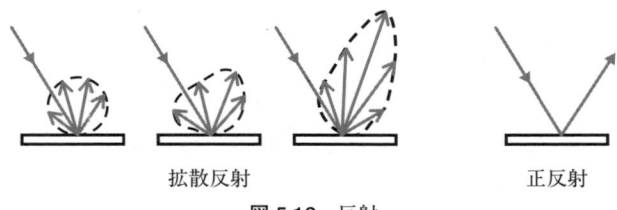

図 5.12　反射

収されるかのいずれかであり，反射率 + 透過率 + 吸収率 = 1 となる。

図 5.12 に示すように鏡面のように光の反射の法則に従う反射を正反射あるいは鏡面反射といい，拡散する反射を拡散反射という。また，反射する波長域，反射率の違いによって物体の色が認識される。

透過の場合も正透過と拡散透過がある。ガラスのように主として正透過し，その透過率の高い物体を透明体と呼ぶ。

(2) 測光量

(a) 視感効率　　人間の目の感度は可視域の中でも波長によって異なり，可視域の中央部で感度が高い。標準的な人間の目の分光感度として標準視感効率 ($V(\lambda)$ 関数) が国際照明委員会 (CIE) によって図 5.13 のように示されている。光環境の測定では測光量という，物理量である放射量を上記の標準比視感度で重みづけした心理物理量を用いる。

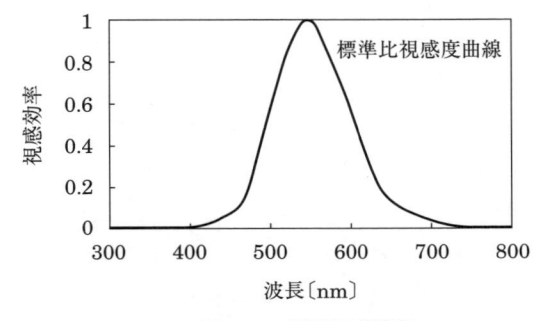

図 5.13　標準視感効率

(b) 光束　測光量の基本である光束は，放射束を標準比視感度曲線によって重みづけしたもので，単位 lm（ルーメン）である。式(5.7)のようになる。

$$F = K_m \int \Phi_e(\lambda) V(\lambda) d\lambda \tag{5.7}$$

F：光束〔lm〕　，　λ：波長　，　$\Phi_e(\lambda)$：放射束の分光密度〔W/nm〕　，
$V(\lambda)$：比視感度〔–〕　，　K_m：最大視感度 683〔lm/W〕

$\Phi_e(\lambda)$ は例えば図5.11に示したような光のもつエネルギーの波長分布であり $V(\lambda)$ は図5.13で示した目の感度である。

(c) 照度　照度は単位面積あたりに入射する光束であり，単位は〔lm/m²〕で，略して〔lx〕（ルクス）と表される。

$$E = \frac{F}{S_e} \tag{5.8}$$

E：照度〔lx〕　，　F：光束〔lm〕　，　S_e：受照面積〔m²〕

5.2.2 視覚の基礎

(1) 眼球

図5.14に目の垂直断面を示す。光は角膜で屈折されて瞳孔を通る。このとき，虹彩で瞳孔の大きさを変えることにより目に入る光の量が調節される。瞳孔を通った光はさらに水晶体で屈折して網膜に達する。水晶体は毛様体筋によって厚さが変わり，焦点距離を調節する。

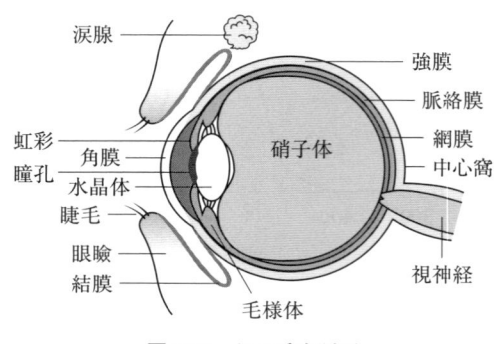

図 5.14　目の垂直断面

(2) 視覚

網膜には感度の高い桿体と感度の低い錐体という2種類の視細胞が分布している。錐体は照度の高いところで働き，中心窩部に分布し色の識別をする。桿体は暗いところで働き色の識別ができない。

5.2.3 光源と光環境

(1) 光源

(a) 昼光　　昼光は直射日光，天空光に分けられる（これに地物反射光を加えて昼光という場合もある）。太陽から地球の大気圏外に到達する照度（大気外法線照度）は，平均でおよそ133,700 lxである。これが，大気中の微粒子によって一部が拡散される。この拡散された光が天空光であり，拡散されずに大気を透過して地表に到達する光が直射日光である。

(b) 人工光源　　現在はさまざまな光源が用いられているが，発光原理からみた光源の分類を図5.15に示す。

① 白熱電球

温度放射に伴う発光で（分光分布は図5.11），発光効率（全光束／消費電力）は100Wで15 lm/W程度と低いため，省エネルギーの観点から，生産中止・縮小に向かっている。

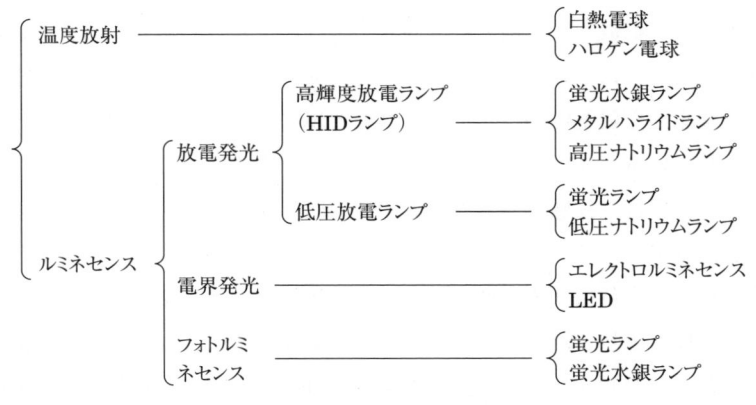

図5.15　光源の分類

② 蛍光ランプ

蛍光ランプの分光分布はガラス管内に塗布された蛍光体の種類によって異なり、電球色、白色、昼光色などの種類がある。白熱電球と比べ発光効率は5～6倍（80～120 lm/W）、寿命も6～10倍（6,000～12,000時間）程度である。

③ 高輝度放電ランプ（HID：High Intensity Discharged lamp）ランプ

封入物質を熱的に励起させて可視光を放射させ、一般に効率は高く寿命も長いが、点灯に数分要する。

④ LED

白色LEDは、一般的に青色LEDで黄色の蛍光体を励起する方法によってつくられることが多い。長寿命、小型などの特徴があり、一般照明用LEDの普及が急速に進んでいる。

(2) 光環境の要件

(a) 必要照度　通常ものを見るのに必要な4条件として、①対象物の明るさ、②対比、③対象物の大きさ、④見る時間があげられる。照明がかかわるのは①の対象物の明るさで、必要な照度がJISによって決められている（例えば、事務所事務室750 lx、会議室500 lx）。

(b) グレア　光源などのまぶしさで視力の低下や不快感を引き起こすことをグレアといい、前者を視力低下グレア、後者を不快グレアと呼ぶ。

(c) 光の方向、拡散　人間の目は昼光のように上からくる光に慣れている。慣れているものには安定感があるが、逆に非日常的なものには新鮮な効果がある。歴史的な建築物のライトアップなど現在多くの景観照明でこの効果が用いられている。光の方向がわかるのは影ができるためである。方向性の強い光による影は立体感をつくる。方向性の弱い光では影がはっきりせず柔らかい雰囲気をつくり出す。

(d) 光の色　光色は「色温度」によって数値的に示される。色温度は黒体（完全放射体）を熱したときの温度と光色の関係を基準としており、単位は絶対温度K（ケルビン）である。黒体の相対的分光分布は温度により図5.16のように変化し、2,000K程度では波長の長い域（赤い光）が多く、色温度が

高くなるに従って波長の短い域（青い光）が増加する。白熱電球が2,800K，白色蛍光ランプが4,000K程度，晴天の青空は10,000K以上である。

(e) 物体色の見せ方　光がもつ「物体の色の再現能力」は演色評価数R_aで示されるが，これは数種の試験色について，どの程度忠実に基準光で照らした場合の色に近く再現しているかに基づいている（まったく忠実に再現している場合が100）。

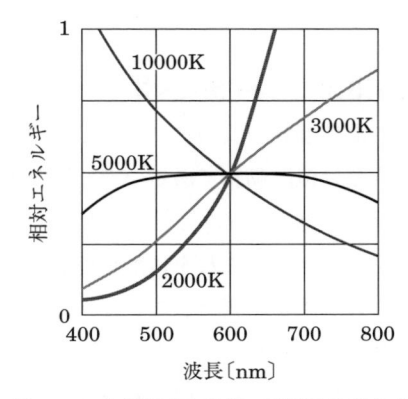

図 5.16　絶対温度と黒体の相対的分光分布

5.2.4 光環境の生理的影響

光は生体の周期現象のコントロールにも影響がある。生体の概日リズムは，生物においてさまざまな生体機能が約1日を周期として変動する現象を指す。概日リズムは，外界の手がかりがない条件でも体内時計によって制御されるが，体内時計をシフトさせる主たる因子は光であることが示されている。医療現場では，概日リズムの同調の不良による睡眠障害の治療に高照度光が用いられている。

5.3 温熱環境

榎本ヒカル

5.3.1 温熱環境とは

温熱環境は私たちをとりまく物理的環境要素の1つである。温熱環境とは，環境の熱的側面を人間に対する影響から取り扱う場合に用いられる言葉である。人間が感じるさまざまな熱的感覚を総称して温熱感覚と呼び，「暑い－寒い」の感覚である温冷感や，温冷感から引き起こされる温熱的快適感，空気の乾湿感や気

流感などが含まれる。

5.3.2 体熱平衡と人体

　温熱感覚の要因となる，人間と外部環境との体熱平衡について，図5.17に示す。人間は恒温動物であるので，体内温が37℃程度で一定に保たれているということは，人体から発する熱量と外界から取り入れる熱量のバランスがとれていることを意味する。これを体熱平衡と呼ぶ。運動をしたり作業を行ったりすると人体からの発熱が増える。このほか，食事や震えによっても発熱量は増加する。また人体からの放熱は，対流，放射，伝導，蒸発の4種類の過程によって行われている。

　このように，人間と周囲環境との間で熱のやりとりが行われた結果，皮膚表面の状態が熱的に影響を受ける。具体的には平均皮膚温と皮膚濡れ面積率が変化する。この2つは人間の温冷感や温熱的快適感を左右する生理的要素で，温熱環境の指標ともなっている。

　平均皮膚温は，人体の皮膚表面温度の平均値であり，3～12か所程度の皮膚表面の温度を測定し体表面積重みづけ平均をして算出する。さまざまな実験データより，平均皮膚温が33～34℃程度のときに人間は「暑くもなく寒くもない状態」（温熱的中性）になることがわかっている。

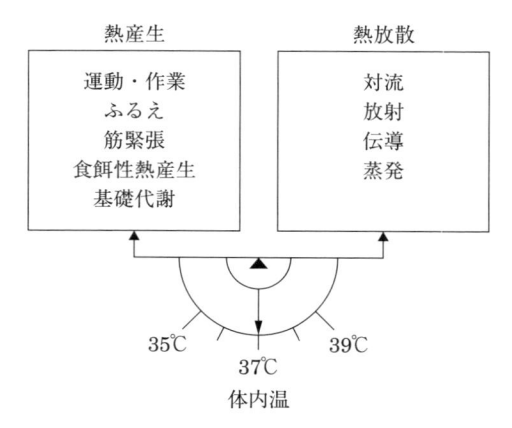

熱産生	熱放散
運動・作業 ふるえ 筋緊張 食餌性熱産生 基礎代謝	対流 放射 伝導 蒸発

35℃　37℃　39℃
体内温

図5.17　人の体熱平衡と体温

出典：榎本ヒカル，澤田晋一，体温調節と温熱条件，新版建築物の環境衛生管理，上巻p.264，新版建築物の環境衛生管理編集委員会編，財団法人ビル管理教育センター，2009　より改。

皮膚濡れ面積率とは，全身の体表面積に対する水分（汗）で覆われている部分の割合を表す仮想の数値である。まったく発汗のない不感蒸泄（皮膚や肺からの水分喪失）だけの場合，濡れ面積率は最小値の0.06となり，発汗の程度が大きくなるにつれ値は1に近づく。

5.3.3 温熱要素について

温熱感覚には主として温度（気温）が大きく影響しているが，温熱感覚を左右するのは温度だけではない。環境側要素として気温，湿度，熱放射，気流速度の4要素と，人体側要素として着衣量とエネルギー代謝量の2要素の計6要素が影響を与えている。具体的には，夏は湿度が高いと気温が同じでも暑く感じられ，また同じ気温でも気流があるほうが涼しく感じられる。同じ気温の室内でも断熱性能が高く壁面温度が高い場合には暖かく感じられることが多い。

（1） 気温

室内の気温は温度計で測定される。室温とは放射熱の影響のない状態で測った室内空気温度のことで，室内にストーブやパネルヒーターのような放射熱源がある場合にはアルミ箔などで感温部を覆って測定する必要がある。温度計にはアナログ式（棒状温度計など），デジタル式の両方が使われているが，どちらも温度を読み取る際には人体からの熱の影響がないように注意する。デジタル式のデータロガーは離れた場所の温度を表示させたり経時変化を記録したりする用途には大変便利である。

（2） 湿度

湿度とは湿り空気中の水蒸気の割合のことを意味する。室内環境評価を行うときには一般的に相対湿度が用いられ，同一気温の飽和空気の水蒸気圧に対する圧力比で表されたものが相対湿度である。これに対し，乾燥空気1kgに対する水蒸気の量を重量で示したものは絶対湿度と呼ばれる。

室内温熱環境を測定する場合に，最も正確に室温および相対湿度を測定する方法として，アスマン乾球湿球温度計がある。これは一定気流速度下の乾球温度および湿球温度をアナログ式で測定することのできる温度計で，両数値より相対湿度を求めることができる。なおアスマン計は正しい使い方に従って使用する必要

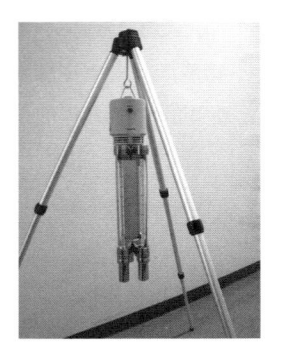

図 5.18　アスマン乾球湿球温度計　　　　図 5.19　黒球温度計

がある。
(3)　熱放射

　物体の表面は，その温度が絶対零度でない限り，電磁波の形でエネルギーを出している。これを熱放射と呼ぶ。単に放射，もしくは輻射と呼ばれることもある。

　室内の熱放射を測る方法として一般的なのは黒球温度計を用いることである。黒球温度計とはグローブ温度計とも呼ばれ，直径15cmの銅製の球体の表面をつや消し黒色に塗装したものの中心温度を測定して使用する。黒球温度は床暖房等の放射型暖房器具を用いた室内温熱環境評価などに用いられることが多い。また近年暑熱環境評価の指標としてよく用いられるWBGT（5.3.4項(3)参照）の算出にも使用されている。

(4)　気流

　室内にはふつう自然対流，もしくは強制対流による気流が生じている。自然対流は室内の温度差によって生じ，強制対流は送風機などの動力によって発生する。気流のある・なしは室内温熱環境の快適性に大きく影響し，例えば蒸し暑い環境では扇風機で涼を得ることができ，逆に空調機吹き出し口からの気流によって不快感が増大することがある。

　気流速度は現在ではデジタル風速計によって測定される。室内の気流速度を測定する場合には，微風速（0.2m/s以下）が測定できる機種を使用することが望ましい。デジタル風速計には指向性があるものがほとんどであるため，風速測定

時には風向に留意する必要がある。

(5) 着衣量

われわれが着用する衣服の量は，暑さ－寒さの感覚に大きく影響する。着衣の量を定量化する方法として着衣量（またはclo値）という尺度（単位〔clo〕）があり，これは着衣による熱抵抗値のことである。1cloの着衣とは具体的には背広上下に相当し，気温21℃程度で快適に感じる衣服（$0.155\text{m}^2\text{K/W}$）を意味する。衣服アイテム個々にclo値の測定が可能であり，厳密にはサーマルマネキン（口絵参照）という機械を用いて測定するが，簡易的には既往の測定値を用いて全身の着衣量を推定することができる。

(6) 代謝量

人間は体温をもち外界に向かって発熱をしているが，活動量によってその熱量は変化する。そこで活動量を表す方法として，人間の熱生産量を人体の単位体表面積あたりの発熱量〔W/m^2〕として表したものが代謝量と定義されている。また，代謝量の単位として，成人の座位安静状態の代謝量（58.2W/m^2）を1metとした代謝率という単位も用いられている。

5.3.4 温熱指標と快適な室内温熱環境条件

前項のように，人間の温熱的快適性には気温以外の要因も複雑に絡んでいる。そこで，それらの要素を組み合わせて室内温熱環境を評価するためのさまざまな温熱指標が考案されてきた。いわゆる"体感温度"も温熱指標の1つに含まれるであろう。温熱指標は大きく分けると物理的計測による指標，実験・経験に基づく指標，熱平衡式に基づく指標に大別される。これらのうち，現在よく使用される代表的なものについて概説する。それぞれの温熱指標には適応範囲や向いた用途があるので，目的に応じてふさわしい物を選ぶ必要がある。

(1) PMV（予測平均温冷感申告：predicted mean vote）

PMVとは，人間が快適と感じるときの人体の熱平衡式を基準とし，温熱6要素を変数として，ある温熱環境が快適な状態からどの程度離れているかを算出したものである。Fangerによって考案された温熱指標で，国際標準化機構の室内快適環境の評価基準としてISO 7730に採用されている。PMVは任意の温熱環

表 5.3　PMV値と温冷感尺度の対応

PMV値	温冷感尺度（英語／日本語）	
+3	hot	暑い
+2	warm	暖かい
+1	slightly warm	やや暖かい
0	neutral	なんともない
−1	slightly cool	やや涼しい
−2	cool	涼しい
−3	cold	寒い

境における人間の快適さを7段階温冷感尺度（−3：寒い〜+3：暑い）に相当する数値で表される。表5.3にPMV値と温冷感尺度の対応を示す。PMVは計算結果が「やや暖かい」や「涼しい」という言葉に相当するため人間の温冷感に対応している点と，PMV値から満足・不満足の割合（予測不満足率，PPD：predicted percentage of dissatisfied）を算出できる点に特徴がある。つまり，温熱6要素の数値が具体的にわかっていれば，計算よりその環境が「暖かいのか涼しいのか」と「その温熱環境に満足しない人の割合」を予測することが可能である。算出には専用ソフトや表計算ソフトなどが一般的に用いられるが，内部に計算式が組み込まれたPMV測定機（口絵参照）も市販されている。

(2)　SET*（標準新有効温度：standard new effective temperature）

SET*（エスイーティースター）とは，Gaggeらが提案した熱平衡式および2層モデルに基づく温熱指標である。米国暖房冷凍空調学会のASHRAE Standardをはじめ国内外で温熱評価指標として広く使用されている。PMV同様，温熱6要素をすべて変数として算出される。SET*は「気流と着衣量を標準状態にした場合のET*」の意味で，ET*とは「実在環境と温熱的に等価の条件のもとに相対湿度を50％に標準化したときの放射温が気温に等しい環境の温度」を意味する。算出にはPMV同様複雑な計算が必要で，学会などによって計算プログラムが公開されている。

日本人被験者を用いたSET*と温冷感の相関を図5.20に示す[1]。相関関係より温冷感が「やや涼しい」から「やや暖かい」の範囲に入るSET*はおよそ22〜26℃であることがわかる。

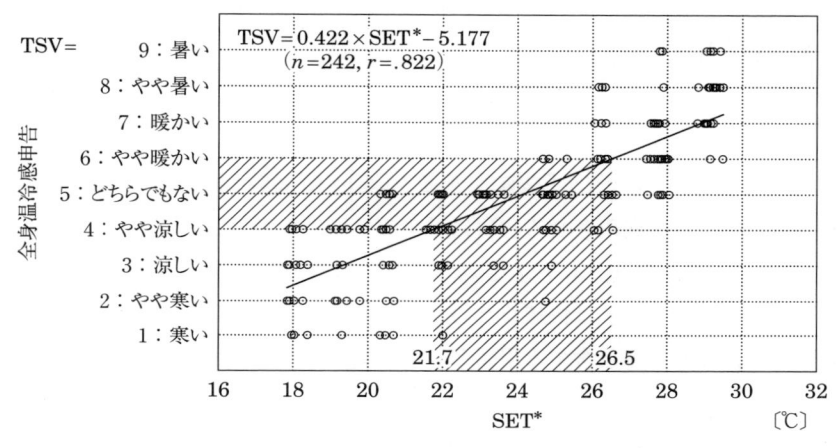

図 5.20　SET*と全身温冷感申告（TSV）の相関[1]

(3) WBGT（湿球黒球温度指標：wet bulb globe temperature）

WBGTは労働作業や運動作業時における熱ストレスを評価するための温熱指標である．快適な環境を評価するための指標ではないが，ISO 7243やJIS Z 8504に採用されており，世界中で暑熱環境の評価指標として使用されている．WBGTはもともとは軍隊の熱中症予防のための指標であり，自然湿球温度 T_{wb}〔℃〕，黒球温度 T_g〔℃〕，気温 T_a〔℃〕より，式(5.9)，式(5.10)で計算される．

屋外で日射のある場合

$$\text{WBGT} = 0.7T_{wb} + 0.3T_g + 0.1T_a \;〔℃〕 \tag{5.9}$$

屋内または日射の影響が無視できる場合

$$\text{WBGT} = 0.7T_{wb} + 0.3T_g \;〔℃〕 \tag{5.10}$$

WBGTが25℃を超えると熱中症が増加するといわれており，またスポーツ分野では31℃以上では運動は原則禁止にするべきと学会などの指針で定められている．

5.4 におい

山口　一

「におい」とは，「ニオイ」「臭気」「悪臭」「臭い」「匂い」「香り」などの総称で，嗅覚あるいはそれを発現させる物質に対する学術的な表現として用いられる。

「悪臭」は，悪臭防止法に代表されるように行政や防止対策の面で一般的に用いられ，「匂い」「香り」は快適などのプラス面での表現として用いられる場合が多い。また，これらを包含する用語として「臭気」が多用されている。

5.4.1 嗅覚

においの感覚を嗅覚というが，環境中の有機・無機化合物の分子の一部が鼻孔から吸入されると，鼻腔の最上部にある嗅粘膜内の嗅細胞の受容膜に吸着され，結果的にその細胞が興奮し，分子のもつ化学的情報が電気的信号（インパルス）に変換される。それが脳内の嗅球を経由して脳中枢に達することによりにおい認識が起こることがわかっている（図5.21）。

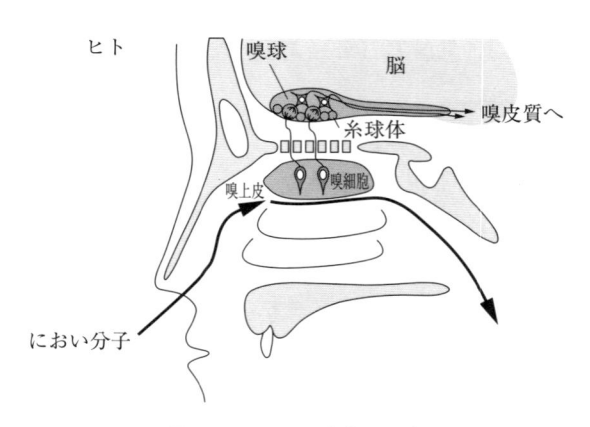

図 5.21　ヒトの嗅覚のしくみ

独立行政法人　理化学研究所　プレスリリース「脳の匂い地図を形成する分子メカニズムの解明へ，前進嗅覚神経回路形成に欠かせないビッグなガイド分子「BIG-2」を発見」(2008.3.27)より抜粋。

5.4 におい

(1) 嗅覚の順応

ある程度以上の強さのにおいを嗅ぎ続けると，ほぼ3分以内に一過性に嗅覚が働かなくなる。俗に「鼻がばかになる」という状態をいう。嗅覚は疲労現象の起こりやすい特徴をもつ感覚である。心理学の分野では，1回の持続的刺激に対する感覚強度の低下は「順応」であるが，何回もこれを繰り返すと閾値が上昇する。これが「嗅覚疲労」であり，感覚を休ませる（適当な時間，新鮮な空気に曝す）と，元の閾値に感度が回復する。

(2) 嗅覚の差

ほかの感覚と同様に嗅覚も加齢とともに感度が低下する。一般に男性の方が女性より嗅力は低く，加齢減退の割合も男性の方が大きいとの報告もある。

また嗅覚は，体内外の要因で変動し，例えば風邪や鼻詰まり時には低下し，体調を崩した場合は低下するばかりでなく，時によっては増加する場合もある。健常時でも，喫煙時は感度が低下することが確認されている。女性の場合は，月経周期により，嗅覚感度が変動することが報告されている。ただし，前述の現象については，視覚や聴覚と同様に嗅覚にも個人差がある。さらに，このような嗅覚は，すべてのにおいに均一でなく，においの質によって異なる場合があることを付記しておく。

(3) 嗅覚とにおいの物質濃度

人間の感覚量（感覚の大きさ）は，物質濃度（刺激）の対数（常用対数）に比例するというWeber-Fechner（ウェバー・フェヒナー）の法則が知られているが，嗅覚も例外ではなく，この法則に従うことがわかっている。ただし，においの閾値近辺や高濃度域などでは，本法則から外れる場合もあり，普遍的な法則とみなすことはできない。

すなわち，

$$E = K \log_{10} X \tag{5.11}$$

E：感覚量 ， K：比例定数 ， X：物質濃度

具体的には，ある空間のにおいを90％除去しても，鼻で感じる感覚量は約半分にしかならないことを意味している。

(4) においの嗜好性と濃度別の感じ方

　食べ物の腐敗や燃焼によって生じるにおいは，人や動物にとって危険を知らせる信号であり，一般的に嫌われる。いっぽう，新鮮な柑橘類や花のにおいは，受け入れやすいものである。また，生育環境からか，海苔やたくあんのにおいは，多くの白人にとって悪臭と認識される。いっぽう，チーズのにおいを嫌う日本人も少なくない。

　さらに，前述の腐敗物質（例えば，吉草酸やメルカプタン類）は濃度にかかわりなく悪臭である。しかし，アルコールの中には，高濃度であると不快感を示す割合が多いが，低濃度になると受け入れやすいと回答する割合が増える場合がある。このように，物質濃度によってにおいの感じ方は異なる。

(5) 閾値

　嗅覚の閾値には，おもに検知閾値（絶対閾値ともいう）と認知閾値がある。前者は，何のにおいかわからなくても何かにおいを検知できる最小濃度である。後者は，何のにおいか感知できる最小濃度である。また，物質により閾値は異なる（表5.4）[2]。

(6) 複合臭

　実際の空間では，1種類の物質のみが存在する場合は少なく，複数の物質が存

表5.4　嗅覚閾値

化学物質	閾値〔ppm〕	化学物質	閾値〔ppm〕
ホルムアルデヒド	0.50	トリメチルアミン	0.000032
アセトアルデヒド	0.0015	アセトニトリル	13
メチルアルコール	33	スカトール	0.0000056
エチルアルコール	0.52	n-ヘキサン	1.5
酢酸	0.0060	プロピレン	13
n-吉草酸	0.000037	トルエン	0.33
二酸化硫黄	0.87	スチレン	0.035
硫化水素	0.0041	o-キシレン	0.38
二硫化炭素	0.21	ギ酸メチル	130
メチルメルカプタン	0.000070	酢酸メチル	1.7
イソアミルメルカプタン	0.00000077	塩素	0.049
アンモニア	1.5		

在する（複合臭）場合が多い。前述のように，各々の物質の閾値は異なり，人によって感じ方も異なるので，実際に悪臭（臭気）の問題が発生した場合は，その取扱いは容易ではない。

5.4.2 においの発生源

におい物質は，分子量約300以下の低分子有機化合物が主であり，数十万種類もあるといわれている。

産業分野のにおいには，行政が管理する下水・し尿・ごみ処理場や民間の各種工場および農林・畜産・水産業分野などの発生源がある。工場の悪臭苦情としては，食品工場（水産加工品，食肉加工，調理食品），紙・パルプ工場，繊維工場，印刷工場，塗装工場，プラスチック工場，金属・機械工場などが多い。これらの施設では，悪臭規制や環境保護規制の基準値を守るだけでなく，安全・清潔・快適な作業環境を保ち，低コストかつ効果的な臭気対策が求められる。業務分野では，ホテル，レストランなどのサービス業，公共施設，病院などがある。においの種類として，炭化水素類（芳香属，脂肪属など），ケトン類，アルデヒド類，アルコール類，エーテル類，低級脂肪類，窒素化合物，硫黄化合物やハロゲン化物などがある。悪臭防止法では，22種類の臭気物質を特定悪臭物質に定めている。

住宅・オフィスにおけるにおいは，おもに低濃度の複合臭であり，食堂の生ごみ臭・調理臭，トイレの排泄物臭，水廻り（浴室・洗面所：排水施設など）の排水臭・カビ臭，居室のタバコ臭・生活臭，燃焼機器の排ガス臭，ペット・動物のにおいなどがある（表5.5)[3]。

表 5.5 住宅のにおい発生源と主成分

発生場所	においの種類	おもな成分
厨房	生ゴミ臭，調理臭	硫化水素，メチルメルカプタン，硫化メチル，アンモニア
トイレ	排泄物臭	硫化水素，メチルメルカプタン，アンモニア，硫化メチル
水廻り	排水臭，カビ臭	アセトアルデヒド，アンモニア，酢酸
居室	タバコ臭，生活臭	アセトアルデヒド，硫化水素，ニコチン，タール
燃焼器具	排ガス臭	アセトアルデヒド，窒素酸化物，炭化水素，メチルアミン
ペット	動物・ペット臭	炭化水素，メチルメルカプタン，アンモニア，硫化メチル

5.4.3 においの測定方法

においを測定するおもな方法は，人の嗅覚を用いてにおい（臭気）を数値化する嗅覚測定法（官能試験法）と，においを構成している化学物質濃度を同定する機器測定法に大別できる。前者は被験者による個人差があり主観的で感覚的な評価方法であり，後者は測定できる物質の種類・濃度に制限があるなどの特徴をもつ。実際の対策としては，評価尺度の異なる測定法を併用し，におい環境を総合的に評価する方法が望ましい。

(1) 嗅覚測定法

(a) 臭気強度表示法　本法は，臭気の強さを数値化する方法である。表5.6に，日本で広く用いられている6段階臭気強度表示法を示す。測定は，1人ないし数人の臭覚パネル（測定者，以下パネル）が測定対象室で2～3分立ち止まり，各自で臭気強度を記録し，その平均値（0.5刻みの数値）からにおい環境を評価する。入室が困難な場合は，室内臭をにおい袋にいったん採取し，無臭の空間で臭気強度を測定する。

(b) 快・不快表示法　本法は，臭気の快・不快度を数値化する方法である。表5.7に日本で広く用いられている9段階快・不快度表示法を示す。悪臭の試験では，+3，+4はほとんど存在しないため，これらを削除して用いることが多い。具体的な測定方法は，「臭気強度表示法」と同じである。

(c) 臭気濃度表示法　本法は，臭気の広がりの程度を表す方法である。日本では，悪臭防止法で臭気濃度表示法が採用されており，空気中のにおいの場合は三点比較式臭袋法が用いられる（図5.22）。本法は，機器測定法で対応で

表 5.6　6段階臭気強度表示法

臭気強度	においの程度
0	無臭
1	やっと感知できるにおい（検知閾値）
2	何のにおいであるかわかる弱いにおい（認知閾値）
3	楽に感知できるにおい
4	強いにおい
5	強烈なにおい

表 5.7　9段階快・不快度表示法

快・不快度	内容
−4	極端に不快
−3	非常に不快
−2	不快
−1	やや不快
0	快でも不快でもない
+1	やや快
+2	快
+3	非常に快
+4	極端に快

図 5.22　三点比較式臭袋法

きない複合臭の相加・相乗効果を含めて評価できる利点があり，臭気の数値化として最も用いられている方法である。海外では，セントメーター法，無臭室法，オルファクトメータ法などが使用される場合が多い。

　三点比較式臭袋法は，約3ℓのにおい袋を3個用意し，そのうち2個の袋に無臭空気を入れ，残りの1個に無臭空気で希釈倍数にうすめた試料空気を入れる。パネルは，6人以上で測定するのが原則であり，臭袋の栓をはずし，鼻あてでにおいを嗅ぎ，3個の中でにおいのある袋の番号を1つ回答させる。臭気濃度1,000とは，ちょうど1,000倍に希釈したときに，初めてにおいが消える臭気をいう。

(d) 臭気指数　　1995年の悪臭防止法の改正で嗅覚測定法が導入され，臭気指数が規制基準に用いられている。

$$臭気指数 = 10 \times \log_{10}（臭気濃度） \tag{5.12}$$

この指数が臭気濃度より優れている点は，人間の嗅覚の感覚量に対応した尺度になっている点である。また臭気指数は，騒音のホン尺度と非常に類似性が高い。

(2) 機器測定法

　特に，においの原因物質として考えられる成分の濃度を測定する方法である。例えば，ガスクロマトグラフ（GC），ガスクロマトグラフ質量分析（GC/MS），

高速液体クロマトグラフ（HPLC）法，検知管法，およびにおい嗅ぎガスクロマトグラフ（GC-Sniff）法などがあげられる。これらの測定法の詳細は，2.3節「化学物質の測定法」を参照して欲しい。

5.4.4 基本的な脱臭の対策方法

においが発生した場合，対象とする建物の用途や立地条件・配置・平面計画などの与条件の把握が重要であり，においの性状や濃度，脱臭の目的，用途などによって適切な脱臭方法や設備・装置を選択すべきである。

実際のにおいの対策方法として，産業分野ではにおいの発生源を特定できる場合が多く，その脱臭技術は，①洗浄法，②燃焼法，③触媒酸化法，④オゾン酸化法，⑤吸着法，⑥生物脱臭法，⑦消臭・脱臭法などに分けられる。住宅・オフィスでは機械換気による積極的な臭気の排出が主であり，建物用途や部屋の種類別に換気回数が定まっている。ほかにも空気清浄機や消臭剤によるマスキング手法をとる場合もある。住宅・オフィスでは，最初ににおいの発生源を特定できない場合も多く，発生源の除去や封じ込めが最も有効な手段である場合も多い。

5.5 電磁波・放射線

牛山　明

生活をより豊かに，また便利にするために私たちは多くの電気製品・通信機器を利用している。しかし，これらの製品からは必然的に電磁波が発生し，私たちはその電磁波に曝されることになる。屋外をみれば，送配電線や携帯電話の基地局を容易に目にすることができるが，それらから発生する電磁波が室内環境にも存在している。またいっぽうで，電離放射線について考えると，私たちの周りでは土壌や宇宙といった自然からの放射線が存在しているし，病院に行けば検査や治療で放射線に曝される機会も少なくない。これらの電磁波・放射線は決して目でみることはできないが，私たちの体は常に電磁波・放射線に曝されながら生活

を送っているのである。

本節では生活環境中に存在する電磁波および電離放射線について，その物理的性質と健康影響，室内環境における曝露の実態，およびガイドラインや規制について述べる。

5.5.1 電磁波・放射線とは？
(1) 電磁波（非電離放射線）の性質

電磁波（または電磁界ともいう）とは電気や磁気の総称であり，それが波のように空間を極めて高速で伝わることから電磁波と呼ばれる。また，(2)で述べる電離放射線に対して，非電離放射線と呼ばれることもある。電磁波の波長λと周波数fは反比例の関係をもち，$\lambda=c/f$である。(cは光速であり，およそ3×10^8m/sである）。

電磁波は波長（周波数）によって異なる性質を示すが，その特性を利用しさまざまな用途に用いられ，私たちの生活の基盤を提供している（図5.23）。例えば周波数が0である静磁場は，リニアモーターカーや医用画像診断のMRIで使用されている。50または60Hzの超低周波は送配電や電気製品に利用されることから商用周波とも呼ばれる。また近年，電磁調理器（IHクッキングヒーター）が著しく普及しているが，使用時には数10kHzの中間周波数帯電磁波が発生している。携帯電話は現在，高周波の2GHz帯が主流であるが，無線LANや次世代携帯電話においてはさらに高い周波数（～6GHz）が利用されることになる。

電磁波の単位としては，低周波領域では電界と磁界を分けて考えることができることから，電界強度はV/m，磁界は磁束密度の単位であるテスラ〔T〕が用いられる。なお，磁界はこれまでガウス〔G〕が用いられることが多かったが，現在はテスラに統一された（1G＝0.1mT）。いっぽう，高周波領域では，測定できる物理量としては，電界強度V/m，磁界強度A/m等があるが，生体影響に対する防護に関しては，生体に吸収されるエネルギー量を単位とした比吸収率（SAR：Specific Absorption Rate）と呼ばれる指標（単位は〔W/kg〕）が用いられることがある。

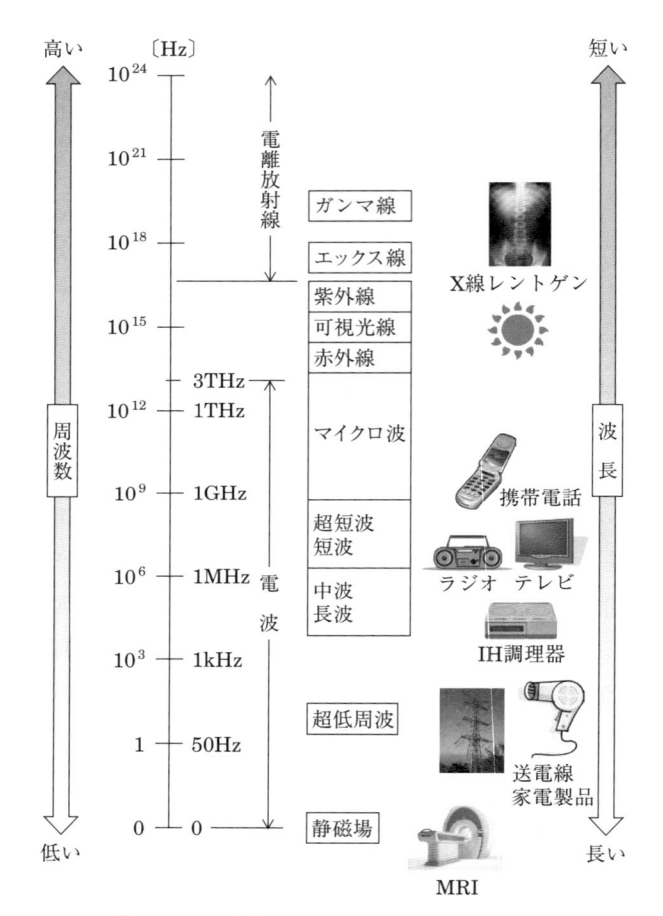

図 5.23　周波数による電磁波の分類とその利用

(2) 電離放射線の性質

　電離放射線とは，物質に十分なエネルギーを与え，かつその物質を電離できる十分なエネルギーをもつ電磁波や粒子のことであり，電離放射線は，X線，γ線の電磁放射線とα線，β線，電子線，陽子線，中性子線などの粒子放射線に分類することができる。電離放射線は(1)で述べた電磁波の波長がさらに短くなったものである。生体に放射線が照射されると，皮膚を貫通し組織にエネルギーを与える。単位質量の物質に与えるエネルギーを吸収線量といい，グレイ〔Gy〕で

表され，1kgの物体に1J（ジュール）のエネルギーが吸収された場合を1Gyと定義する。しかし，同じ吸収線量でも放射線の種類とエネルギーによって生物学的効果は異なる。そこで，すべての放射線の影響を同じ尺度で評価する指標として等価線量シーベルト〔Sv〕という単位を用いて，放射線防護の目的に用いられる。例えば，ラドンの出すα線はセシウムの出すγ線と比べて影響が大きいため，γ線の場合1Gyは1Svであるのに対して，α線の場合1Gyは20Svと換算する。

5.5.2 生活環境と電磁波

(1) 電磁波の健康影響

現在，はっきりとわかっている電磁波の生体への影響としては，「刺激作用」と「熱作用」と呼ばれているものがある。「刺激作用」は，周波数が100kHz程度より低い周波数の電磁波がある程度強く人体にあたると，体内に発生する誘導電流が原因となり刺激を感じる現象である。また「熱作用」は，100kHz程度より高い周波数の電磁波が人体にあたったときに，電波のエネルギーが熱となって人体の温度を上昇させる現象である。電子レンジのマイクロ波による加熱もこの原理による。しかしながら私たちの生活環境においては，ガイドラインにより十分に管理されており，「刺激作用」，「熱作用」ともに起こることはない。いっぽうで，電磁波を長く浴び続けることで，遺伝子や細胞が何らかの作用で傷ついたり，ホルモンのバランスが崩れ健康影響を起こすのではないかという懸念（これらをまとめて「非熱作用」といわれる）がある。確かに，超低周波では磁束密度が生活環境の1万～10万倍，つまり10mTを超えると染色体異常や突然変異頻度が上昇する研究結果が報告されているが，生活環境レベルではそのような影響は一切みられない。また一部の疫学研究において，超低周波磁界が小児白血病との関連を指摘する研究がある。これを根拠として，国際がん研究機関（IARC）では，超低周波磁界の発がん性をGroup2B（ヒトに対して発がん性があるかもしれない）と評価している。ただしIARCはハザード（曝される量は考慮しない）としての評価をしており，コーヒーや漬物等もGroup2Bに含まれている。したがってIARCの評価を大げさに捉えるのではなく，室内環境のほかのリスクと比

較するセンスが必要であろう。すなわち，次項の電離放射線も含め，ハザード＝危険性のあるものに対して，常にその曝露量がどの程度あり，結果的にリスクの大きさがどのくらいかと認識することが重要である。

また，近年，電磁波を浴びることで不定愁訴を訴える場合があり，「電磁過敏症」ともいわれるが，WHO（世界保健機関）の公式見解として電磁波と症状の間の因果関係はないと結論されている。

(2) ガイドラインと曝露の実態

わが国においては，商用周波（50，60Hz）のガイドラインを経済産業省が検討中である。10kHz～300GHzは総務省がガイドラインを示して管理を行っており，基本的に国際非電離放射線防護委員会（ICNIRP）が推奨する値が採用されている。なお，曝露の実態としては，商用周波の磁界は室内環境では平均すると高くても1μT程度であり，ICNIRPガイドライン（50Hzで100μT，60Hzで83μT）に比べ十分に低い。また，高周波では例えば，家のそばに携帯電話の基地局アンテナがあったとしても，基準値を超える恐れがあるのは，基地局アンテナから0.6m以内であり，20m離れていれば基準値の2,000分の1程度である。このように，電磁波は発生源と距離をとることで値は弱くなることが特徴である。また，携帯電話を頭部にあてて通話をする場合でも，頭部に吸収されるエネルギーは極めて弱い。

5.5.3 生活環境と放射線

(1) 放射線の健康影響

わが国は，世界で唯一の被爆国であることから放射線の健康に与える影響について過剰に不安に考えている人が多いといわれる。確かに放射線はIARCの発がん性分類でGroup1（発がん性がある）に分類されており，高い線量の放射線は人の健康に対し悪い影響があるが，いっぽうで医療においては，レントゲンやCTなどの診断，がんの放射線治療などに大いに役立っていることも事実である。したがって放射線の健康影響について正しく理解することは重要である。放射線の影響としては，影響が誰に現れるか，影響がいつ現れるか，影響が現れる最小線量（しきい線量）があるか，のいずれに着目するかで，①身体的影響・遺伝的

表 5.8　放射線による影響の分類

身体的影響	早期影響	吐き気・出血	確定的影響
		下痢・血球減少	
		脱毛	
		胎児障害	
		不妊	
	晩発影響	白内障	
		がん(白血病など)	確率的影響
遺伝的影響			

影響，②早期影響・晩発影響，③確定的影響・確率的影響の3つの分類方法がある（表5.8）。

　身体的影響は被曝した本人に現れる症状であり，被曝直後や数週以内に現れる早期影響と数か月以上の後に影響が現れる晩発影響に分けることができる。これらの早期影響およびがんを除く晩発影響については，線量・反応関係においてしきい線量（しきい値ともいう）をもち，しきい線量を超えたときだけに現れるもので，確定的影響という。いっぽう，確率的影響にはしきい線量は存在せず，被曝した線量が大きくなるほど発生する確率が大きくなると仮定されている影響で，発がんが該当する。遺伝的影響も確率的影響ではあるが，現在までにヒトにおいては確認されていない。

(2)　ガイドラインと曝露の実態

　放射線を発生源で考えると，昔から自然界に存在する「自然放射線」と，人間がつくり出した「人工放射線」があり，私たちは日常生活でいつもこれらの放射線を受けている。自然放射線としては，宇宙や大地から飛んでくる放射線，食物や空気に含まれる天然の放射性物質からの放射線がある。室内環境という点においては，ラドンおよびその娘核種による内部被曝が重要である。ラドンはラジウムから発生する気体の放射性物質であり，地面や建材などから空気中に拡散する。米国や欧州において，個々の疫学研究を集めて解析したプール分析の結果では，屋内ラドン濃度の増加とともに肺がんリスクが直線的に増加することが示されている。わが国においては，室内のラドン濃度は世界と比べ高くはないが，窓を開

け換気を行うことで室内濃度をさらに下げ，体内被曝を減らすことが可能である。自然放射線の日本全国の平均は，ラドン以外で約 1.14mSv，ラドンで約 0.4mSv であり，合計の被曝量は，世界平均の 2.4mSv に比してかなり低いといえる。

いっぽう，人工放射線としては，原子力施設などで発生する放射線や医療における検査や治療で受ける放射線などがある。原子力施設からの放射線は施設からの排気や排水に含まれる極微量の放射性物質によるものであり，わが国では，法律（通称：放射線障害防止法）により年間 1mSv（一般公衆の線量限度）を超えないように規定されており，原子力発電では，これより低い目標値（年間 0.05mSv 以下）で管理されている。いっぽう，医療で受ける放射線の線量は通常の胸部 X 線検診では 1 回約 0.05mSv，X 線 CT による検査では設定により 1 回 20〜100 mSv となる。これらの医療による被曝は診断や治療のために行われているものであり，曝露による障害よりもメリットの方が大きいという考えから，一般公衆に対する線量限度は適用されない。

引用・参考文献

1) 深井一夫，後藤滋，斉藤純司，伊藤宏，阿久井哲：「標準新有効温度（SET*）と日本人の温熱感覚に関する実験的研究 第 2 報—冬季および夏季における温熱感覚の比較」，『空気調和・衛生工学会論文集』，51, 143, 1993.
2) 永田好男，竹内教之：「三点臭袋法による臭気物質の閾値測定結果」，『第 29 回大気汚染学会講演要旨集』，p.528, 1988.
3) 社団法人空気調和・衛生工学会編：『健康に住まう家づくり』，オーム社，2004.

第6章
環境デザインと室内環境

6.1 環境配慮と省エネルギー

林 立也

6.1.1 室内環境と住宅・建物におけるエネルギー消費

　日常の中で，人々が室内で過ごす時間の割合は住宅や外出先の仕事場などをあわせると9割程度といわれている。室内は屋外に比べて，安全で快適な場所という印象があるが，実際には快適な環境を維持・保全するために多くのエネルギーを利用している。

　室内環境の維持・保全に利用されるエネルギーとは，すなわち，「光環境」，「温熱環境」，「空気質環境」を維持・保全するために稼働する設備（それぞれ

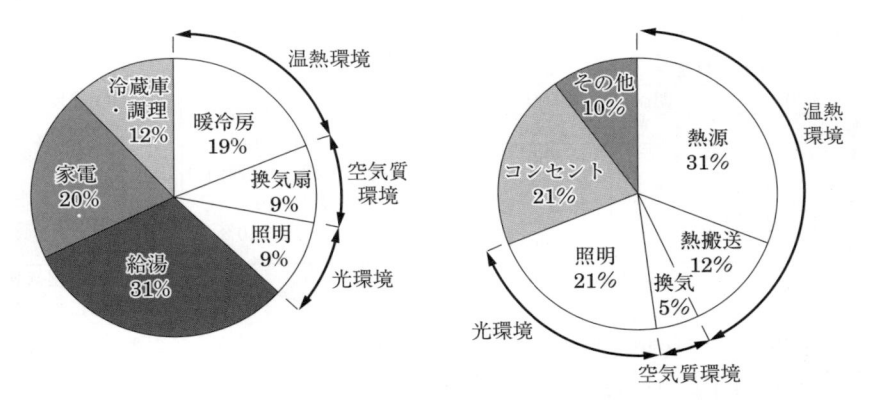

　　(1) 住宅における平均的内訳　　　　(2) 事務所ビルにおける平均的内訳
図 6.1　住宅や事務所ビルにおける1次エネルギー消費の用途別内訳

「照明設備」，「冷暖房設備」，「換気設備」）が使用するエネルギーである。図6.1に示すとおり，これらのエネルギーは住宅の1年間のエネルギー消費量の約40％，事務所ビルの約70％を占めており，住宅や事務所ビルなどの建築物での省エネルギーを考える際には，無視できない大きな要素といえる。また，昨今では，地球環境問題に対する国際的枠組みから，日本国内においてもCO_2排出量を削減するために，産学官においてさまざまな取り組みが行われている。日本におけるCO_2排出量の部門別傾向をみてみると（図6.2），民生部門（家庭部門・業務部門）のCO_2排出量は全体の3割程度を占めており，ほかの部門と異なり著しい増加傾向にあることがわかる。これらのことから，室内環境の維持・保全に使われるエネルギーを抑制していくことは，日本のCO_2排出量を低減していくうえで，重要な位置づけにあるといえる。

6.1.2　室内環境の維持・保全に必要なエネルギー消費の構造

室内環境の維持・保全に利用されるエネルギー消費量を把握するためには，第1段階として，対象となる室内空間に求められる環境条件と，それを満たすために必要な物理量（以後，「負荷」とする）を把握する必要がある。室内環境条件は，その空間の使用目的（部屋用途）により異なり（表6.1），通常は光環境の場

表 6.1　室内環境条件

室用途	光環境 1)		温熱環境 2)	空気質環境 3)
	照度（1x）	UGRL 注)		
ファイリング・コピー	300	19	（夏期［冷房期間］） 温度：26~28℃ 湿度：50％ （冬期［暖房期間］） 温度：19~22℃ 湿度：40％	CO_2濃度 1,000ppm， 粉塵濃度 0.15mg/m³
文章作成，タイプ，閲読	500	19		
製図	1,000	16		
執務室	750	19		
CADワークステーション	500	19		
会議室，集会室	500	19		
受付	300	22		
文書保管	200	25		臭気，熱，湿気等保管物による

注）UGRL: Unified Glare Rating Lower limit，屋内照明器具の不快グレアを評価する指標
1) JIS Z 9125
2) 建築設備設計基準［平成21年版］，公共建築協会編
3) 建築物衛生法

6.1 環境配慮と省エネルギー

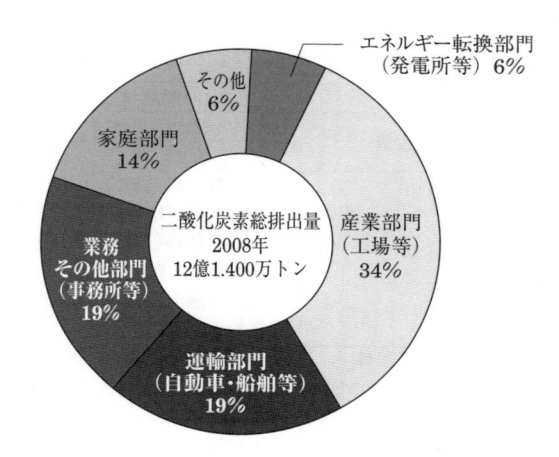

(a) 日本におけるCO₂排出量の部門別内訳（2008年確定値）

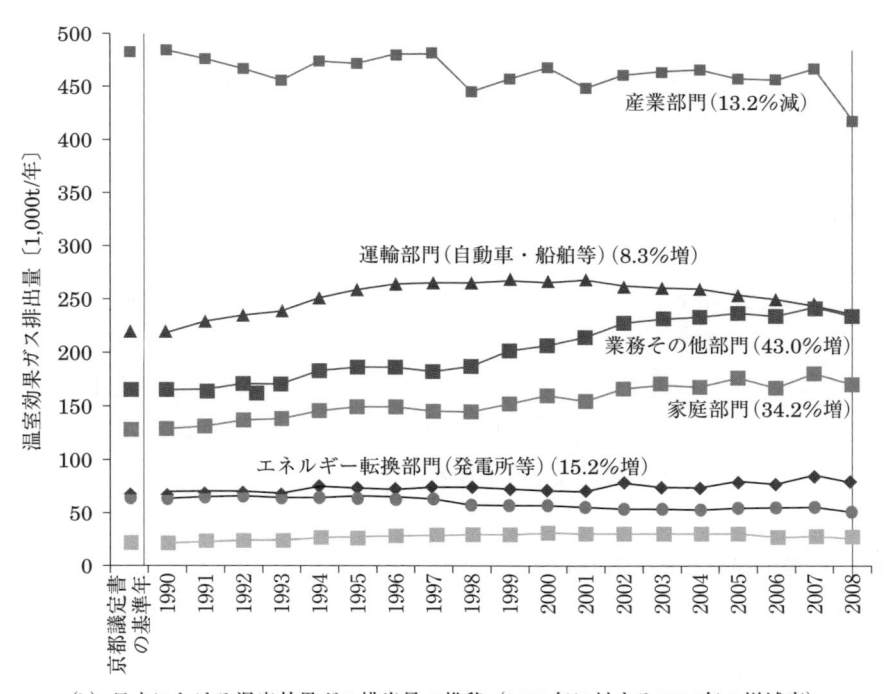

二酸化炭素総排出量
2008年
12億1,400万トン

- エネルギー転換部門（発電所等）6%
- その他 6%
- 家庭部門 14%
- 業務その他部門（事務所等）19%
- 運輸部門（自動車・船舶等）19%
- 産業部門（工場等）34%

(b) 日本における温室効果ガス排出量の推移（1990年に対する2008年の増減率）

- 産業部門（13.2%減）
- 運輸部門（自動車・船舶等）（8.3%増）
- 業務その他部門（43.0%増）
- 家庭部門（34.2%増）
- エネルギー転換部門（発電所等）（15.2%増）

京都議定書の基準年

図 6.2 日本におけるCO₂排出量の現況（間接排出［電気・熱配分後］）
出典）温室効果ガスインベントリオフィス
「日本の1990～2008年度の温室効果ガス排出量データ」（2010.4）

表 6.2 室内環境の維持・保全に関するおもな省エネルギー技術

室内環境	光環境	温熱環境		空気質環境
対象設備	照明設備	暖冷房設備		換気設備
		空調設備		
負荷の低減	・自然光利用	・高断熱・高気密， ・日射遮蔽（日射取得）， ・外気負荷の軽減技術（全熱交換器，人感最小制御） ・高効率照明器具 ・高効率OA機器		
効率的な処理	・高効率照明器具 　（Hf照明器具，LEDなど）	・高効率熱源設備 ・高効率ファン ・高効率ポンプ ・未利用エネルギー活用		・高効率ファン
適正な制御・運用管理	・初期照度補正（明るさセンサー制御） ・人感センサー制御 ・タイマー制御	・台数制御 ・変風量制御 ・変流量制御 ・BEMS		・CO_2センサー制御 ・温度制御 ・におい制御

合は「机上面照度〔lx〕」，温熱環境の場合は「乾球温度〔℃〕，相対湿度〔％〕」，空気質環境の場合は「CO_2濃度〔ppm〕，粉塵濃度〔mg/m^3〕」により設定される．また，各負荷はこの室内環境条件に対して，建築の条件，住まい方・働き方の条件，気象条件などにより時々刻々の大小が決まり，設備の条件や運用管理の適正さにより負荷を処理するエネルギー消費量の大小が決定される．そのため，省エネルギー的に室内環境を維持・保全するためには，「負荷を低減する工夫」と「その負荷をできるだけ効率的に処理する工夫」を建築，設備的に行い，「適正に運用管理する工夫」が必要となる（表6.2）．

6.1.3 室内環境と省エネルギー

本項では，室内環境の維持・保全に使用される照明設備，冷暖房設備，換気設備の3つについて，エネルギー消費の構造とそれを低減する具体的な仕組みについて解説する．

（1）照明エネルギー消費量の低減技術

照明のエネルギー消費量を簡単に記述すると，式(6.1)で表すことができる．

照明エネルギー消費量〔Wh〕

$$= \frac{\text{必要照度〔lx〕}}{\text{器具効率〔lm/W〕}} \times \text{出力比〔\%〕} \times \text{点灯時間〔h〕} \times \text{対象面積〔㎡〕} \quad (6.1)$$

すなわち，照明のエネルギー消費量を低減するためには，①人工照明が負担する必要照度を小さくする（負荷を小さくする），②照明器具効率を高くする，③出力比を小さくする，④点灯時間を短くする，⑤対象面積を狭くすることが原則になる。明るさは人間の心理状態にも強く影響を及ぼす要素であるため，省エネルギー技術を在室者に不快感を与えないよう，建築・設備を統合的にデザインすることが省エネルギーを成功させる絶対条件といえる。

(2) 冷暖房エネルギー消費量の低減技術

冷暖房のエネルギー消費量は，熱を生成する「熱源設備」と熱を必要とする場所まで移動させる「搬送設備」が使用するエネルギー消費量から構成される。

熱源エネルギー消費量〔Wh〕

$$= \frac{\text{熱負荷〔W〕}}{\text{熱源機器効率}} \times \text{稼働時間〔h〕} \quad (6.2)$$

式(6.2)より，熱源エネルギー消費量を低減する方法は，おもに①熱負荷を低減する，②熱源機器効率を高くすることとなる。

熱負荷は，室内で照明やコンピューター，人体などが発生する熱に加え，外壁や屋根，窓などを通して外部から侵入する熱に大別される。後者は，季節，時間，空間的に偏在するため，年間を通じた工夫を行うことが求められる。

また，熱を生成する熱源機器についても，同様に熱負荷の発生パターンを勘案した機器選定，運転制御を行うことが省エネルギーにつながる。熱源機器はその機器の能力に対する熱負荷の比率（部分負荷率）に応じて効率が変化し，一般的には部分負荷率が小さくなるに従って効率も悪くなる特性がある（図6.3）。

図6.4に示すとおり，熱負荷は年間を通じてほとんどの時間で部分負荷となっているので，熱負荷のピーク時間帯だけでなく，部分負荷を考慮して熱源システムの構築を行うことが省エネルギーの観点から重要といえる。具体的な工夫としては，適正に台数を分割する，過剰に大きな能力の機器を選定しない，部分負荷

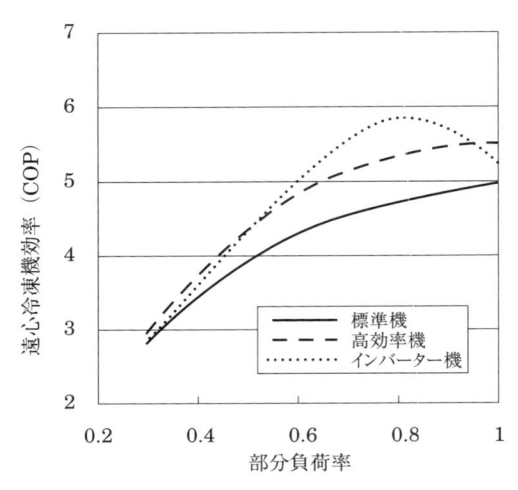

図 6.3 熱源機器の部分負荷率と機器効率の例

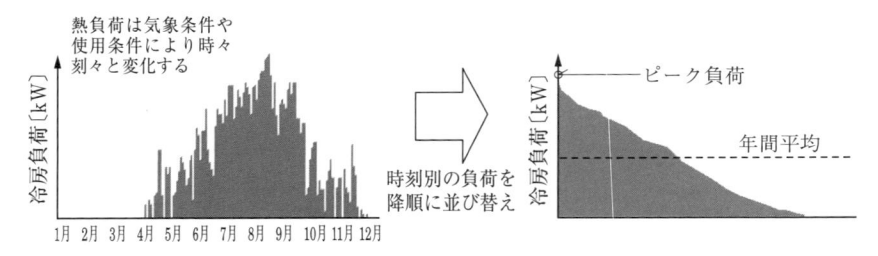

図 6.4 年間における建物の冷房負荷の推移と降順カーブのイメージ

時の効率が高い機器を選定する（図6.3のインバーター機など）などがある。

$$\text{搬送エネルギー消費量〔Wh〕} = \frac{\text{風量(流量)〔m}^3\text{/h〕} \times \text{圧力〔Pa〕}}{\text{搬送機器効率} \times \text{稼働時間〔h〕}} \quad (6.3)$$

式(6.3)より，搬送エネルギー消費量を低減する方法としては，おもに①風量（流量）を小さくする，②圧力を小さくする，③搬送機器効率を高くすることになる。風量（流量）と熱負荷の関係は式(6.4)で示される。

$$\text{熱負荷〔W〕} = \text{風量(流量)〔m}^3\text{/h〕} \times \text{温度差〔℃〕} \times \text{比熱〔J/kg·℃〕} \times \text{比重〔kg/m}^3\text{〕} \quad (6.4)$$

式(6.4)の熱負荷の変動に応じて温度差を変動させ,風量(流量)を一定とする制御を定風量制御(CAV:Constant Air Volume)もしくは定流量制御(CWV:Constant Water Volume)という。いっぽうで,温度差を一定となるようにインバーターを用いて風量(流量)を変動させる制御を変風量制御(VAV:Variable Air Volume)もしくは変流量制御(VWV:Variable Water Volume)といい,同じ量の熱を運ぶ場合でも大幅な省エネルギーを図ることができる。

また,圧力を小さくするためには,搬送経路を短くする,高低差を最小化する,配管やダクトの径に余裕をもたせるなどの工夫がある。

(3) 換気エネルギー消費量の低減技術

換気のエネルギー消費量は,前述の「搬送設備」が使用するエネルギー消費量式(6.3)と同様に式(6.5)で表すことができる。

$$\text{搬送エネルギー消費量〔Wh〕} = \frac{\text{換気量〔m}^3\text{/h〕} \times \text{圧力〔Pa〕}}{\text{ファン効率} \times \text{稼働時間〔h〕}} \tag{6.5}$$

式(6.5)より,換気エネルギー消費量を低減させる方法はおもに,①風量(流量)を小さくする,②圧力を小さくする,③稼働時間を短くすることになる。換気は表6.1のように,人体がいる場所であれば人体のために,室内の空気質が一定の条件以下(ここではCO_2濃度1,000ppm,粉塵濃度0.15kg/m^3)となることを目的に行われる。実際に運用されているオフィスなどにおいては,人の出入りがあり常にフル稼働状態で運転する必要はなく,CO_2濃度センサーによりファンをインバーターで制御すれば,必要最小限の換気量で目標とする環境条件を達成することができる。

6.1.4 環境配慮とエネルギーの評価の考え方

6.1節では,おもに室内環境を快適に維持・保全するためにエネルギーがどのように使用され,どのような工夫により省エネルギーを図ることができるかについて述べた。室内環境の維持・保全と省エネルギーなどの環境配慮は,両面のバランスを保ちながら,効率的に実行していくことが求められている。これらの両

$$\text{BEE} = \frac{Q:建築物の環境品質}{L:建築物の環境負荷} \begin{array}{l} \leftarrow \begin{array}{|l|} \hline Q1:室内環境 \\ Q2:サービス性能 \\ Q3:室外環境(敷地内) \\ \hline \end{array} \\ \leftarrow \begin{array}{|l|} \hline L1:エネルギー \\ L2:資源・マテリアル \\ L3:敷地外環境 \\ \hline \end{array} \end{array}$$

BEE: Built Environment Efficiency,
建築物の環境効率

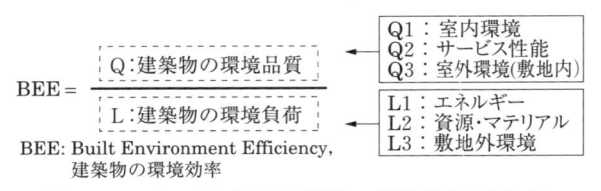

図 6.5 CASBEEにおける建築物の環境効率の考え方

面とその効率を評価する指標として建築環境総合性能評価システム（CASBEE: Comprehensive Assessment System for Built Environment Efficiency）という評価システムがある（図6.5）。この評価システムでは，建築物や住宅の多岐にわたる環境性能を環境効率（＝環境品質／環境負荷，BEE：Built Environment Efficiency）という指標で評価する。本稿のテーマである室内環境品質とエネルギーに特化した指標BEE_{ES}（＝室内環境の品質／エネルギー）も提案されており，室内環境の品質を高く，エネルギー消費量を小さくすることで効率が高く評価される。昨今では，「クールビズ」，「ウォームビズ」，「ライトビズ」などという言葉も登場し，室内環境の維持・保全と省エネルギーが強く関係していることを多くの方が認知するきっかけとなった。現場では「我慢の省エネ」が強行されているという話を聞くこともあるが，照明のスイッチの消し忘れ防止や，負担でない範囲の着衣調整など，できる範囲で無駄を省くことは何よりも重要なこといえる。

6.2 知的生産性

西原直枝

6.2.1 オフィスの環境デザインと知的生産性

オフィスの環境デザインに求められることの1つとして，オフィス室内の執務者が健康で快適に過ごすことができるということがあげられる。さらに，オフィスが人間の知的活動が行われる場であることに注目すると，その環境が執務者の

活動に適しているか，仕事がはかどるか，またそれが組織の利益につながっているか，といった，「知的生産性」の観点が重要である。本項では，オフィスにおける室内環境質を形成する環境デザインと知的生産性の関係について述べる。

6.2.2 知的生産性の定義

　室内の環境デザインの代表的な方法として，建物性能や環境設備などによって，室内環境質を制御・維持することが行われている。良質な室内環境を確保するためには，設備投資が必要になることもあり，その決定権をもつ経営者や建物所有者，ファシリティーマネージャーなどの理解を得る必要がある。その際，無視できないのが，経済性（財務的便益）の問題である。

　一般的に，室内環境質の改善や向上を考える場合には，その初期費や運営費に目がいきやすい。室内環境質の安全性，健康性，快適性について，最低限の質が確保されるならば，それ以上の投資をせずに，費用をできるだけ抑えようとする場合もある。室内環境質が知的活動に与える影響を，財務的便益の観点から定量化することで，設備投資をするかどうかの判断基準を与えることができる。

　生産性は，財務的便益を評価する指標であり，一般的に，投資に対する成果の割合であると定義される。室内環境質の影響を評価する場合には，投資側の値としては，設備投資費や維持管理費などの費用を見積もるなど，比較的定量化がしやすい。いっぽうで，オフィスでの知的活動について，成果側の定量化を行うことは簡単ではない。知的活動を中心とした生産性では，何を成果としてみるかという価値観が組織によって異なるからである。

　一般的には，室内環境が原因で生じる呼吸器系疾患などによる医療費，離職率・欠勤率から人件費を用いて算出した費用，室内環境質の変化による建物保守費用の増減などを用いて成果側を評価する。仕事における速度や正確性を指標として作業効率を定量化し，人件費により費用換算することもある。

　室内環境質の改善による経済効果の試算を行った研究では，室内環境の質を向上させることは，作業効率の向上や，呼吸器系疾患，アレルギーやぜん息およびシックビルディング症候群（SBS）などの健康被害の減少を促し，大きな経済的効果があることが報告されている。例えば，米国国立労働安全衛生研究所

（NIOSH）による研究では，室内環境質の改善による健康影響を考慮した経済効果として，推定便益が年間50億〜750億米ドルであったと報告した。作業効率の向上を考慮して行った米国のFiskとRosenfeldの試算では，温熱環境の改善による執務者の作業効率の向上は，米国における年間の潜在的利益として，年間120億〜1,250億米ドルに値すると報告している。

米国や日本のような先進国では，人件費はエネルギー費用の約100〜200倍であり，知的生産性向上によって約0.5〜1.0％の人件費削減が可能ならば，その値は全エネルギー費用に相当する。そのため，ライフサイクルコストを検討する場合，初期費，エネルギー費用，運営費用だけでなく，健康や知的生産性の向上についての人件費を考慮に入れることが重要である。欧州空調換気設備学会（REHVA）では，ガイドブックを出版し，温熱および空気環境に関する定量的な科学データに基づいたモデルを用いて，ライフサイクルコストに人件費を考慮する方法を示している。室内空気質や温熱環境の改善のための環境デザインを導入した複数の事例を検討し，オフィス作業の改善効果を考慮すると，室内環境の改善は極めて費用対効果が大きいことを示している。

6.2.3 室内環境質改善に関する便益配分

室内環境の質を高めることによって知的生産性が向上するならば，便益を得る立場の人は多い。図6.6に，REHVAによる，室内環境質改善に関する便益配分

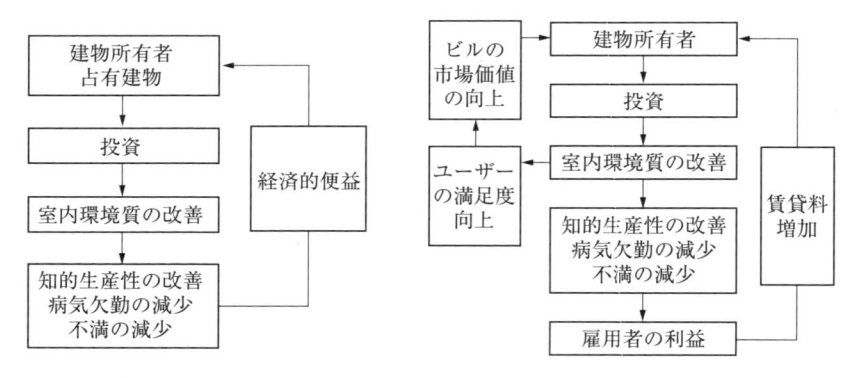

図6.6 室内環境質改善に関する便益配分の概念図（左：自社ビル，右：貸ビルの場合）[1]

の概念図を示す[1]。働きやすく仕事がはかどる環境であれば、まず各執務者に便益が生じる。一人ひとりの作業効率向上によって、組織としての知的生産性が向上すれば、その経営者や組織全体にも便益が生じる。室内環境質と知的生産性の関連が明らかになれば、室内環境質に配慮した建物の市場価値が上がり、賃貸料や長期的な建物価値の維持・向上という観点から、建物所有者にも便益が生じる可能性がある。

6.2.4 室内環境質と知的生産性の関係

室内環境質には、温熱、室内空気質、音、光、建築空間などの要素がある。室内環境質が、知的生産性の成果側の指標に与える影響について、多くの研究が行われており、定量的なデータが蓄積されてきた。

例えば、Seppänenらは、室内温度と相対的作業効率との関係について複数の文献を基に調べ、室内温度約22℃から、1℃の上昇または低下の温度変化によって、約1％の作業効率低下があるというモデルを提案している。Wargockiらは、外気導入量の違いや汚染源の有無が、作業効率に影響を与えることを実験室実験により定量的に調べている。また、室内空気質に対する不満足者率が10％減ることにより作業効率が1.1％向上すると報告している。

いっぽうで、モチベーションなどの心理的な影響が大きく、作業効率に与える影響について統一した見解が得られていない部分も多い。作業効率といった成果側の指標そのものだけでなく、人間の生理・心理状態もあわせて評価し、室内環境質が知的生産性にいかに影響を与えるかを解明する必要がある。図6.7に室内環境質と知的生産性の評価概念図を示す[2]。本概念図では、作業効率を定量化するとともに、室内環境の質が作業効率に影響を与える過程である、疲労、SBS症状、環境に対する満足度などの「人体反応」の評価に着目している。

人体反応に着目した研究により、居住者が患っているSBS症状の不定愁訴の強さが10％増加すると、5％程度の作業効率を低下させることや室内環境の温度が熱的中立よりも暑く不快な場合、居住者の疲労が高く、長時間の曝露で、疲労とともに作業効率が低下する可能性があることがわかってきた。

温熱環境が暑い場合、長時間の曝露で作業効率が低下するという傾向は、オフ

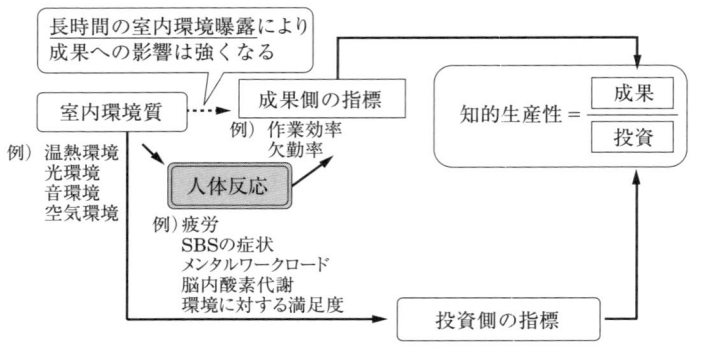

図 6.7 室内環境質と知的生産性の評価概念図（文献2））を一部改変）

ィスでの現場実測でも示されている。コールセンターにおいて，四季を通じ累計13,169人分のコールデータを対象として行った現場実測では，平均室温が25.0℃が26.0℃に1.0℃上昇したときに，平均応答件数の作業効率が1.9％程度低下した（図6.8）[3]。また，プログラム開発ルームにおける長期間にわたる実測では室内温度が熱的中立状態より低いとき1日あたりのタイプ数が少なくなるという関係がみられた。

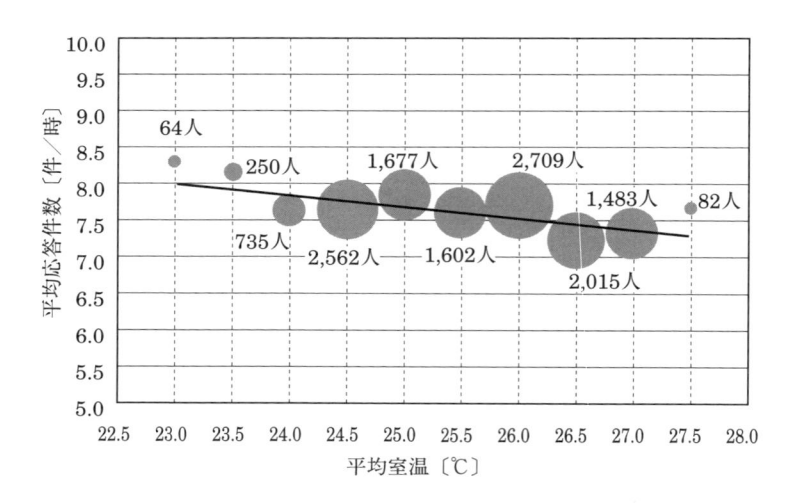

図 6.8 コールセンターにおける室温と単位時間あたりの平均応答件数[3]

知的作業時の人間の状態を知るためには，アンケートなどの主観評価によるものが多いが，あわせて，そのときの人間の生理反応を知ることは，室内環境質が人体反応に与える影響を明らかにするための基礎的なデータとなる。例えば，脳内酸素代謝測定による総ヘモグロビン濃度を精神的負担の客観的指標として用いた研究事例を紹介する。作用温度26℃および33.5℃の各環境に50分間順応させた後，計算作業を課したところ，温度条件間で作業効率は同程度だったが，33.5℃条件では26℃条件より精神的な疲労症状が多く，精神的負担の指標である作業時の総ヘモグロビン濃度増加量が大きかった。作業効率を保った場合，暑い環境下で精神的負担度が高い可能性がある。

　このように，室内空気環境の質は，知的作業時の人間の疲労や精神的負担度に影響を与え，それらが長時間続く場合は，作業成績にも影響が出る可能性が明らかになってきた。室内環境質の良し悪しによって，知的活動を行う人間の生理・心理反応に違いがあるのだ。オフィスで働く人々が，心身ともに気持ちよく働き，成果を出すために，室内環境質を適切に保つという環境デザインは重要な役割をもっているといえる。

6.2.5　環境選択型技術

　温度などの設計基準を満たしている場合であっても，およそ20％の人はオフィス室内の温熱環境に不満をもっているといわれている。温熱環境に限らず，室内環境の質に不満をかかえたまま，知的作業を行っている執務者は少なくない。健康性，安全性，快適性を確保したうえで，さらに，各活動内容や，働く人一人ひとりの好みにカスタマイズされていることが望まれる。このような室内環境質の個別調節性は，知的作業の効率にどのように影響するのであろうか。

　被験者が風速を自分の好みにあわせて自由に調節できる条件と，できない条件を設け比較した被験者実験では，風速を調節できる条件で，作業意欲減退に関する疲労の症状が低下した[4]。また，執務者の周囲の熱環境を好みに応じて調節可能なタスク・アンビエント空調システムでも疲労感が軽減された。このように，自分の好みにあわせて環境を調節できる環境選択型技術は，執務者の満足度を向上し疲労を低減させる。疲労が低いとき，または環境質に対する満足度が高いと

きに作業効率が高いことも，研究により示されており，環境選択型技術による知的生産性への効果が期待できる。

6.2.6 創造性

近年はオフィスでの知的活動が複雑化しており，環境デザインと知的生産性を考える際，執務者個人の情報処理能力の効率向上だけでなく，創造性の向上やコミュニケーションの円滑化などの課題に対する要求も高い。

創造性の源となる「ひらめき」は，個人の中で，ある考えとある考えが出会って起きたり，個人とその他の人や事象が出会って起きたりする場合がある。例えば，リラックスすることによって視野が広がり，常に考え続けていたことと，ほかの考えとが結びつくこともあるだろう。人と人とが出会ってコミュニケーションすることによって，発想のヒントが得られ，ひらめくこともある。このような観点から，オフィスレイアウトを中心としたさまざまな試みが行われており，リラックスできる空間，人と人とが出会いやすいオープンなオフィス，情報通信技術（ICT）の発達に対応した柔軟性のあるオフィス，各知的活動に適した場の配置などが実践されている。

室内環境質と創造性については，まだ直接的な因果関係がわからないことが多いのが現状である。ただし，室内環境質に対する不快がなく満足度が高いと，執務者の疲労が少なくなることが明らかとなっており，良質な室内環境質を提供することは，疲れずに柔軟に人間が活動できる空間を提供するための大きな支えになると考えられる。これに加え，創造性を刺激する方法を各々の事例にあわせて考えることで，有効な環境デザインを行うことが可能なのではないだろうか。

6.2.7 地球環境保全と知的生産性

「生産性＝成果/投資」の概念を用い，投資側の要因として，設備投資費などの費用の代わりにエネルギー投入量を考えれば，環境負荷に対して，どのくらいの成果があるかという指標となる。地球環境保全と知的生産性の向上の両立を可能とするためには，投資であるエネルギー投入量の総量をできるだけ小さくし環境負荷を抑えるとともに，室内環境質を高く保ち，高い質や量の知的活動の成果を確保することが求められており，環境デザイン技術の進歩が不可欠である。

6.3 建材

山田裕巳

6.3.1 住宅を構成する建材

室内環境を良好にする環境に対し，住宅の内外で用いられる建材は強く影響する。近年，住まいの工業化に伴い，専門性の高い職人技術を必要としない建材と施工方法の研究開発が進み，自然素材から工業化建材へ大きく変化した。快適性を高めるための気密化に伴って室内の化学物質濃度が高まり，シックハウス問題が顕在化し，建材の対策が進められてきた。

住宅に用いられる部材は，構造材・外装材・内装下地材・内装材・住宅設備部材，現場施工材として，接着剤，家具，家庭用品に大きく分けられる。適切な建材を利用することで，健康を損なわない良好な環境を実現することができる。

6.3.2 良好な室内環境をつくり出すための建材の条件

先に示したように，住宅には多くの建材が用いられているが，健康に配慮した建材とは，以下の基本性能を有するものといえる。
① 有害物質の放散が少なく，または吸着除去する性能を有する建材
② 調湿機能を有する建材
③ 環境に配慮した建材

これに加えて，以下の設置条件を満たすものが優先順位として重要である。
1) 居住者に近く用いられる建材（床材など）
2) 使用面積が大きい建材（壁材など）
3) 有害物質の初期の放散が特に高く，強く影響する建材（接着剤など）

これらの建材を正しく選択し，利用することで良好な住環境をつくり出すことができる。このためには，正確な情報を入手することが最も重要である。ここでは，特に①有害物質の放散が少ない建材に関して説明する。

6.3.3 建材情報の入手

建材の有害物質に関する性能として，有害物質の放散が少ないことに加え，化学物質を吸着除去することがあげられる。これらの確認方法を下記に示す。

(1) 有害物質の放散が少ないことの確認方法

確認の方法として，建材の製品安全データシート（MSDS）を入手することや，化学物質の放散量測定法小形チャンバー法（JIS A 1901）で測定された試験データを活用することが望ましい。

(2) 化学物質を吸着除去する性能の確認方法

化学物質の吸着試験方法がJISにより定められているため，これに則った性能試験結果を活用することが望ましい。

6.3.4 化学物質に関する建材の測定方法・評価基準・表示制度

以上の情報に加え，各工業会の自主基準，また住宅部品の表示制度があり，これらの情報を有効に活用し，良好な室内環境をつくることができる。表6.3に代表的な例を示す。

表6.3 化学物質に対する各種規制・指針・表示制度

室内濃度		規制	建築基準法	国土交通省
		指針	厚生労働省指針(室内空気汚染問題に関する検討会)	厚生労働省
建材	放散	測定方法	JIS A 1901 建築材料の揮発性有機化合物（VOC），ホルムアルデヒドおよびほかのカルボニル化合物放散測定方法－小形チャンバー法	(財)日本規格協会
		協会・工業会自主基準	ISM規格	日本壁装協会
			SV規格	壁紙製品規格協議会
			化学物質放散自主認定制度	日本漆喰協会
		評価基準	建材からのVOC放散速度基準	建材からのVOC放散速度基準化研究会
		表示制度	住宅部品VOC表示ガイドライン	(社)日本建材・住宅設備産業協会，(社)ビングアメニティ協会，キッチン
	吸着	測定方法	JIS A 1905-1 小形チャンバー法による室内空気汚染濃度低減材の低減性能試験法－第1部：一定ホルムアルデヒド濃度供給法による吸着速度測定 JIS A 1905-2 小形チャンバー法による室内空気汚染濃度低減材の低減性能試験法－第2部：ホルムアルデヒド放散建材を用いた吸着速度測定	(財)日本規格協会
		認定基準	室内空気中の揮発性有機化合物汚染低減建材認定基準	(財)日本建築センター

(1) ISM規格

1994年に壁装材料協会（当時）が定めた規格である。その後，(社)日本壁装協会となり，基準も改定された。ISM規格は，小形チャンバー法（JIS A 1901）に基づいて測定される壁紙からの化学物質放散速度を目標値以下とするものである。また，JIS K 7380およびEN71-3の試験方法に準拠した方法で材料に使用される化学物質を目標値以下とするものである。対象物質および基準値を表6.4に示す。

(2) 建材からのVOC放散速度基準

建材からのVOC放散速度基準化研究会（事務局　財団法人建材試験センター）が，2008年に建材からのVOC放散速度基準を定めたものである。この基準は，製造者や使用者が材料を選択し，判断する「ものさし」として研究会で自主的に定めたものである。通常想定される使用状態において，対象となるVOCの室内濃度が厚生労働省の指針値以下となることを目標に放散速度基準が設けられている。

対象物質および基準値を表6.4に示す。各化学物質放散基準は，ホルムアルデヒドのF☆☆☆☆に相当する値として定められた。

(3) 住宅部品VOC表示ガイドライン－表示制度－

(社)日本建材・住宅設備産業協会，(社)リビングアメニティ協会およびキッチン・バス工業会が，2009年6月1日に制定した化学物質に関する表示制度である。先に示した建材からのVOC放散速度基準が制定されたことを受けて，この基準への対応を目的として業界の自主的取り組みとして制定されたものである。

本表示制度では，キッチンなどのユニット製品のVOC放散性能に関して，統一した表示ルールを業界として取り決めたものであり，シックハウスの原因と考えられる4つのVOCに関する表示を自主的に行う制度であり，お客様が製品を選ぶ際の目安とすることを目的としている。

6.3.5 化学物質放散量と室内濃度の関係

次に，化学物質の放散量と室内の換気量および濃度の関係を説明する。化学物質放散速度は，単位時間あたり単位面積あたりの放散量である。この化学物質放

表 6.4 建材からの放散量基準

物質名	ISM規格	SV規格	化学物質放散 自主認定制度	建材からのVOC 放散速度基準
ホルムアルデヒド	5μg/m²h以下[1]	0.2mg/ℓ以下[4]	5μg/m²h以下[1]	
アセトアルデヒド	10μg/m²h以下[1]		15μg/m²h以下[1]	
トルエン	15μg/m²h以下[1]	使用しない	13μg/m²h以下[1]	38μg/m²h以下[1]
キシレン	30μg/m²h以下[1]	使用しない	43μg/m²h以下[1]	120μg/m²h以下[1]
エチルベンゼン	30μg/m²h以下[1]	使用しない	190μg/m²h以下[1]	550μg/m²h以下[1]
スチレン	25μg/m²h以下[1]		11μg/m²h以下[1]	32μg/m²h以下[1]
パラジクロロベンゼン	25μg/m²h以下[1]		12μg/m²h以下[1]	
テトラデカン	35μg/m²h以下[1]		16μg/m²h以下[1]	
TVOC	100μg/m²h以下[1]			
クロルピリホス	原材料に使用しない			
フェノブカルブ	原材料に使用しない			
ダイアジノン	原材料に使用しない			
フタル酸ジ-n-ブチル	原材料に使用しない			
フタル酸ジ-2-エチルヘキシル	原材料に使用しない			
塩化ビニルモノマー	0.1mg/kg以下[2]	0.1mg/kg以下[5]		
砒素	0.5mg/kg以下[3]	5mg/kg以下[5]		
バリウム	300mg/kg以下[3]			
鉛	5mg/kg以下[3]	30mg/kg以下[5]		
カドミウム	1mg/kg以下[3]	5mg/kg以下[5]		
クロム	5mg/kg以下[3]	20mg/kg以下[5]		
アンチモン	1mg/kg以下[3]			
水銀	0.1mg/kg以下[3]	2mg/kg以下[5]		
セレン	5mg/kg以下[3]	10mg/kg以下[5]		
TVOC		100μg/g以下[5]		
TEX芳香族		10μg/g以下[5]		

[1] JIS A 1901に準拠, [2] JIS K 7380に準拠, [3] EN71-3の試験方法に準拠, [4] JIS A 6921の試験方法に準拠, [5] RAL-GZ479-2002.11の試験方法に準拠

散速度・使用面積と換気量から室内濃度を導くことができる。化学物質の濃度を下げるためには，放散量の低い建材を使うことが重要である。

$$C = \frac{EF \cdot S}{Q} + C_o \tag{6.6}$$

C：気中濃度〔μg/m³〕，C_o：屋外濃度〔μg/m³〕，EF：化学物質放散速度〔μg/m²h〕，Q：換気量〔m³/h〕

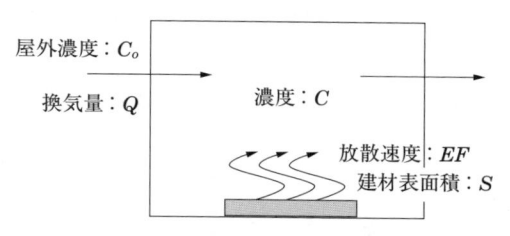

図 6.9 化学物質放散と気中濃度の関係

6.3.6 健康に配慮した建材の具体例

次に，健康に配慮した建材の例を示す。

(1) 壁材について

一般に壁の構成は，屋外側から外壁，構造材，通気層，断熱材，気密層，内装下地材，内装表面材で構成される。最も影響するものとして内装表面材があるが，近年第三種換気システムを用いた場合，壁体内からの汚染空気の侵入が指摘されており，内装表面材（壁材・接着剤）に加え，内装下地材である石膏ボード，断熱材に関しても注意が必要となる。現在の内装は下地に石膏ボードを用いたうえに，壁紙もしくは珪藻土などを塗布して構成するのが一般的である。一般的な壁紙に関しても化学物質の放散は少ないものが多いが，ここでは布製の壁紙・珪藻土・多孔質セラミックス調湿建材を取りあげる。

(a) 多孔質セラミックス調湿建材　　室内装材として用いるものとして，タイル状のものを下地材に接着するものがある。粘土鉱物などの微細な孔をもつ原料を焼成した内装壁材は，その機能として，調湿機能，VOC低減効果機能をもち，ペット臭なども除去することがうたわれている。この微細な孔により，調湿と化学物質の吸着が行われる。

　シックハウスの原因となる化学物質に関しては，放散量が低いうえに，化学物質の吸着性能をもっている。(財)日本建築センターで行った試験に基づき「室内空気中の揮発性有機化合物汚染低減建材」として認定されているものがある。

(b) 珪藻土　　珪藻土は，珪藻の殻の化石よりなる堆積物であり，二酸化ケイ素

（SiO_2）でできている。多孔質構造による調湿効果やにおいの吸着効果を目的として壁材として近年多く用いられている。ホルムアルデヒドの吸着機能を有するものがあり，多孔質素材による物理吸着と化学吸着剤による分解効果をもつ。

(2) 壁紙用接着剤

現在の住宅の多くは乾式の施工方法を用いるため，現場で使用する接着剤は，壁用と床板用がおもなものである。壁紙に用いられる接着剤は，でんぷん系のりと酢酸ビニル系がある。ここでは，でんぷん系のりの化学物質放散に関して述べる。

でんぷん系のりは，原料として馬鈴薯など自然の作物から製造される安全な商品であり，化学物質の放散が少ない商品である。MSDSの記載では，でん粉・水・防腐剤0.1％以下・エチレン酢ビエマルジョン・防カビ剤1％以下となっている。

建材試験センターによる調査報告[5]では，でん粉系のりでは，ホルムアルデヒドおよびアセトアルデヒドを含む厚生労働省指針対象物質は1日経過後の測定で検出下限以下であった。また，TVOC放散速度も1日経過後で$16\mu g/m^2 h$，3日目以降検出下限以下となるなど非常に放散量が低い結果が得られている。

(3) 石膏ボード

壁・天井材の下地材として，一般的に石膏ボードが用いられる。石膏ボードは，特殊紙に包まれた石膏で構成されており，MSDSに基づく主成分は，石膏成分の二水石膏（$CaSO_4 \cdot 2H_2O$），ボード用原紙となっており，化学物質の放散が非常に少ない建材である。現在では，調湿機能や化学物質の吸着を謳う商品が発売されている。

ここでは，ホルムアルデヒドの吸着性能を有する石膏ボードについて述べる。この石膏ボードは，石膏の基材中にホルムアルデヒドを化学的に吸収分解する材料を用いて製造されている[6]。この製品のホルムアルデヒド吸着性能の結果では，厚生労働省指針値レベルの供給濃度に対して，吸着後の排気濃度は87％程度低減しており，換気量換算値は$1.46 m^3/h \cdot m^2$であった。これを，壁$20m^2$用いた場合には，換気量$30m^3/h$に相当する量となり，機械換気同等以上のホルムアルデヒド吸着性能を有していることがわかる。

6.3 建材

表 6.5 測定結果

供給濃度	排気濃度	換気量換算値	温湿度
$115.0\,\mu g/m^3$	$14.5\,\mu g/m^3$	$1.46 m^3/h\cdot m^2$	$24.9℃/50.3\%RH$

　(財)日本建築センターで行った試験から，「室内空気中の揮発性有機化合物汚染低減建材」として認定されているものもある。

(4) 断熱材

　通常，断熱材からの化学物質の室内空気質への影響は，壁や天井の中に施工されるため，内装仕上げ材に比較して少ないと考えられている。しかし，近年の研究において，第3種換気システムのように居室空間が負圧になる換気方式を用いた場合，非居住空間の化学物質が室内に入ってくることが指摘されている。この移流により，室内空気中の化学物質濃度が上昇する懸念がある。2004年に改正された建築基準法においても「天井裏等」という規定を設け，下地建材や断熱材をホルムアルデヒド放散量の少ないものとするか，「天井裏等」の空間を機械換気することになっている。

　この内部空間に用いられるものである断熱材は，大きく無機質繊維系断熱材と樹脂系断熱材に分けられる。無機質繊維系断熱材には，グラスウール，ロックウール，セルローズファイバーなどがある。樹脂系断熱材は，ビーズ法ポリスチレンフォーム，押し出し法ポリスチレンフォーム，硬質ウレタンフォーム，ポリエチレンフォームなどがある。ここでは，特に化学物質に配慮した断熱材に関して述べる。

(a) ホルムアルデヒドを用いないグラスウール　　グラスウールなどの断熱材は，バインダーと呼ばれる結合剤を用いて形状を保持している。このバインダーとして，ホルムアルデヒドを含む熱硬化性の樹脂を用いている。本製品は，ホルムアルデヒドを含まずに製造されている。MSDSでは，グラスウール90％以上，アクリル樹脂系結合剤（バインダー）10％未満となっており，ホルムアルデヒドの発散に対して配慮がなされている。

(b) PET樹脂を用いた断熱材　　PETとは，ポリエステルの1種であるポリエチレンテレフタラートのことである。この樹脂を再生利用したものがさまざ

まな建材として利用されており，その1つに断熱材として用いられるものがある。これは，再生ポリエステル繊維に低融点のポリエステル繊維を混入させ，200℃前後の熱を加えることで，低融点繊維を融かして，自己融合させたものである。繊維どうしを接合する接着剤を使用していないため，再利用が可能で環境への負荷が少ない特徴をもつ。

断熱材としては，よい施工性をもつとともに耐へたり性，吸音性に加え，難燃性があるとされ，万一火災により燃焼した場合でも，有毒ガスを発生する危険性が低いとされている。

健康に関しては，本建材のMSDSの記載では，ポリエステル繊維99％以上とされており，小形チャンバー法で測定した化学物質の放散量データでは，ホルムアルデヒドやトルエンなどはいずれも定量下限値を下回っている。

(5) 床材

フローリングは，多くの住宅で用いられる床材であり，木の風味によりあたたかさややさしさを感じることができる床材である。

フローリングは，単層フローリングと複合フローリングに分けられる。単層フローリングは，ブナ・ナラ・カバなどの1枚の板を製材し，床板にしたものであり，複合フローリングは，合板などを基材とした床板である。合板は，その構成上1種から3種に大別される。

木質建材は，単材と複合材に分けられ，建築物に用いられるものの多くは複合材である。複合材は，木材を有効に活用するために単材を接着剤などを用いて製造する。複合材は，単材の形状・性質と接着方式により合板・中密度繊維板（MDF）・パーチクルボードなどに分類される。したがって，木質建材からの化学物質の放散は，基材と接着剤に由来する。

一般に単材（無垢材）の場合，化学物質の放散量が少なくなるイメージがあるが，無垢材は，何らかの表面処理が行われているため，正確な情報は化学物質発生量を測定により求める必要がある。

床板用に接着剤を用いる。このときの接着剤の必要性能としては，接着性能に加え，施工のしやすさ，オープンタイムなど多岐にわたる。このため所定の性能を確保しながら健康に害を及ぼさない性能をもつ接着剤の研究開発は難易度が高

いといえる。

　ここでは，市販されている化学物質放散量の少ない接着剤に関して述べる。これは，一液湿気硬化型のウレタン樹脂接着剤であり，室内濃度指針値を13物質を配合していない接着剤であり，化学物質放散速度は低く，小形チャンバー法での測定において1日経過後でホルムアルデヒド・トルエンなどはいずれも定量下限値以下でありTVOC放散速度は$120\mu g/m^2h$である。

6.3.7　まとめ

　良好な環境を実現するためには，各種工業会などで定めた認定品を用いるなど正確な情報を利用し，適切な建材を選定することが重要である。また，建設後に持ち込まれる日常品からの汚染物質発生なども考えられるため，十分な換気通風を行う必要がある。

6.4　福祉・バリアフリー

土屋伸一

6.4.1　高齢化と温熱環境
（1）　老化による身体機能の変化

　高齢者は体温を一定に保つ能力が若年者に比べて低い。気温が10℃以下，あるいは32℃以上になると死亡率が増加し，特に冬季の死亡率が高齢者で顕著に高くなる。また，体温調節がうまくいかないと，持病や障害を悪化させる恐れもある。冬季の低湿な環境では，高齢者はインフルエンザをはじめとする上気道感染症や気管支炎・肺炎にかかりやすい。そのため，バリアフリーな室内環境を考えるうえで，最も注意しなければならないのはヒートショックである。ヒートショックとは，急激な温度変化により体が受ける影響のことである。高齢者は暖かい室内から寒いトイレ，洗面室，脱衣室，浴室（非暖房室）に移動したときや入浴の前後の血圧の急激な変動により，脈拍数の急増を引き起こし，心筋梗塞や脳

血管障害を起こしやすくなる。

(2) 温熱環境の基準

体温を一定に保つ能力の低い高齢者，身障者が長時間居住する住宅や高齢者の医療・福祉施設などの温熱環境は，健常者の利用が中心となる施設に比べてより気をつけなければならない。このような視点から定められた温熱環境の基準は意外に少ないが，代表的なものとして，以下の4つの基準がある。

① 温熱環境設計基準（日本建築学会編，建築設計資料集成）
② 健康で快適な温熱環境を保つための提案水準（建設省住宅局，健康で快適な住宅研究会，1991）
③ 高齢者・身障者に配慮した住宅熱環境評価基準値（日本建築学会，高齢者生活熱環境研究会，1991）
④ 病院空調設備の設計・管理指針（日本病院設備協会規格 HEAS-02, 1996）

これらの各基準の温度と湿度について，それぞれが推奨する範囲を1つの図に整理したものが図6.10である。

(3) 高齢者に配慮した室内の温熱環境

今日の建物は，住宅，非住宅を問わず，断熱化・気密化が進められており，必然と人工的につくられた温熱環境の中で生活している。しかし，高齢者は体温調節機能の低下により，若年者とは異なった温冷感をもっていることを認識しなけ

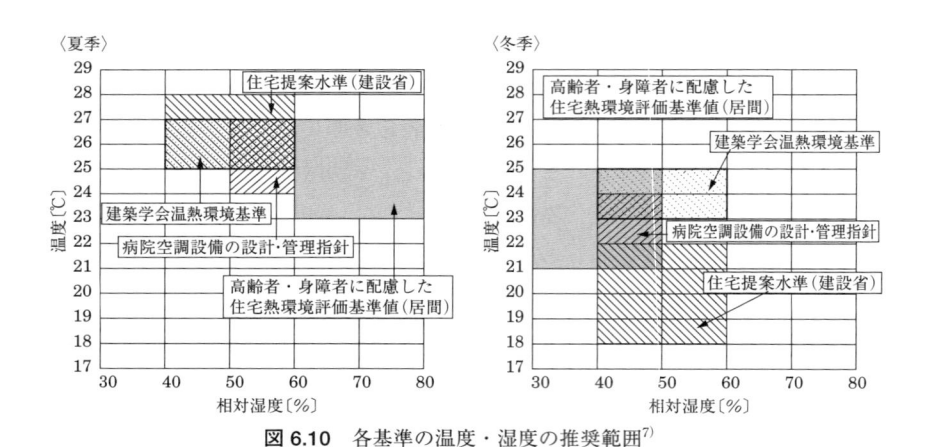

図 6.10 各基準の温度・湿度の推奨範囲[7]

6.4 福祉・バリアフリー

ればならない。

　高齢者は，温冷感，湿度感などの感覚が鈍化しているので，冬季は暖房による高温・低湿環境が問題となる。図6.11は高齢者居住施設の居室温度と相対湿度の実測値であり，そこに住宅熱環境評価基準値の「老人・寝室」の温度（18〜22℃）とビル管理法で提案している相対湿度（40〜60％）を快適範囲として示したものである。湿度が快適範囲に含まれている居室もあるが，ほとんどがそれ以下で，温度が高いほど相対湿度が低いことがわかる。そのため，乾燥による皮膚のかゆみ，インフルエンザの流行，夜間の温度差によるヒートショックなどが懸念される。これらを防ぐためには，若干温度を低めに設定して加湿器により加湿するなど，低湿とならない工夫が必要である。

　いっぽう，高齢者は冷房の気流を好まない人が多いので，夏季はうつ熱状態になりやすい。高齢者居住施設では，夏季に健康不調を訴える高齢者の割合も高い。これを防ぐためには，単に温度を下げればよいというものではない。高齢者に限らず人の温熱感覚には，過去の生活履歴，体質，健康状態などの個人差が大きく影響している。高齢者は発汗量が少ないことを気温でカバーしなければならないので，目安としては，若干高めの28℃程度の冷房温度に設定して冷えすぎを防ぎ，さらに空調機器の吹出口からの気流にも注意する必要がある。

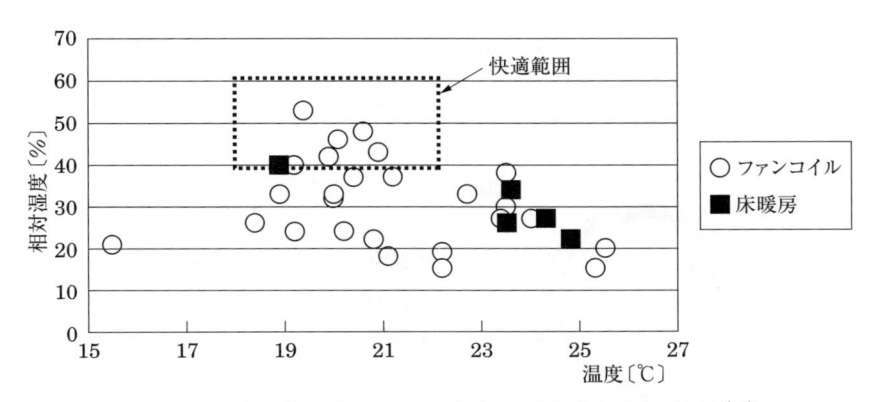

図 6.11　特別養護老人ホームの冬季の居室温度と湿度の関係[8),9)]

6.4.2 高齢化と視環境
(1) 老化による視覚機能の変化

人は外からの情報の80％を視覚によって得ているといわれる。視力は40～50歳頃から低下が始まり，60歳を超すと急激に低下する。そして，70歳では20歳代における最高の視力の2分の1まで低下する（図6.12）。

人の眼球は加齢に伴い，まず40歳代で近いものがみえにくい老眼が起こり，続いて50歳代で徐々に白内障が進行していく。老眼の原因は目の虹彩，カメラでいえば"しぼり"にあたる筋肉が自由に伸縮しにくくなり，焦点があわなくなるために起こる（図6.13）。また，白内障の原因は目の水晶体（レンズ）の黄ばみと濁りから起こる。白内障が進行すると，青色や紫色は黒色と区別がつかなくなり，黄色は白色と区別がつかなくなる。図6.14は特殊なフィルタとレンズを使って案内標識を撮影し，加齢に伴いどの色が消えていくかをみたものである。

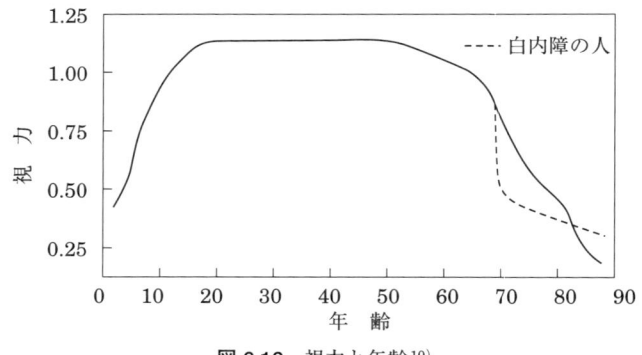

図6.12 視力と年齢[10]

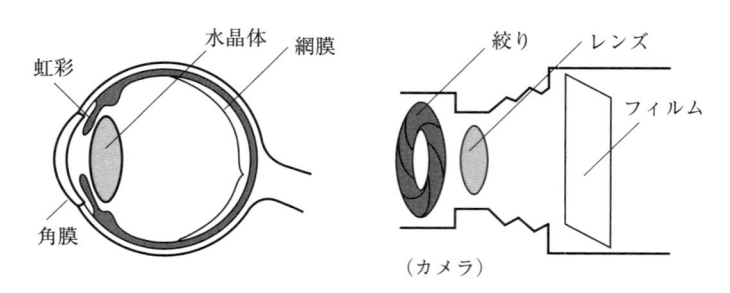

図6.13 人の眼とカメラの構造[11]

(1) 乳児水晶体対応のUVで撮影
(2) 53歳水晶体対応のSY-25で撮影
(3) 70歳代後半水晶体対応のYA-3で撮影
(4) 白内障水晶体対応のREで撮影

図 6.14　年齢別，模擬水晶体による標識の見え方[12]
（口絵にカラー写真あり）

70歳代後半対応のフィルタでは，青色は消え黄色は白色化する．さらに白内障に相当するといわれるレンズでは，青色はまったく消え，黄色は白色と区別がつかなくなる．

(2) 視環境の基準

健常者は視覚障害者の不便や苦痛をあまり実感できないので，特に指摘されない限り，視覚の重要性や照明環境の大切さを意識することは少ない．

照明に関して，多くの基準・指針などがほぼ共通して示している項目は照度レベルである．高齢者に対しては，通常の照度レベルを幾分割増しすることを推奨しており，住宅の場合150〜200lxが提案されている．また，照明学会オフィス照明基準（1992年）では，高齢者に必要な照度を20歳を基準にした倍率で表現

表 6.6　必要照度の倍率[13]

視力 \ 年齢(歳)	20	50	60	70
0.6	1.0	1.4	1.8	2.1
0.8	1.0	1.2	1.6	1.8
1.0	1.0	1.4	2.5	3.8
1.2	1.0	1.5	2.7	3.5
1.5	1.0	1.6	2.3	2.9

している（表6.6）。なお，実際の照度基準では経済性に配慮して，高齢者には1.5〜2.0倍の倍率を推奨している。

(3) サインの視認性と色彩計画

視認性は背景と指標との輝度対比，すなわち色の3属性（色相，彩度，明度）のうち，明度差に規定される。60歳の人が視対象の存在を知覚するためには，20歳代の人に比べて約2倍の輝度対比が必要である。また，同じ2色間でも背景と指標の色を入れ換えると視認性は変化する（図6.15）。

高齢者に対する色彩計画では，視界の黄変化（白内障化）により色のみえ方が異なるという特性を理解し，背景と指標との輝度対比（明度差）の大きい色の組み合わせを選ぶことが重要である。

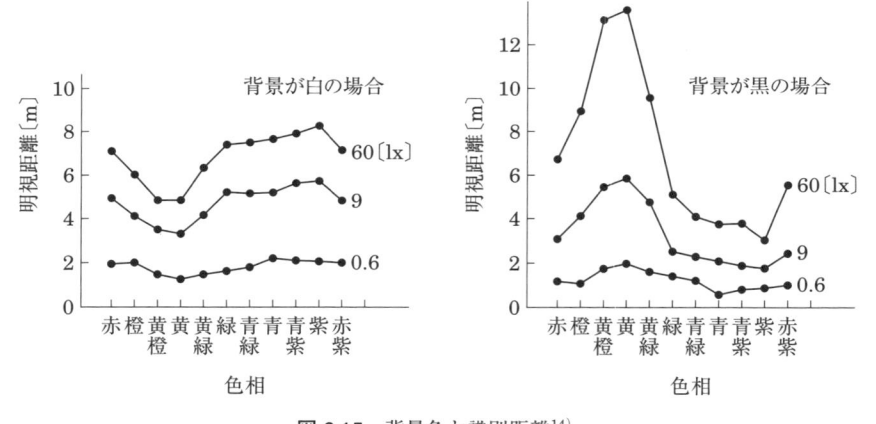

図 6.15　背景色と識別距離[14]

6.4.3　高齢化と音環境

(1) 老化による聴覚機能の変化

人の聴覚は低音域と高音域の音が聞こえにくく，加齢によって特に高音域（1.5〜4kHz周辺）の聴力が低下してくる。図6.16は20歳代の聴力レベルを基準の0dBとして，年代別，男女別にみた聴力レベルの中央値を示している。加齢に伴う最小可聴値の上昇は，2kHz以上の高い周波数において顕著であり，70歳代では40〜60dBにもなっている。性別では男性の聴力損失が大きい。

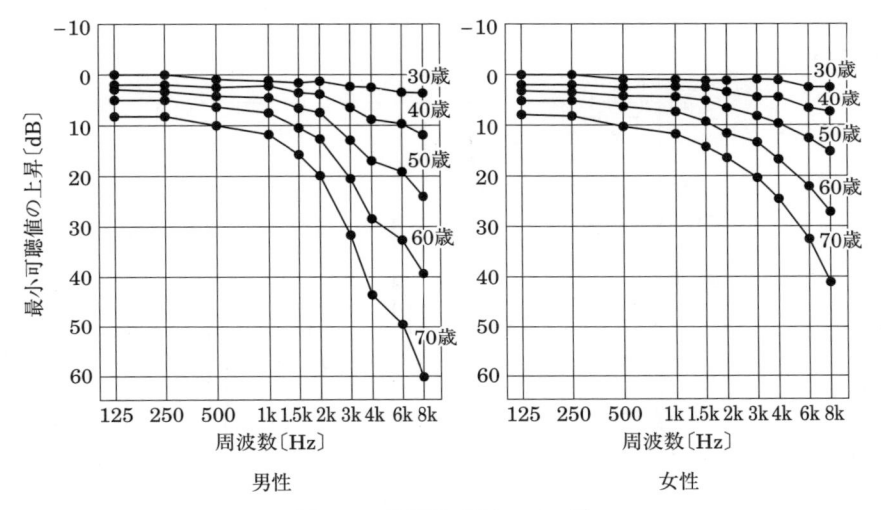

図 6.16 年代別の聴力レベル[15]

高齢者の聞こえの衰えのもう1つの特徴は，言葉の聞こえの悪さである。これは，耳栓をしたときのように，音がこもったような聞こえ方で明瞭性が低下してくるために起こる。特に早口の話し言葉や不明瞭な発語による言葉などが聴き取り難くなる。そして，聞き逃しや聞き違いが多くなることで，次第に会話することに消極的になり，人とのコミュニケーションが疎遠になってしまう。

(2) 高齢者に聞き取りやすい音

倉片ら[16]による妨害音中の音の聴取能力の測定結果（図6.17）によると，同じ妨害音の条件下であっても，高齢者は若年者に比べて少なくとも5dB，聴力低下の大きい者まで含めると，周波数によっては約10dB強い音でなければ目的の音が聞こえないことがわかる。

現実には，住宅では生活環境音，公共空間ではアナウンスやBGMなどさまざまな音が生じており，高齢者に報知音を聞き取りやすくするためには，報知音と妨害音の音圧レベルの差（SN比）が重要となる。また，4kHz付近の周波数の音は，若年者には十分聞き取れるが，多くの高齢者には聞きづらいあるいは聞き取れない音になっている。なお，消費生活製品の報知音に関する日本工業規格

(JIS S 0013）では，報知音の周波数は2.5kHzを超えないことが望ましいとされている。

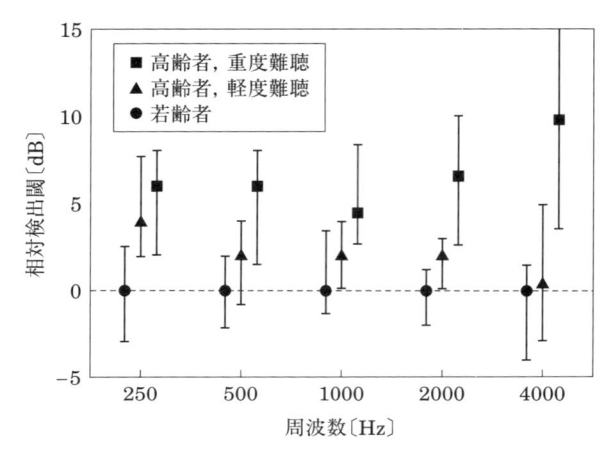

図 6.17 妨害音中に提示された音の聴取に必要な音圧レベル[16]

引用・参考文献

1) P. Wargocki, O. Seppänen : Indoor Climate and Productivity in Offices, REHVA guidebook, No.6, REHVA, 2006（翻訳版：空気調和・衛生工学会：「オフィスにおける室内気候と知的生産性」，丸善，2008.）
2) 田辺新一，西原直枝：「室内温熱環境における知的生産性評価」，『空気調和・衛生工学』第81巻，第1号，pp.9-4, 2007.
3) S. Tanabe, K. Kobayashi, O. Kiyota, N. Nishihara, M. Haneda : The effect of indoor thermal environment on productivity by a year-long survey of a call centre, *Intelligent Buildings International*, **1**(3), 184-194, 2009.
4) N. Nishihara, S. Tanabe : Effect of individual control of air velocity on office workers' productivity with subjective experiment, *Journal of Home Economics of Japan*, **56**(3), 153-161, 2005.
5) 「建材からのVOC等放散量の評価方法に関する標準化」，財団法人建材試験

センター，平成15年3月
6) 安宅勇二（吉野石膏技研），加瀬田郎，横山至，加藤信介，村上周三：「定常法によるHCHO吸収分解せっこうボードの濃度低減効果の検討」，『日本建築学会　大会梗概集2001年』，D-2分冊，pp.875-876.
7) 日本建築学会：『高齢者が気持ちよく暮らすには―カギを握る温熱環境―』，p.73，技報堂出版，2005.
8) 五十嵐由利子，高橋啓子：「高齢者居住施設の温熱環境について」その8，『高齢者が気持ちよく暮らすには―カギを握る温熱環境―』，日本建築学会，p.99，技報堂出版，1996.
9) 五十嵐由利子，高橋啓子：「高齢者居住施設の温熱環境について」その10，その11，『高齢者が気持ちよく暮らすには―カギを握る温熱環境―』，日本建築学会，p.99，技報堂出版，1997.
10) F.W. Weymotuh：「Effect of age on visual acuity」，『高齢者のための建築環境』，日本建築学会，第1版，p.89，彰国社，1960.
11) 積田亨ほか：「老化と白内障」，『高齢者のための建築環境』，日本建築学会，第1版，p.96，彰国社，1988.
12) 吉田あこ，橋本公克：「齢化視界黄変化の研究　その1消える案内標識と水晶体の透過率」，「その2 見やすい案内標識の色彩分析」，『高齢者のための建築環境』，日本建築学会，第1版，p.98，彰国社，1991.
13) 照明学会：「オフィス照明基準」，『高齢者のための建築環境』，日本建築学会，第1版，p.86，彰国社，1992.
14) 日本色彩研究所：「色彩ワンポイント5色彩と人間」，『建築設計資料集成[人間]』，日本建築学会，p.92，丸善
15) 長友宗重ら：「高齢化社会に対応する建築の聴（音声情報）空間の計画および評価に関する研究」，『高齢者のための建築環境』，日本建築学会，第1版，p.73，彰国社，1992.
16) 倉片憲治，佐川賢：「高齢者に配慮したアクセシブルデザイン技術の開発と標準化―聴覚特性と生活環境音の計測に基づく製品設計手法の提供―」，『Synthesiology』，Vol.1 No.1，pp.15-23, 2008.

第7章
健康影響と室内環境

7.1 汚染物質

鍵 直樹

7.1.1 室内空気汚染の概要

　一般に空気とは，表7.1に示すように，地球を取り巻く大気層の最下層部分の窒素，酸素，アルゴンやその他からなる混合気体を指す。窒素や酸素などで，空気の大部分を占めているものの，人の健康に有害となる物質であるホルムアルデヒドなどの化学物質はこれよりも極微量存在するものが対象となり，これらの物質に注目することが室内空気質悪化を対策するうえで重要となる。よって，室内空気汚染を考えるうえでは，この目に見えない，そして極微量に存在する物質が人体に悪影響を及ぼすことから，これらを検出し，発生源を発見し，除去するための対策を打ち立てることが室内空気質の維持に必要となる。

表7.1 大気の定常成分

成　分	割合
窒　素	78%
酸　素	21%
アルゴン	1%
二酸化炭素	0.03%
その他のガス	微量

　室内空気汚染物質としては，図7.1に分類するようにガス状物質と粒子状物質に分けられる。この分類には，室内空気汚染対策としてガス状物質は外気による希釈，粒子状物質は換気とともに空気清浄機などのエアフィルタによる除去が主となること，また測定方法からもこの分類は都合がよい。ガス状物質の中には，一酸化炭素や二酸化炭素のほかに，シックハウス症候群（SHS）の主原因とな

7.1 汚染物質

```
ガス状物質 ┬ 無機物  窒素酸化物, 硫黄酸化物,
          │        一酸化炭素, 二酸化炭素, オゾンなど
          └ 有機物  ホルムアルデヒド, トルエンなど

粒子状物質 ┬ 非生物  浮遊粉じん, タバコ煙, アスベスト,
          │        ラドン娘核種など
          └ 生物    真菌, 細菌, ウイルス,
                    アレルゲンなど
```

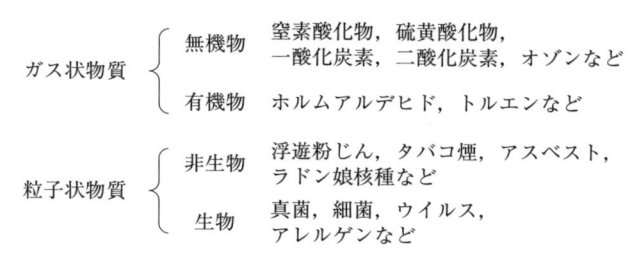

図 7.1 室内空気汚染物質の分類

っているホルムアルデヒドやトルエンなどの揮発性有機化合物（VOC: Volatile Organic Compounds）などがある．粒子状物質としては，生物と非生物物質に分けられ，生物物質の中には真菌，細菌，ウイルス，アレルゲンなどそれ自体で人に影響するものがある．各項目についての詳細は，別章に記述されているのでここでは述べないが，これらの物質が微量ではあるものの，長期にわたり曝露されることにより，急性の中毒とは異なった症状を引き起こす可能性がある．これが「シックビル症候群（SBS）」，「シックハウス症候群（SHS）」，「化学物質過敏症（MCS）」などの症状として顕在化する．よって，室内において管理すべき項目は，低濃度，長期曝露の観点から許容値や対策が考えられている．

7.1.2 室内空気汚染物質の基準の考え方

生物は，周囲の環境から，例えば空気の汚染や高温・低温など温熱環境などから少なからずストレスを受けている．このストレスによる影響が最も少ない条件を至適条件と呼び，ストレスにより生物が耐えられない条件の限界を許容限界と呼ぶ．環境においては，許容限界内で至適条件に近い条件とすることが望まれる．

生物は有害物質に曝露されることにより，内部での恒常性が保たれなくなり，最終的には死に至る．この有害因子の負荷量と，それに対する個体への影響の強さとの関係を示したものを量-影響関係と呼び，図7.2(a)のように，量が多くなれば，その影響が強くなる関係となることが一般的である．また，これらの反応には個体差があるが，集団において反応するものの分布は，一般的に正規分布または対数正規分布になり，それの累計は図7.2(b)に示すようなS字状の曲線

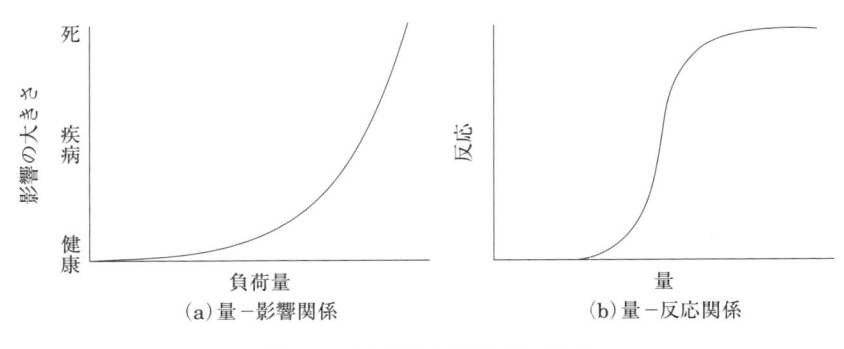

図 7.2 有害物質と生体反応の関係

になる。これを量‐反応関係と呼ぶ。要するに，一般に量が大きくなれば，生物に悪影響を及ぼす要因が強くなり（量‐影響関係），影響を受ける全体の割合がS字状曲線のように割合が増加する（量‐応答関係）ことを示している。これを基に環境の許容濃度設定の根拠として用いられる。そして，この許容濃度から，社会的，経済的，技術的配慮，そして行政的，政治的判断の手順を踏んで，基準が決められる。一般には，環境中の有害物質をこの水準以下に保つことで，健康被害を防止することに役立つものである。

7.1.3 汚染物質の基準値・指針値

さまざまな環境において，空気汚染に関する基準，指針が定められている。ここでは，対象とする環境ごとの基準の考え方と室内環境に関係する汚染物質の種類について記述する。

(1) 大気環境の基準

大気環境については，環境基本法により環境基準が定められている。環境基本法は，公害防止の観点から政府が，大気の汚染，水質の汚濁，土壌の汚染および騒音にかかわる環境上の条件について，それぞれ，人の健康を保護し，および生活環境を保全するうえで維持されることが望ましい基準を定めたものである。環境基準は，「維持されることが望ましい基準」であり，行政上の政策目標である。このため，個別の発生源を対象とする規制を行う「排出基準」とは別のものであ

り，「環境基準」で規制することはしない。また，環境基準は，得られる限りの科学的知見を基礎として定められているものであり，常に新しい科学的知見の収集に努め，適切な科学的判断が加えられていかなければならないものとある。

　大気汚染にかかわる環境基準として対象となっている物質は，工場，自動車などから排出される物質によって大気汚染となるものを対象に，二酸化硫黄，一酸化炭素，浮遊粒子状物質，二酸化窒素，光化学オキシダントであり，その他にベンゼンなどの有機物質，ダイオキシン類，微小粒子状物質となっている。

(2) 労働環境における基準

　作業現場の環境管理については，職場における労働者の安全と健康を確保するとともに，快適な職場環境の形成を促進することを目的とした労働安全衛生法がある。この法律は事業者に対し，職業上の曝露により，労働者に健康，障害を生じさせるリスクが高い物質について，作業環境測定の実施を義務づけている。これらの汚染物質については，許容濃度として，労働現場で労働者が曝露しても，空気中濃度がこの数値以下であれば，ほとんどすべての労働者に健康上の悪影響がみられないと判断される濃度を設定している。日本では日本産業衛生学会が勧告値を発表し，作業環境中の濃度については，作業環境評価基準において，物質ごとの管理濃度を定めている。対象汚染物質は，労働現場により製造工程で発生する多くの物質となっており，粉じん，ベンゼン，アセトン，トルエン，ホルムアルデヒドなどが対象となっている。

(3) 事務所など建築物における基準

　建築物における衛生的環境の確保に関する法律（建築物衛生法）は，多数の者が使用・利用する建築物の維持管理に関して，環境衛生上必要な事項などを定めることにより，その建築物における衛生的な環境の確保を図ることを目的としたものである。対象とする建築物は特定建築物と呼ばれ，興行場，百貨店，店舗，事務所，学校などで不特定多数の人が使用する，一定以上の規模の建築物となっている。これには，建築物環境衛生管理基準として，空気環境の調整，給水および排水の管理，清掃，ネズミ，昆虫などの防除，その他環境衛生上良好な状態を維持するのに必要な項目について定めている。空気環境に関しては，表7.2に示すように，浮遊粉じん，一酸化炭素，二酸化炭素，ホルムアルデヒドに加え，温

熱環境に関する温度，相対湿度，気流が定められている。この中で，浮遊粉じんについては，室内での喫煙の影響を，一酸化炭素については喫煙と燃焼器具からの影響を考慮したものである。二酸化炭素については，基準値が1,000 ppmとなっているが，この濃度で人への影響があるわけではなく，換

表7.2 建築物環境衛生管理基準

測定項目	基準値
浮遊粉じん	0.15 mg/m^{3}以下
一酸化炭素	10 ppm以下
二酸化炭素	1,000 ppm以下
温度	17～28℃
相対湿度	40～70%
気流	0.5 m/s以下
ホルムアルデヒド	0.1 mg/m^{3}以下

気の指標として用いられている。室内に人がいれば，相当量の換気を行わなければこの基準値を守ることができない。オイルショックの1970年代に欧米で問題となった「シックビル症候群」が日本においてはさほど問題とならなかったのは，この法律により換気量が確保されていたのも要因の1つとなっている。これらの項目については2か月に1回測定を行うことにより，基準値と適合しているかどうか，適合していない場合には改善することが義務づけられていることにより，建築物内の環境を維持するのに役立っている。また，ホルムアルデヒドについては，新築時・改築時から初めて迎える夏季に測定を行うものである。

この特定建築物に含まれない小規模の事務所についても，先の労働安全衛生法の事務所衛生基準規則において，同様の衛生基準を定めている。

(4) 学校の基準

学校においては，学校保健安全法の学校環境衛生基準により，換気，採光，照明，保温などについて，児童生徒等および職員の健康を保護するうえで維持されることが望ましい基準を定めたものである。空気環境にかかわる基準として，二酸化炭素（換気の基準として），温度，相対湿度，浮遊粉じん，気流，一酸化炭素，二酸化窒素に加え，揮発性有機化合物として，ホルムアルデヒド，トルエン，キシレン，パラジクロロベンゼン，エチルベンゼン，スチレン，およびダニまたはダニアレルゲンとなっている。ここでは，基準値としても，望ましい基準と遵守しなければならない基準とが分けられているのが特徴である。

7.1 汚染物質

表 7.3 空気環境にかかわる学校環境衛生基準

検査項目	基準
換気	換気基準として，二酸化炭素は1,500 ppm以下であることが望ましい
温度	10℃以上，30℃以下であることが望ましい
相対湿度	30％以上，80％以下であることが望ましい
浮遊粉じん	0.10 mg/m³以下であること
気流	0.5 m/s以下であることが望ましい
一酸化炭素	10 ppm以下であること
二酸化窒素	0.06 ppm以下であることが望ましい
揮発性有機化合物	
ホルムアルデヒド	$100\,\mu g/m^3$
トルエン	$260\,\mu g/m^3$
キシレン	$870\,\mu g/m^3$
パラジクロロベンゼン	$240\,\mu g/m^3$
エチルベンゼン	$3,800\,\mu g/m^3$
スチレン	$220\,\mu g/m^3$
ダニまたはダニアレルゲン	100匹/m²以下またはこれと同等のアレルゲン量以下であること

(5) 化学物質に関する指針値

　SHSの主原因とされた化学物質に関して，厚生労働省から，13物質の指針値およびTVOC（Total Volatile Organic Compound）の暫定目標値について提案された。これは前述した基準値とは異なり，法律として守らなければならない値ではない。しかしながら，一部の物質については，建築物衛生法または学校環境衛生基準に採用されている。

　表7.4に化学物質の指針値について示す。ここで示した指針値は，現時点で入手可能な毒性にかかわる科学的知見から，ヒトがその濃度の空気を一生涯にわたって摂取しても，健康への有害な影響は受けないであろうと判断される値を算出したものである。よって，この設定の趣旨はこの値まではよいとするのではなく，指針値以下がより望ましいということである。この指針値の設定には，現時点で入手可能な毒性にかかわる知見からこれらの物質の指針値を定め，指針値を満足するような建材などの使用，住宅や建物の提供ならびにそのような住まい方を普及啓発することで，多くの人たちが健康悪化をきたさないようにすることができ

表 7.4 厚生労働省による室内化学物質濃度の指針値

対象物質	指針値 〔$\mu g/m^3$〕	策定時期	対象物質	指針値 〔$\mu g/m^3$〕	策定時期
ホルムアルデヒド	100	1997.6	テトラデカン	330	2001.7
トルエン	260	2000.6	フタル酸ジ-n-エチルヘキシル	120	
キシレン	870				
パラジクロロベンゼン	240		ダイアジノン	0.29	
エチルベンゼン	3,800	2000.12	アセトアルデヒド	48	2002.1
スチレン	220		フェノブカルブ	33	
クロルピリホス	1 (0.1)		TVOC 暫定目標値	400	2000.12

ることを念頭に置いている.なお,指針値は,今後集積される新たな知見や,それらに基づく国際的な評価作業の進捗に伴い,将来必要があれば変更され得るものである.指針値の適用範囲については,特殊な発生源がない限りすべての室内空間が対象となる.

　指針値の対象となっている物質は,室内に発生源が存在し,利用可能な毒性に関するデータのある物質から選定されている.指針値の設定方法として,ホルムアルデヒドについてはヒト吸入曝露における鼻咽頭粘膜への刺激から,またトルエンについてはヒト吸入曝露における神経行動機能および生殖発生への影響から,ヒトを対象としているのに対し,その他の物質については動物実験による生体反応により値を設定している.また,TVOCについては,当時国内の室内VOC実態調査の結果から,合理的に達成可能な限り低い範囲で決定したもので,健康影響から算定した値ではない.これには,健康への影響を直接的に評価するためには,個々のVOCについてガイドライン値を設定していく必要があるが,100種以上に及ぶ微量のVOCのすべてについて短期間で健康影響評価を行うのは困難であり,またガイドライン値が設定されていない物質に代替された結果新たな健康被害を引き起こすおそれもあることから,VOC汚染を全体として低減させ,快適な室内環境を実現するための補完的指標の1つとしての提案されたものである.

(6) その他の汚染物質

　基準値や指針値が未だ示されていない物質にも，ヒトへの影響が懸念される汚染物質は数多く存在する。

　VOCについては，厚生労働省より13物質の指針値とTVOCの暫定目標値が示されているが，その他にもジクロロエタン，ナフタレン，ヘキサン，ピネン，リモネンなどが存在する。これらはWHO（世界保健機関）のヨーロッパ事務局によって検討が行われ，そのガイドライン値の検討が行われている。

　ラドンについては，放射性物質であり，土壌，岩石などの建材に含まれている。ラドンはガスの状態で土壌や建材から室内に発生し，空気中で滞留している間に壊変することで粒子化する。そして，呼吸器に侵入して，肺内部が被曝することで，肺ガンのリスクが高くなるといわれている。

　アスベストは，ケイ酸塩の繊維状鉱物であり，一般には石綿と呼ばれている。耐熱性，吸音性，耐薬品性に優れ，建築材料として多く使用されていた。しかし，アスベストを肺に吸入することにより，長い時間をかけて，肺気腫になることが判明し，現在では建材は使用されなくなった。しかしながら，従来建設されたものの中には，鉄骨材料に吹きつけてあったり，建材中に含有しているものもあり，アスベストの除去による再飛散が問題となっている。

　アレルゲンとは，アレルギーの原因物質のことで，空気中に浮遊しているものでは，ダニ，カビ，ペット，花粉などがある。ダニアレルゲンは，ダニが成育しやすい，畳，絨毯，布団の中にあり，高温・多湿の環境が問題となる。

　室内における臭気については，体臭，タバコ臭，排ガス臭，台所臭，建材臭，カビ臭などであり，空気環境の中でもヒトの感覚として1番感じることのできる項目である。臭気は基本的にガス状物質であり，複数の物質からそのにおいが成り立っているものである。さらには，実際の環境中には複数のにおい物質が存在するため，においの指標は複雑である。

7.2 室内環境にかかわる疾病
―アレルギー，化学物質過敏症・シックハウス症候群―

池田耕一

　わが国においては，1990年代頃から，いわゆるシックハウス問題と呼ばれる住宅室内における化学物質による室内空気汚染が社会的に大きな関心を抱かれるようになった。この傾向が，行政や政治を動かし，超党派のシックハウス議連ができたり，当時の建設省が，厚生省，通産省，林野庁などに呼び掛け，健康住宅研究会が組織され，建築学，医学，機械工学，農学などの連携した広範な学際的プロジェクトチームが結成され[5]，精力的な努力がはらわれた結果，この問題に関する各種の技術的対策が確立されただけでなく，厚生労働省が歴史上類をみない個人住宅の室内濃度に関する指針値を設定し[6),7),8),9)]，それを踏まえて，建築基準法や建築物衛生法などにシックハウス対策を考慮した規定の改正が行われたりした。その結果，室内のホルムアルデヒド濃度が低減するなど，はっきりと目にみえる形での効果を現してきている。環境問題で，これほど明快な効果が示される例はあまりないといっても過言ではないほどである。しかしながら，それ以外の化学物質による汚染問題の方は，ホルムアルデヒドほど事がうまく運んでいない面は否定できない。

　さらに問題なのは，室内のホルムアルデヒドなどの化学物質汚染濃度の低減に伴い，それらによって活動が抑制されていたカビやダニなどの微生物の繁殖が懸念されるという新しい状況が出てきている。欧米では10年ほど前からこのような問題をダンプビルと呼び，化学物質汚染の次の室内空気汚染問題と位置づけ，多くの研究がなされるようになってきている。

　だたし，本節ではこの2つの室内汚染による健康影響について解説する。

7.2.1 化学物質過敏症・シックハウス症候群
（1）化学物質過敏症およびシックハウス症候群とは

　シックハウス症候群と呼ばれる問題が，いつ頃からどこで，いわれるようにな

ったかは正確にはわからないが，筆者が知っている限り，「私が『シックハウス』の名づけ親である」といっている人が少なくとも2人はいるようである。いずれにせよ，「シックハウス」とか「シックハウス症候群」という言葉は，盛んに使われるようになったのはホルムアルデヒドに関する当時の厚生省により，ガイドライン値が設定されるようになってからである。シックハウスとは，「病んだ家」のことで，どのように病んでいるかといえば，建材，家具などから発生するホルムアルデヒドやVOCによって，室内が汚染されているという意味で「病んでいる」家のことである。そしてそのような家の中にいる居住者に，目や喉の痛み，頭痛，倦怠感，いらいらなどの不定愁訴が起こる場合もあり，それがシックハウス症候群である。

　この言葉は，1980年代の欧米で大きな社会問題となったSBSをもじった和製英語である。それは，通常日本語で「ビル」というと「住宅」は範疇に入らないため，住宅におけるSBSであることをわかるようにしたためと思われる。したがって，欧米人に「sick house syndrome」といっても，直ちには通じない。しかしながら「sick」も「house」も一般によく使われる英単語であるため英語で「sick house」と表現することがないとはいえない。しかし，われわれがイメージするような意味になるかどうかはわからない。われわれがイメージするような意味での，シックハウス問題をどのように表現するかを，カナダ国立科学研究所（NRC）のC. Y. Shaw博士によれば，北米の工学関係者の間ではsickとかhealthyのような医学と関連が深い言葉を，住居のような物に対して使用することはできるだけ避け，「problem house」とか「non-problem house」のように呼ぶことにしているそうである。

　また，しばしばこのSHSと同義語と誤解される言葉に「化学物質過敏症（MCS）」と呼ばれる言葉がある。これは，いったん高濃度のある種の化学物質に「感作」され，そのような体質となり，さまざまな症状（普通の人がSHSに罹ったときと同じ，もしくはもっと激しい症状）を示すようになった人が，その後同じもしくは類似の化学物質に曝されるたびに，その濃度が，一般の人が反応するよりかなり低い値であっても，同じ症状が繰り返され，その症状が次第にひどくなる病気のことである。この病気は，シックハウスによってももたらされる

が，それ以外に，看護師や化学製品の製造業などの職業的に高濃度の化学物質に曝される人にもみられるので，必ずしもMCS＝SHSとはいえるものではないので混同してはならない。SHSはそのように汚染された家に入れば誰にでもその症状が起こるという意味で，あくまで家に問題があるのである。この場合「汚染された」とは，「室内濃度レベルが厚生労働省の指針値を超えている」と言い換えることができよう。それに対し，MCSは，普通の人であれば何の問題のない濃度レベルの（「汚染されている」とはいいがたい）室内においても発症するという意味において，家には問題がないが，居住者や滞在者に身体的な問題があるため，家の改善をしただけでは問題は解決せず，居住者や滞在者（患者）に対し何らかの医学的処置を施さなければならないという点が大きな違いである。すなわち，厚生労働省のガイドライン値以上の室内で起こる諸症状（症候群）はSHSであり，ガイドライン値以下でも発症するものは，MCSと呼ぶべきであろう。この定義は，筆者個人の定義であり，医学の専門家からの全面的な支持を受けているわけではない。おそらく，医学の専門家は「病気」の定義に室内空気の濃度のような要素を加えることに違和感を覚えるためであろう。しかし，SHSも，そしてMCSのその原因は環境に起因するものであるから，環境要因も定義の書かに入ってくるのが当然といえる。さらに加えて，筆者の定義は，定義の分かれ目が責任の所在の分かれ目になっていることが大きな特徴である。すなわち，SHSは，建築家（建物を造る人，すなわち工学）によって解決されるべきであり，MCSは，医者（医学）の責任範囲である。

(2) シックハウス症候群，化学物質過敏症の症状

前述のようにSHSは，SBSの住宅版で，わが国およびその近隣の東アジア地区に限定的に使用されている呼び名であるので，SHSの症状についてのより普遍性の高い定義のようなものを探すとすれば，WHOの定義によるべきであろう。WHOの作業委員会は，1980年代初期にこの現象の定義を試みている。すなわち，SBSの症状としては，

① 鼻・咽喉の感覚的刺激
② 経毒性および全身健康問題
③ 皮膚刺激

④　非特異的過敏性反応

⑤　悪臭および味覚を含む症状および愁訴

と定義されている[21]。

　以上がSHSの症状といえるが，MCSについても，症状だけをみる限り，SBSやSHSと同様である．しかしながら，それらの症状が発症する室内濃度が，厚労省の定めた指針値よりはるかに低い濃度で発症する点が異なっているのは，すでに述べたとおりである．

7.2.2　室内空気中のアレルゲンによる汚染の影響

　アレルゲンとは，正常人にはまったく無害であるが，それに対し過敏な感受性を有する人（アレルギー体質者という）が，吸入，摂取，接触などによりそれを細胞内にとりこむと，ぜん息，くしゃみ，咳，目・鼻・皮膚などの充血，かゆみ，痛み，炎症などの極めて顕著な反応（アレルギー反応という）を起こさせる物質の総称である．空気中に漂っているアレルゲンの発生源としては，ダニの虫体およびその排泄物，カビ，動物の毛，ソバガラ，花粉などのタンパク質があげられる．アレルギー症の1つであるぜん息の発作をもつ患者が各種アレルゲンに対し，陽性反応を示す割合としてはダニアレルゲンが最も大きく，次が，カビとなっている[22]．花粉も有力なアレルゲンではあるが，室外からの浸入が主で，室内レベルは屋外より低いのが普通である．このように室内のアレルゲンとしては，ダニとカビが主力であるが，本節では，主としてダニのアレルゲンについて述べる．一口にダニといっても多種多様であるが，室内においてアレルゲンとなるのはヒョウヒダニ（チリダニ科）と呼ばれる種類であることが多い．

　アレルゲンによりアレルギー反応の起こるメカニズムの概略は，以下のとおりである．動物には，その体内に異物（抗原という．病原菌，寄生虫，ウイルスなどの異種のタンパク質）が浸入したとき，それと結びつく物質（抗体）ができる反応（抗原抗体反応）が起こり，細胞に対し抗原浸入の信号を出し，それを受けた細胞は，浸入した抗原を攻撃したり中和しようとする作用，すなわち免疫作用が備わっている．そのような抗体の1つにIgEという抗体がある．これは，本来寄生虫の浸入に際しつくられる抗体で，体内にある肥満細胞と呼ばれる特別な細

胞表面に集結し，寄生虫と遭遇するとそれと結合し，肥満細胞に寄生虫浸入の信号を送る役目をする。その信号を受けた肥満細胞は，寄生虫を攻撃すべくヒスタミンと呼ばれる物質を出すが，このヒスタミンは，寄生虫攻撃に適する反面，血管を拡張したり，内臓の平滑筋を収縮させたりするという副作用をもっている。アレルギー体質の人は，この抗体を非常につくりやすい体質となっており，寄生虫以外の抗原が浸入してもすぐにこれがつくられ，結果的に肥満細胞からヒスタミンが放出されることになり，血管が拡張し充血したり，平滑筋が収縮してくしゃみが起こったりするなどの反応（アレルギー反応）が起こることになる。なお，アレルギー体質者は，通常すべてのアレルゲンに反応するのではなく，1つあるいは多くとも数種の特定のアレルゲンに対しのみ反応する。

以上のように，アレルゲンはほかの汚染質とは異なり，特定の人にのみ特定の物質が関与するという性質のものであるため，量－反応関係（Dose-response relationship）はほとんど確立されておらず，わずかに，ダニ抗原（虫体およびその排泄物）に関する量－反応関係について，Platts-Mills らが，ダニ抗原が室内のゴミ 1g 中に 10μg 以上になるとアレルギー患者の急性のぜん息が起こりやすくなると述べている[10]。

7.2.3 今後の室内環境の将来展望

わが国におけるシックハウス問題研究は，ちょうどその 10 年程前の室内空気汚染問題研究の先進国（アメリカ，カナダ，スウェーデン，デンマーク，ドイツ，フィンランドなどの北米，北欧）に似ており，わが国にはそれが 10 年程度遅れてやってきたともいえなくもない。

したがって，わが国における 10 年後の空気汚染問題を考えるうえで重要なのは，現在の北米，北欧における空気汚染問題の研究状況であるが，これらの国々では，化学物質汚染に対する対策は峠を越し，最近では，微生物粒子による空気汚染に関する研究が盛んである[1]。微生物は，多くの場合高温多湿の気候を好み，低温低湿の北欧，北米では，在来あまり問題とされることはなかったが，このような状況となったのは，これらの国々の建物における一層の高気密高断熱化により，室内に高温多湿の環境が出現したためかもしれない。また，化学物質汚染対

策が進むことによるホルムアルデヒドなどの室内濃度や，建材中の含有量の減少は，カビやダニといった生物にとっては，よりよい棲息環境が整ったともいえ，微生物汚染が深刻化したのかもしれない。さらには，以上のような環境側の要因だけでなく，もともとカビやダニによる汚染が少なかったこれらの国々の人々は，それほど深刻な汚染に曝されたことがなく，居住者側の要因で問題が大きくなっているのかもしれない。

いずれにせよ，高気密高断熱化の進行ならびにシックハウス対策の導入によりカビやダニが蔓延しやすい環境となりつつあることは，わが国も同様であるため，化学物質問題は，建築物衛生法や建築基準法の改正をもって一段落し，わが国でも微生物汚染研究が隆盛を極めるようになってきている。

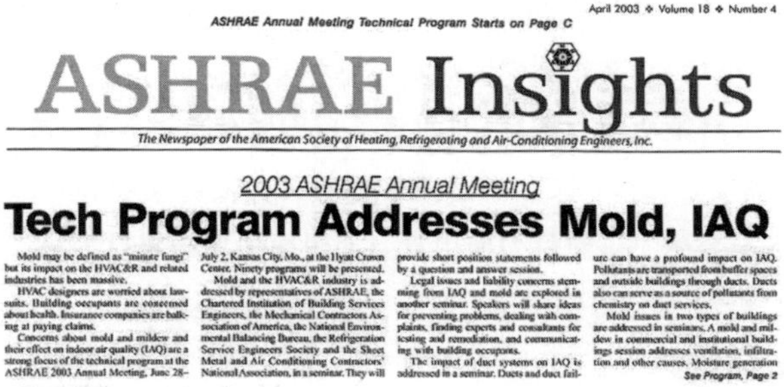

April 2003 ❖ Volume 18 ❖ Number 4

ASHRAE Annual Meeting Technical Program Starts on Page C

ASHRAE Insights

The Newspaper of the American Society of Heating, Refrigerating and Air-Conditioning Engineers, Inc.

2003 ASHRAE Annual Meeting

Tech Program Addresses Mold, IAQ

Mold may be defined as "minute fungi" but its impact on the HVAC&R and related industries has been massive.

HVAC designers are worried about lawsuits. Building occupants are concerned about health. Insurance companies are balking at paying claims.

Concerns about mold and mildew and their effect on indoor air quality (IAQ) are a strong focus of the technical program at the ASHRAE 2003 Annual Meeting, June 28–July 2, Kansas City, Mo., at the Hyatt Crown Center. Ninety programs will be presented.

Mold and the HVAC&R industry is addressed by representatives of ASHRAE, the Chartered Institution of Building Services Engineers, the Mechanical Contractors Association of America, the National Environmental Balancing Bureau, the Refrigeration Service Engineers Society and the Sheet Metal and Air Conditioning Contractors' National Association, in a seminar. They will provide short position statements followed by a question and answer session.

Legal issues and liability concerns stemming from IAQ and mold are explored in another seminar. Speakers will share ideas for preventing problems, dealing with complaints, finding experts and consultants for testing and remediation, and communicating with building occupants.

The impact of duct systems on IAQ is addressed in a seminar. Ducts and duct failure can have a profound impact on IAQ. Pollutants are transported from buffer spaces and outside buildings through ducts. Ducts also can serve as a source of pollutants from chemistry on duct services.

Mold issues in two types of buildings are addressed in seminars. A mold and mildew in commercial and institutional buildings session addresses ventilation, infiltration and other causes. Moisture generation

See Program, Page 2

図 7.3　アメリカの室内空気汚染研究動向を伝えるASHRAE Insights[1)]
（米国空調和・冷凍工学会，ASHRAEのニュースレター）

7.3 化学物質汚染の対策法

野﨑淳夫

3.1節で示されているように，室内空気汚染はガス状物質と粒子状物質により引き起こされる。

主たるガス状物質は化学物質と臭気物質であり，同様に粒子状物質はタバコ煙粒子などの浮遊粉じん，ダニ，カビ，花粉などの微生物粒子，金属粒子などである。

これらの物質の中で，ある種の化学物質による室内空気汚染が，SBSやMCSなどの健康被害を生じさせたが，室内における化学物質濃度が高くなければ深刻な被害は防止できる。図7.4には室内ホルムアルデヒド濃度の上昇を防ぐ，建築基準法によるシックハウス対策の要点が示されている。

同法では3つの対策を取りあげ，（対策Ⅰ）内装仕上げ，（対策Ⅱ）換気設備，（対策Ⅲ）天井裏などについて，具体的に示している。すなわち，対策Ⅰではホルムアルデヒドを発生する建材の使用量（使用面積）を建材等級ごとに制限している。ちなみに合板などの建材は，F☆，F☆☆，F☆☆☆，F☆☆☆☆の等級に分類され，☆印が多いほどホルムアルデヒドの発散量（放散量）は小さい。

次に，対策Ⅱでは適切な換気について示しており，住宅では少なくとも0.5回/hの換気量を確保できる機械換気設備の設置を義務づけている。

最後に，対策Ⅲでは床下，天井裏などの空間から，居室へのホルムアルデヒドの移流の防止を図る建材の仕様，気密処理の方法，同空間における換気方法などについて示している。

建築基準法によるシックハウス対策にかかわる対象化学物質は，クロルピリフォスとホルムアルデヒドであるが，その他の化学物質やアレルギー問題を引き起こす微生物も含めた対策が必要である。

住宅の計画，施工，居住段階における化学物質対策の検討が成されており，新築住宅と既存住宅についての基本事項は以下のようにまとめられる。

7.3 化学物質汚染の対策法

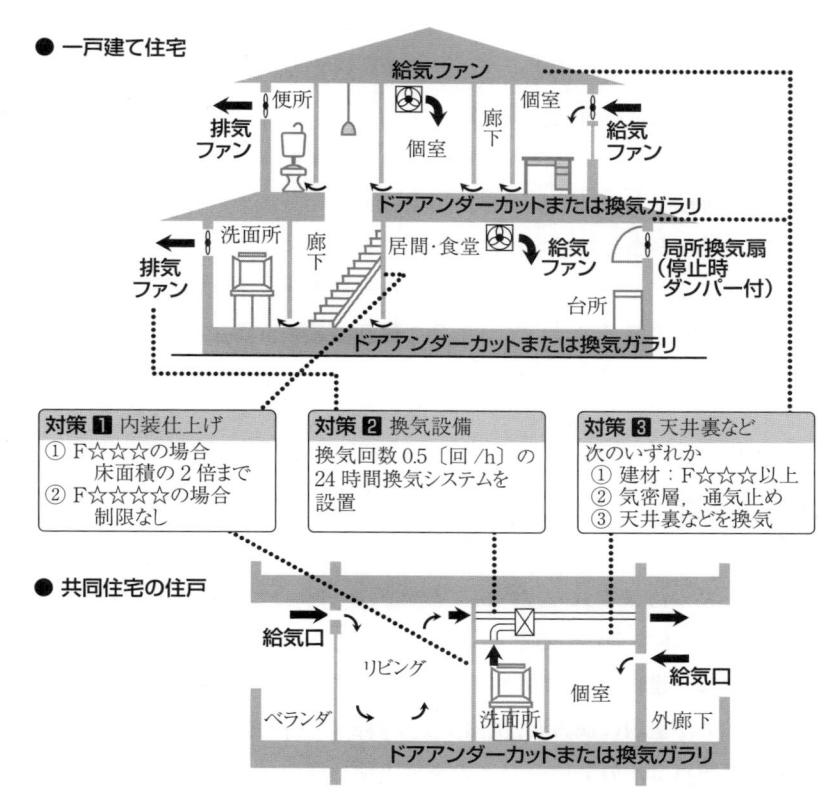

● 一戸建て住宅

給気ファン／便所／個室／廊下／個室／給気ファン／排気ファン／ドアアンダーカットまたは換気ガラリ／洗面所／廊下／居間・食堂／給気ファン／局所換気扇（停止時ダンパー付）／台所／排気ファン／ドアアンダーカットまたは換気ガラリ

対策 1 内装仕上げ
① F☆☆☆の場合　床面積の2倍まで
② F☆☆☆☆の場合　制限なし

対策 2 換気設備
換気回数0.5〔回/h〕の24時間換気システムを設置

対策 3 天井裏など
次のいずれか
① 建材：F☆☆☆以上
② 気密層，通気止め
③ 天井裏などを換気

● 共同住宅の住戸

給気口／リビング／ベランダ／洗面所／個室／給気口／外廊下／ドアアンダーカットまたは換気ガラリ

図7.4　建築基準法のシックハウス対策の概要

新築住宅の対策
① 化学物質放散量を抑制した建築材料を使用する。
② 化学物質を多量に放散する塗料や接着剤の使用量を抑制する。
③ 安定的に十分な換気量が確保できる機械換気設備を設置する。
④ 空気清浄機などの対策製品を使用する。
⑤ ベイクアウトなどの対策技術を実施する。

新築住宅とは異なり，既存住宅では①，②の建築的な事項は既に決まっており，容易には改善できない。また，家具などの持ち込み物品により室内の化学物質濃度は上昇する。そのため，既存住宅における対策の基本は以下のようになる。

既存住宅の対策
① 化学物質を多く発生する生活用品を持ち込まない。
② 問題となる化学物質発生源を除去する。
③ 窓開け換気などにより，十分な換気量を確保する。
④ 空気清浄機などの対策製品を使用する。
⑤ ベイクアウトなどの対策技術を実施する。

ここでは換気，ベイクアウトなどの汚染対策技術と，家庭用空気清浄機や吸着建材などの汚染対策製品について，①その原理，種類，特徴などを解説するとともに，②それらの室内における濃度低減性について，最新の研究事例を基に解説する。

7.3.1 対策技術

(1) 換気

換気はすべての汚染物質の室内濃度を低減させることのできる技術といえる。換気は，図7.5に示すように自然換気と機械換気に分類される。

自然換気は窓や建物隙間における空気移動によるもので，室内外の温度差や圧力差により外気が室内に流入し，室内空気が外部に排出されることにより生ずる。自然換気の問題点は，外気風速などの環境条件，開口部の位置，形状，面積などによって，得られる換気量が変動してしまう点にある。

この問題を解決するために用いられるのが機械換気である。機械換気は空気移動を起こさせるために送風機（ファン）を用いており，強制的に室内に外気を取

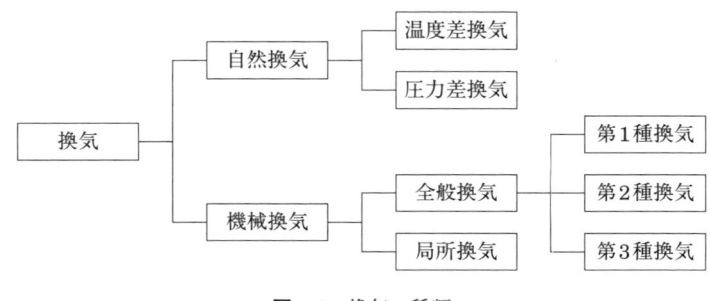

図 7.5　換気の種類

り入れ，室内空気を排出する。また，機械換気には3つの方式があり，図7.6に示すように第1種換気，第2種換気，第3種換気に分けられる。

2003年にシックハウス対策を取り入れた改正建築基準法が施行され，これ以降の住宅の居室では，0.5回/h以上の換気回数を再現できる機械換気設備の設置が義務づけられている。

以下に3つの機械換気方式の特徴を述べる。図7.6(a)に示す第1種換気は給気，排気ともに送風機（ファン）を用いた方式で，室内圧の制御が可能で安定した換気量が確保できる。室内圧を正圧・負圧のいずれにも制御でき，大規模建築物に適した換気方式である。

次に，図7.6(b)に示す第2種換気は，ファンを給気側にのみ用いた方式で，排気は開口部や隙間を通じて行うものであり，室内を正圧に保つ。半導体工場のクリーンルームなどのように，清浄空気が要求される室内を計画する場合に適している。

図7.6(c)に示す第3種換気は，ファンを排気側にのみ用いており，給気は開口部や隙間を用いるもので，室内を負圧に保ったまま排気するため，室内で発生した空気汚染物質が隣室に拡散しにくい。トイレ，浴室，厨房などの室内で発生する臭気物質，水蒸気，燃焼排ガスを隣室に漏らさないように排出する。

また，「換気」ではないものの意図しない空気移動に「漏気」がある。漏気は住宅の気密性能にかかわり，漏気量が多い住宅は気密性能が低く，少ない住宅は気密性能が高い。ちなみに高気密住宅と呼ばれるものは，隙間相当面積が

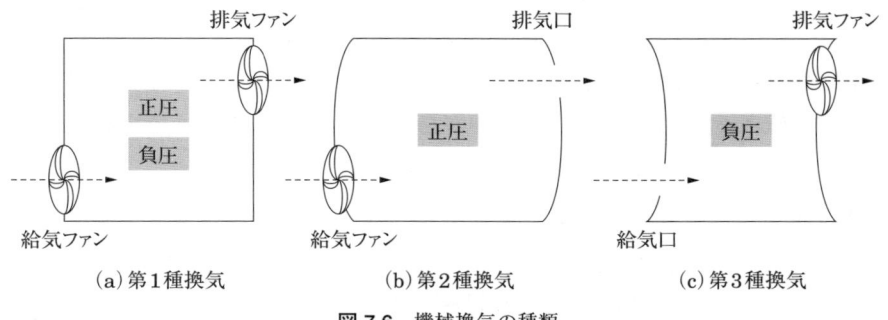

図7.6　機械換気の種類

$2cm^2/m^2$ 以下のものをいう。

近年の住宅では 24 時間換気設備の設置が義務づけられているが，特に寒冷地では不快な冷気の侵入を防ぐために，換気設備の運転を止めてしまう事例が報告されている。

このような場合には換気設備が設置されていても，室内濃度が高くなり，室内環境上の問題が生ずる可能性がある。

(2) ベイクアウト

ベイクアウトは化学物質や臭気物質などのガス状物質の発生源発生量を低減させる技術である。

欧米では建材，塗料，接着剤，家具などから発生する VOC やホルムアルデヒドによる汚染対策として，室を丸ごと加熱し，化学物質を多量に放散させるベイクアウトがしばしば行われてきた。ベイクアウトは，「ベークアウト」などと呼ばれていたこともあるが，学術的に「ベイクアウト」と定義されている[15]。

ベイクアウトはストーブなどの加熱装置を用いて，室内温度を上昇させ，建材などに含まれる化学物質を吐出させるものである。実施にあたっては，室内温度の管理が重要で 30～40℃ に数日間保つことが，効果を得るうえでのポイントとなる。

ベイクアウトの実施あたっては，以下のような点に留意しなければならない。

① 特定の部分を加熱することは，火災や損傷をまねく危険性があるため，なるべく，室全体をまんべんなく加熱する。

② 温度を上げすぎることによる建具などの損傷に留意する。特に，表と裏の仕上げが違う建具は，温度変化により反りが生じやすいので注意する。

③ 加熱装置として開放型ストーブを用いる場合には，すすの発生に注意する。室内酸素濃度の低下により，すすが発生しやすくなるので，窓を数 cm 開けて，酸素補給を行いながらベイクアウトを行う。

④ 加熱中の室内濃度は，とても高くなるので，加熱室に滞在することは避ける。

⑤ ベイクアウト実施後に，一時的に室内濃度の高くなるケースがあるので，加熱後は窓を充分に開けて，室（建物）の換気と冷却を図る。

7.3.2 対策製品

(1) 空気清浄機 [12), 13)]

空気清浄機は化学物質や臭気物質などのガス状物質，および粒子状物質の室内濃度を低減させる製品である。

元来，空気清浄機はタバコ煙の除去を目的とする製品であったが，シックハウスが大きな社会問題になると，メーカー各社は有害化学物質を対象とした製品開発を行うようになった。

現在市販されている空気清浄機は，化学物質に加えて，臭気物質，細菌，真菌，ウイルス，花粉，ダニなどを除去対象としている。また，最近ではアレルゲンの不活化や，省エネ，省スペース化，清浄効果のビジュアル化などの新たな機能開発も行われ，湿度調整機能を搭載したものも市販されている。

表7.5 空気清浄機の除去方式とその特徴

機械式	ファンの動力により室内空気を吸引し，空気中に含まれる粒子状物質をフィルタのろ過作用により捕集し，室内に供給する方式である。
電気式	プレフィルタの後部にイオン荷電部を設け，通過した粒子を荷電させ，電荷をもった粒子が荷電部後方にある集塵部（静電フィルタ）に捕集される方式である。有害なオゾンガスを発生する製品があることに留意する必要がある。
電子式	プレフィルタの後方に荷電部を設け，その近傍の粒子状物質を荷電させた後，クーロン力によって集塵部に付着させて捕集する方式である。本方式はファンをもたないため，運転音がほとんどなく，電力消費量も少ないメリットがある。しかしながら，空気清浄機近傍の粒子状物質のみが対象になり，ファンを装備している他の方式に比べて除去性能が小さく，室内濃度の低減性は大きく劣る。このような欠点から，ファンを併用する電子ファン式空気清浄機も市販されている。電気式と同様に，有害なオゾンガスを発生する製品があることに留意する必要がある。
物理吸着式	プレフィルタの後方に活性炭などの多孔質吸着材により構成するガス除去フィルタを設置し，通過したガス状汚染物質を吸着して除去する方式である。
化学吸着式	活性炭表面の添着剤とガス状物質の中和，酸化反応やイオン交換反応などを利用し，ガス状汚染物質を除去する方式である。
分解式	オゾンまたは高電圧により発生するOHラジカルにより，ガス状物質の分解を図る方式である。最近では高電圧や光触媒技術を利用し，空気中化学物質を分解・無害化を意図する機器も普及している。
複合式	上記の除去方式の組み合わせによる方式で，現在市販されている空気清浄機のほとんどはこの方式である。

空気清浄機は基本的に汚染物質の浄化部と気流形成の送風部で構成されている。浄化部は対象物質（粒子状物質，ガス状物質，粒子状物質＋ガス状物質）によって適宜構成される。

表7.5に示すように除去方式はおおよそ7つに分類でき，各除去方式の構成例を表7.6に示す。

空気清浄機は適切な使用で性能を発揮するもので，使用に際しては以下の留意点がある。

① 一般の空気清浄機はある種のガス状物質（例えば，一酸化炭素や二酸化炭素など）は除去しない。そのため，換気との併用が必要となる。

② 空気清浄機の使用時間の経過に伴い，機器の除去性能が劣化する。そのた

表7.6 除去方式とフィルタ構成の例

方式	構成例	備考
機械式	① ② ③	① プレフィルタ
電気式	① ④ ⑤ ③	② エアフィルタ
電子式	① ④ ⑥	③ ファン
物理吸着式	① ⑦ ③	④ イオン荷電部
化学吸着式	① ⑧ ③	⑤ 集塵フィルタ
分解式	① ⑨ ⑩ ⑪ ③	⑥ 集塵極版
複合式	① ④ ⑤ ⑨ ⑪ ③	⑦ 活性炭または多孔質無機物質吸着剤
		⑧ ケミカルフィルタ
		⑨ 光触媒フィルタ
		⑩ 光触媒ランプ
		⑪ 光触媒フィルタ

め，適切なメンテナンスが必要である。特に，ガス状物質除去性能の劣化性は，粉塵除去性能に比べて大きい。
③ 室内に家具などを設置すると，空気清浄機の気流が遮られるため効果的な室内空気浄化はできにくくなる。そのため，空気清浄機の設置位置に配慮する必要がある。

(2) 吸着建材

吸着建材は化学物質や臭気物質を吸着するもので，物理吸着材と化学吸着剤を利用した製品である。

物理吸着材には炭，珪藻土，ゼオライト，シリカゲル利用品などがあり，これらは直径数 μm 以下の細孔からなる多孔質構造を有している。物理吸着材はこの細孔にガス状物質を補足する。

物理吸着材は除去対象物質の範囲が広い利点があるが，この除去性能は細孔構造の表面積に依存する。また，室内に設置された物理吸着材に対する気流速度が小さい場合は，空気汚染物質が効率よく運搬されないため，物理吸着材の除去性能が小さくなる。また，物理吸着材の吸着容量を超えると，いったん吸着された物質が室内に再び放散してしまう現象，いわゆる再放散現象に注意しなければならない。

物理吸着材をベースにつくられた吸着建材には，化学吸着剤が併用されることが多い。化学吸着剤はある特定のガス状物質を吸着する能力があり，これにより室内濃度を低減させる。また，化学吸着剤は発生源発生量を抑制させる働きもある。例えばホルムアルデヒドキャッチャー剤やグラフト重合液も化学吸着剤の1つであるが，これらは不織布などの基材に添加することにより，ある種の化学物質を補足する。ただし，化学吸着剤の吸着容量にもその使用量に応じた限界があり，それを超えた場合には吸着性能は発揮されない。また，化学吸着剤は物理吸着材と同様に，効果的なガス状物質の除去には，吸着面の露出性と適度な室内気流が必要となる。

(3) 芳香剤，消臭剤，脱臭剤，防臭剤

芳香消臭脱臭剤協議会は，芳香剤，消臭剤，脱臭剤，防臭剤をそれぞれ，①空間に芳香を付与するもの，②臭気を化学的作用または感覚的作用などで除去また

は緩和するもの，③臭気を物理的作用などで除去または緩和するもの，④ほかの物質を添加して臭気の発散や発生を防ぐものとしている[2]。

元来，これらの製品はアンモニアやメチルメルカプタンなどの臭気物質の対策を目的とする製品であったが，近年ではホルムアルデヒドやVOCなどの除去性能を付加した製品も数多く市販されている。

これらの製品は身近な対策製品の1つとして普及しているが，中には製品自身から有害物質を発生させるものもあるため，選定時の注意が必要となる。

7.3.3 各種対策の効果

(1) 換気

機械換気設備の設置が高気密住宅における室内CO_2濃度に与える影響を求めた調査研究が行われている。

図7.7に機械換気設備が設置されていない高気密住宅における室内CO_2濃度の経時変化を示す。測定対象室において，夜9時に窓を閉め，夫婦2人が就寝した場合，翌朝7時の室内CO_2濃度は4,000 ppmになり，建築基準法に定められている基準値（1,000ppm）の4倍になる結果が示されている。同調査における測定対象物質は二酸化炭素であったが，化学物質放散量の大きい建材で施工されてたり，化学物質発生量の大きな家具を室内に持ち込んだ場合には，化学物質濃度も二酸化炭素と同様に高くなる。

いっぽう，図7.8には機械換気設備が設置されている場合の室内CO_2濃度の経時変化を示すが，1日をとおしてCO_2濃度は500ppm程度であり，先の基準値を満たしている。

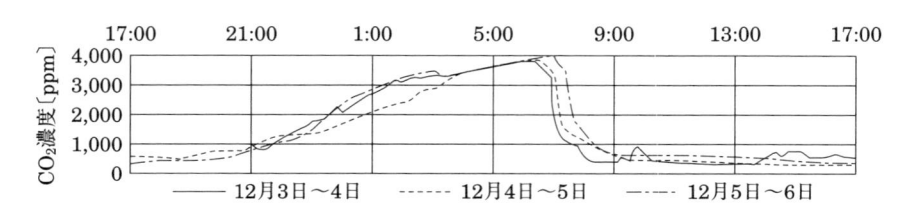

図7.7 換気設備が設置されていない高気密住宅におけるCO_2濃度[11]

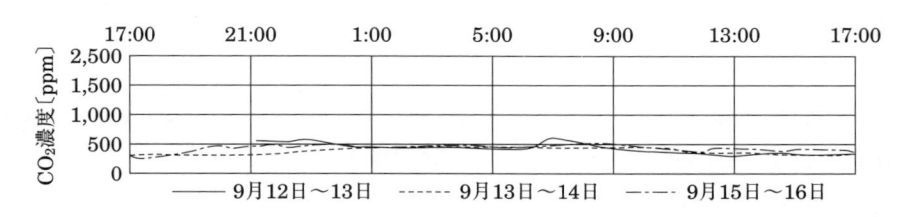

図 7.8 換気設備が設置されている高気密住宅におけるCO₂濃度[11]

（2） ベイクアウト

当初，ベイクアウトを扱った科学的研究例は少なく，その具体的な実施方法や定量的な効果については不明であったが，今日では，加熱条件と低減効果との関係が徐々に解明され，1つの汚染対策とみなされている。

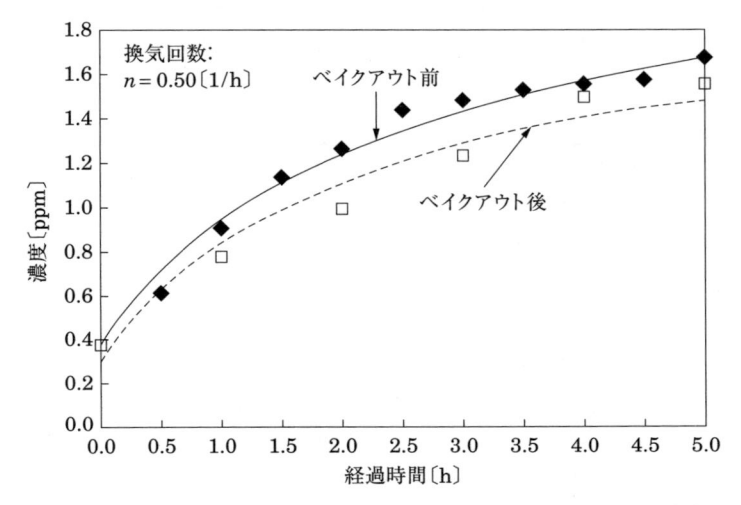

ベイクアウト実施前後における室内ホルムアルデヒド濃度を測定した結果が報告されている。図7.9に24時間にわたって室温を33℃に保持するベイクアウトの実施前後の室内ホルムアルデヒド濃度の変化を示す。ベイクアウト実施前に比べて，ベイクアウト実施後の室内ホルムアルデヒド濃度は約20％低減する結果が示された。ベイクアウトの実施時間や温度によってその効果は変わるが，ベイクアウトを複数回実施することにより，さらなる室内ホルムアルデヒド濃度の低

図 7.9 ベイクアウト実施前後における室内ホルムアルデヒド濃度[14]

(3) 空気清浄機

空気清浄機のホルムアルデヒドの除去性能が明らかになっている。最新の空気清浄機運転に伴う室内ホルムアルデヒド濃度の経時変化を図7.10に示す。

機器非運転時には200ppb程度であったホルムアルデヒド濃度が，機器運転に伴い数ppb程度まで低減しており，明確な室内ホルムアルデヒド濃度の低減が認められた。

最新の研究報告では，各種対策の汚染物質除去性能を相当換気量という指標を用いて評価がなされている。2007〜2008年製の空気清浄機におけるホルムアルデヒド相当換気量は17.7〜77.4 m³/hの範囲にあり，平均で40.0 m³/hであった結果が報告されている。

相当換気量とは製品固有の空気汚染物質除去性能を換気に相当させたもので，この値が大きいほど除去性能が高いことを意味する。

また，図7.11は家庭用空気清浄機におけるホルムアルデヒド除去性能の変遷を示したものである。機器のホルムアルデヒド除去性能は，1995年以降10年間で大きく向上し，特に後半の5年間の向上率が飛躍的である。近年の製品にはシックハウス対策としての効果が期待できるものもある。

また，一部の空気清浄機ではホルムアルデヒドのほかにも，VOC，臭気物質（アンモニアなど），花粉粒子について高い除去性能を有することが明らかにされ

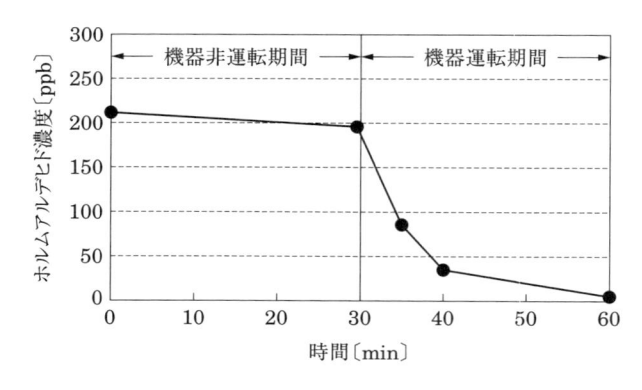

図7.10 空気清浄機運転に伴う室内ホルアムルデヒド濃度の経時変化[19]

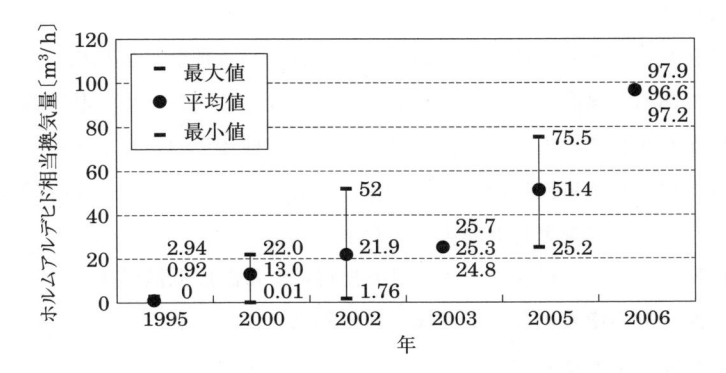

図 7.11　家庭用空気清浄機におけるホルムアルデヒド除去性能の変遷[17]

ており，対策製品としては最も空気汚染物質濃度の低減が期待できる。

ところで，期待がもたれている空気清浄機ではあるが，ガス状物質に対する性能劣化が懸念されている。野﨑らは活性炭吸着方式の空気清浄機におけるホルムアルデヒド除去性能の劣化性を明らかにしており，空気清浄機のホルムアルデヒド相当換気量は，図7.12に示すように，わずか1か月の使用で半減し，2か月の使用では3分の1まで劣化している。

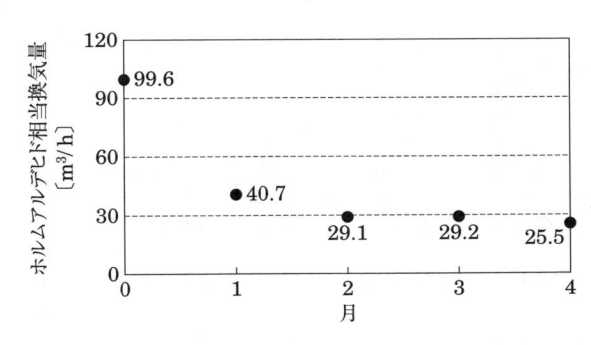

図 7.12　空気清浄機使用に伴うホルムアルデヒド除去性能の劣化性[19]

（4） 吸着建材

炭は多孔質材であり，その吸着面積の大きさから各種製品に利用されている物理吸着材である。実際，ほかの多孔質材料と比較した場合，ガス状物質の優れた除去性能が判明している。図7.13は多孔質材（5検体）のホルムアルデヒド除去性能について，換気量換算値を用いて表したものであるが，備長炭と備長炭加工品の優れたホルムアルデヒド除去性能が示されている。

換気量換算値 $[m^3/(m^2 \cdot h)]$ とは，建築材料による濃度低減効果を清浄空気の導入による換気量の増大によって達成される効果で表した値であり，この値が大きい程，吸着能力が大きい。

図7.14は吸着建材設置の有無と室内ホルムアルデヒド濃度との関係を示したものである。吸着建材を設置していない室内におけるホルムアルデヒド濃度は，約 $140\mu g/m^3$ であり，厚生労働省の室内濃度指針値（$100\mu g/m^3$）を超過している。それに比較して，吸着建材を設置した室内におけるホルムアルデヒド濃度は，約 $60\mu g/m^3$ であり，同指針値（$100\mu g/m^3$）を下回る結果が示されている。

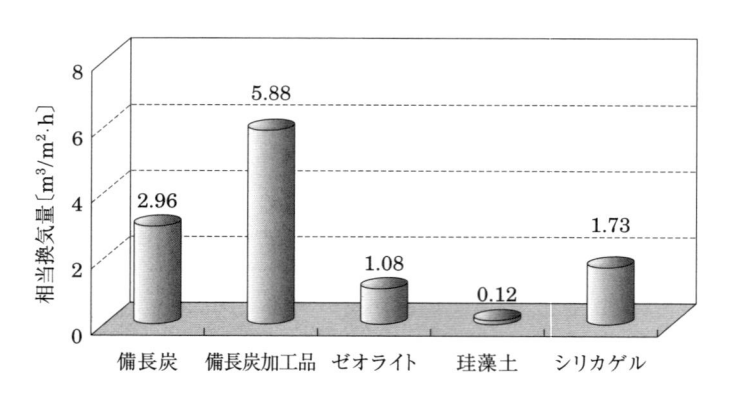

図7.13 多孔質材料のホルムアルデヒド換気量換算値[16]

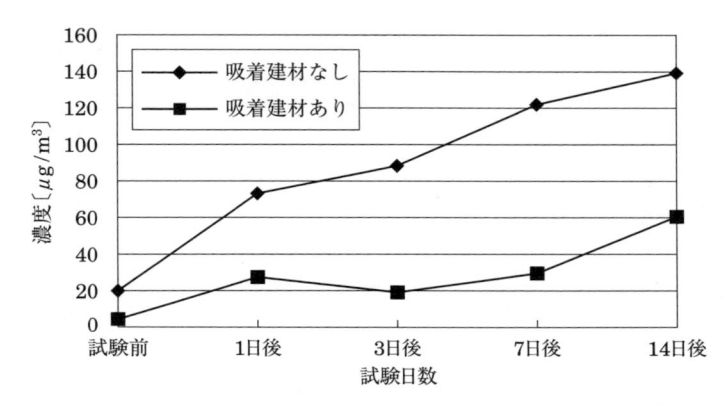

図 7.14 吸着建材使用に伴う室内ホルムアルデヒド濃度の変化[3]

(5) 消臭剤

最新の研究により，消臭剤が空気汚染物質濃度に与える影響が明らかになってきている。

図 7.15 に消臭剤噴霧に伴う室内アンモニア濃度の経時変化を示すが，消臭剤噴霧に伴い室内アンモニア濃度は若干低減したが，その効果はとても小さい。

図 7.16 に消臭剤噴霧に伴う室内 TVOC 濃度の経時変化を示すが，アンモニアと同様に消臭剤噴霧に伴う室内 TVOC 濃度には大きな低減は示されていない。また，消臭剤噴霧に伴い室内エタノール濃度が，著しく上昇する結果が示されており，消臭剤噴霧による新たな室内空気汚染問題が生じ得る。

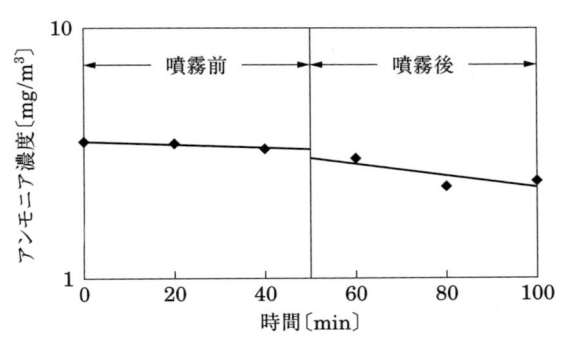

図 7.15 消臭剤噴霧に伴うアンモニア濃度の経時変化[18]

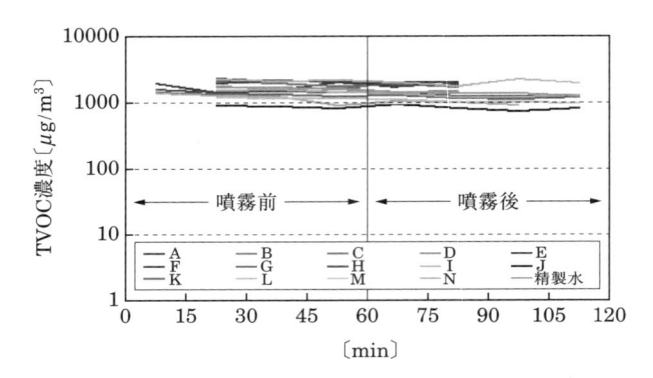

図7.16　消臭剤噴霧に伴うTVOC濃度の経時変化[19]

7.3.4　まとめ

　空気汚染対策としては，換気が最も確実な方法であるが，自然換気によってもたらされる換気量にはばらつきがあり，一定の効果を期待することはできない。機械換気については，ある一定の効果が期待できるものの，イニシャルコストが高く，送風部の運転に供される電力量の削減が課題である。また，換気により失われるエネルギー量の削減も大きな課題である。

　対策製品には換気量を増やすことなく空気汚染物質濃度を低減させることができる利点がある。ただし，今のところ空気清浄機を除いて空気汚染物質濃度を顕著に低減させる製品は少ない。また，活性炭などを利用する物理吸着式の空気清浄機では，短期間に訪れるガス状物質除去性能の劣化問題がある。

　すなわち，対策技術・製品の利用に際しては，①最新情報の収集と情報内容の検討，②必要換気量を満たす換気行為と対策製品の併用が求められる。

引用・参考文献

1) ASHRAE：ASHRAE Insights, Vol.18, No. 2, 2003.
2) 芳香消臭脱臭剤協議会：「一般消費者用芳香・消臭・脱臭剤の自主基準」，

p.4, 2004.
3) 福田克伸, 野﨑淳夫ほか:「屋外実験棟における吸着材料の性能に関する研究 その2」,『日本建築学会大会学術講演梗概集』, pp.1967-1978, 2004.
4) 一條佑介, 野﨑淳夫ほか:『室内環境』, 第13巻, 第1号, pp.31-38, 2010.
5) K. Ikeda: Trends in Japanese IAQ Research, Proceedings for Shanghai 2003 HVAC Forum in China & Japan, pp.59-63, 2003.
6) 厚生省, 健康で快適な住宅に関する検討会議:「健康住宅関連基準策定部会化学物質小委員会報告書」, 1997.
7) 厚生省シックハウス(室内空気汚染)問題に関する検討会:「室内空気汚染に係わるガイドライン」, 厚生省生活衛生局生活化学安全対策室, 2000.
8) 厚生省シックハウス(室内空気汚染)問題に関する検討会:「室内空気汚染に係わるガイドライン─室内濃度に関する指針値─」, 厚生省生活衛生局生活化学安全対策室, 2000.
9) 厚生省シックハウス(室内空気汚染)問題に関する検討会:「総揮発性有機化合物(Total Volatile Organic Compounds, TVOC)の空気質指針策定の考え方について」, 厚生省生活衛生局生活化学安全対策室, 2000.
10) Platts-Mills, T. A. E., Chapman, M. D.: House Dust Mites, Immunology, Allergic Disease, and Environmental Control, *The Journal of Allergy and Clinical Immunology*, Vol. 80, No. 6, pp. 755-775, 1987.
11) 小峯裕巳:「高気密高断熱住宅の空気質の実態と基準の提案, 住宅水準向上に伴うエネルギー消費増加抑制技術開発研究(その3)」, 第6章,『住宅室内環境水準向上検討委員会報告書』, 1992.
12) 空気清浄協会:『室内空気清浄便覧』, pp.126-240, オーム社, 2000.
13) 日本建築学会:『室内空気質環境設計法』, pp.36-41, 技報堂, 2005.
14) 野﨑淳夫, 吉澤晋, 池田耕一ほか:「集合住宅におけるベイクアウト効果に関する研究(2)室内HCHO,VOC汚染に関する研究(その2)」, 空気調和・衛生工学会学術講演会, 1997.
15) 野﨑淳夫ほか:「室内化学物質汚染低減化としてのベイクアウトの効果(その1)」,「室内VOC, ホルムアルデヒド汚染に関する研究(その2)」,『日本

建築学会計画系論文集』，pp.61-66，2000．
16）野﨑淳夫：「ガス状汚染物質の吸着性能」，『健康ジャーナル』，2005年5月31日号，2005．
17）野﨑淳夫：「空気汚染対策製品の最新動向」，『月刊地球環境』，467号，pp.374-380，2008．
18）野﨑淳夫ほか：「消臭剤の室内空気汚染物質除去性能試験評価法の開発に関する研究（その1）」，『室内環境学会総会・研究発表会講演抄録集』，pp.170-171，2009．
19）野﨑淳夫ほか：「消臭剤の臭気物質除去性能の解明に関する研究（その3）」，『空気調和・衛生工学会学術講演論文集講演論文集』，2010．
20） Thad Godish著，小林剛訳：『シックビルディング―診断と対策―』，オーム社，1998．
21） Thad Godish：Sick Buildings, Definition, Diagonosis, and Mitigation, 1998．
22） 吉川ら：『体によい家，悪い家』，講談社，1990．

第8章
室内環境学の将来

8.1 都市環境と室内環境

中井里史

　人は一日の大部分を室内で過ごす。特に，乳幼児や老人など，健康被害を受けやすいと考えられる人ほど多くの時間を過ごす。そのため室内環境を検討することが大切となる。しかし，言い換えると，室内ではないところでも生活は営まれている。さらには，一般的に「環境を考える」といえば，室内ではない屋外の環境を考えることの方が多い。本章の目的とするところは，前章まで得られた知識をベースとして，より広い観点から室内環境を考えられるようになることである。

8.1.1 都市環境

　環境基本法により，大気汚染，水質汚濁，騒音，振動，土壌汚染，地盤沈下，悪臭による健康や生活環境の被害が及ぶことを公害と定めている。従来，環境問題については，これら公害を対象に多くの研究が行われ，対策が立てられてきた。わが国における大気汚染による健康被害の例として四日市ぜん息，水質汚濁による健康被害の例として水俣病，イタイイタイ病などをあげることができる。

　これらの公害問題をはじめとする環境問題への保全対策として環境基準が定められている。環境基準は，「人の健康の保護及び生活環境の保全のうえで維持されることが望ましい基準として，終局的に，大気，水，土壌，騒音をどの程度に保つことを目標に施策を実施していくのかという目標を定めたもの」であるが，

「維持されることが望ましい基準」であり，行政上の政策目標である。これは，人の健康などを維持するための最低限度としてではなく，より積極的に維持されることが望ましい目標として，その確保を図っていこうとするものである。また，汚染が現在進行していない地域については，少なくとも現状より悪化することとならないように環境基準を設定し，これを維持していくことが望ましいものであるとされている。

表8.1は今日定められている環境基準のうち，大気汚染に関する環境基準を示したものである。室内濃度指針値（第2章参照）が定められている物質や，建築物における衛生的環境の確保に関する法律（略称：建築物衛生法，ビル管理法，第2章参照）で管理基準値が定められている物質とは，一部を除き対象物質が異なっている。

また環境基準以外では，環境中の有害大気汚染物質による健康リスクの低減を図るための指針となる数値（指針値）が，アクリロニトリル，塩化ビニルモノマー，水銀およびその化合物，ニッケル化合物，クロロホルム，1,2－ジクロロエタン，1,3－ブタジエンに対して定められている。

図8.1には大気中の二酸化窒素および浮遊粒子状物質の濃度推移を示すが，環

表8.1　わが国の大気環境基準（環境省）

物質	基準
二酸化窒素　NO_2	1時間値の1日平均値が0.04ppmから0.06ppmまでのゾーン内または，それ以下であること
浮遊粒子状物質　SPM	1時間値の1日平均値が0.10mg/m³以下であり，かつ，1時間値が0.20mg/m³以下であること
光化学オキシダント　O_x	1時間値が0.06ppm以下であること
二酸化硫黄　SO_2	1時間値の1日平均値が0.04ppm以下であり，かつ，1時間値が0.1ppm以下であること
一酸化炭素　CO	1時間値の1日平均値が10ppm以下であり，かつ，1時間値の8時間平均値が20ppm以下であること
微小粒子状物質　$PM_{2.5}$	1年平均値が15μg/m³以下であり，かつ，1日平均値が35μg/m³以下であること
ベンゼン	1年平均値が0.003mg/m³以下であること
トリクロロエチレン	1年平均値が0.2mg/m³以下であること
テトラクロロエチレン	1年平均値が0.2mg/m³以下であること
ジクロロメタン	1年平均値が0.15mg/m³以下であること

8.1 都市環境と室内環境

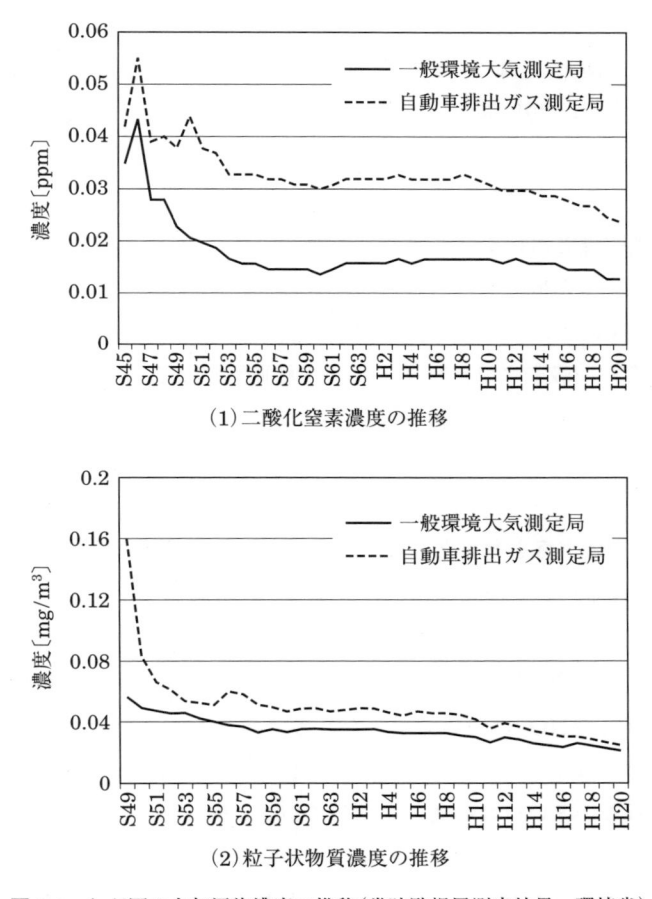

(1) 二酸化窒素濃度の推移

(2) 粒子状物質濃度の推移

図 8.1 わが国の大気汚染濃度の推移（常時監視局測定結果，環境省）

境基準の設定や，さまざまな環境対策技術の発展により，最も公害がひどく四日市ぜん息や水俣病などが多く発生していた1960年代から1970年代と比べると，環境汚染の状況は大幅に改善している。

なお従来問題視されてきた都市環境は健康や生活との関係で議論されることも多かったが，近年では生態系への影響という観点からも検討がされている。

このほかにも近年では，アスベスト被害，花粉症とディーゼル排気ガス，ダイオキシンなどのPOPs（残留性有機汚染物質）なども都市環境問題として取りあ

げられている。

　これら都市環境問題は室内環境問題とは別個のものと考えられるのだろうか。言い換えると室内環境問題は，都市環境とは独立し，それ自体が環境問題として完結しているのだろうか。

8.1.2 室内環境に対する都市環境の影響

　第7章では換気が取りあげられた。換気方式にはさまざまなものがあるが，いずれにせよ，外気と室内の空気を交換し室内空気を清浄に保つことが目的である。窓の開閉も含む一般家庭で行われる換気の大前提として，外気の方が室内空気よりも「きれい」であることが指摘できる。では，大気汚染地域においては，換気することに問題はないのだろうか，またどの程度外気の影響を受けることがあるだろうか。

　図8.2は，一般家庭を対象として，屋内外の微小粒子状物質（$PM_{2.5}$：粒径2.5 μm以下の微粒子）および二酸化窒素（NO_2）の測定を行った例である。

　屋外の濃度が高い場合，室内濃度も高くなっていることが示されている。つまり，都市環境が室内環境に影響を及ぼしている。この例は大気汚染物質として問題となる$PM_{2.5}$とNO_2について示したものであり，すべての室内汚染物質にあてはまるわけではない。しかし，室内環境を考える際は，屋外環境・都市環境をも考慮に入れないといけないことを示している。例えば，自動車排気ガスが問題となっている地域にシックハウス対策などの室内環境を注意したビルや家を建てた場合，家屋の効果をどのように評価すべきだろうか。何らかの形で換気をしなければならないだろうし，外出もする。いっぽう，林の中などもともと湿気が多い場所に家を建てた場合，カビなどの被害は免れ得ないのではないだろうか，ということになる。

　屋外濃度に問題がある場合，換気はどうしたらよいのだろうか。窓を開けるとかえって汚れた空気などが侵入してくるのだろうか。このような場合への明確な回答はいまだない。いずれにせよ日常生活を営むうえで換気は必要不可欠である。窓開けなどの時間を工夫する，フィルタを通すなどが必要となってくるかもしれない。

8.1 都市環境と室内環境

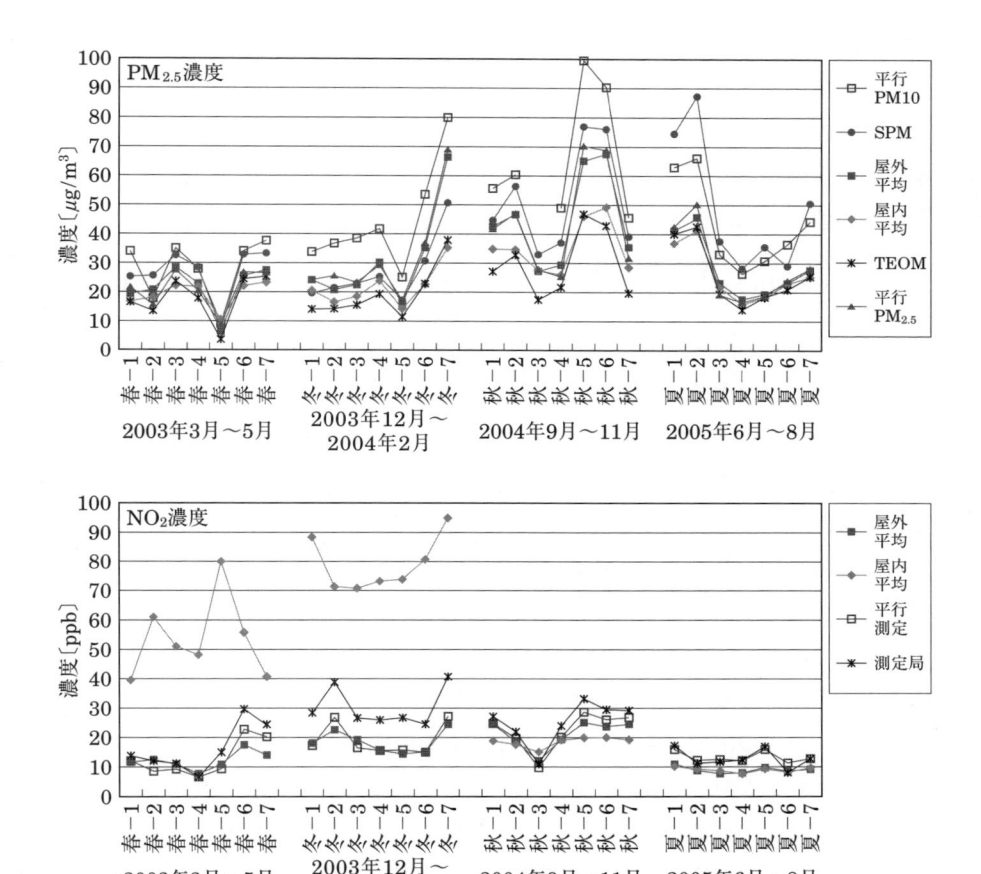

図 8.2 屋外・室内のPM$_{2.5}$濃度とNO$_2$濃度

なお，屋外と室内濃度の比較の中で，NO$_2$に関しては屋外濃度と異なる挙動を示し，室内濃度の方が屋外濃度よりもかなり高い値を示す場合がある。これは冬期にみられる現象であり，おもにストーブや厨房器具などの燃焼器具の影響である。このように屋外と室内の発生源が異なっている場合，それぞれの発生源による室内環境に対する寄与の強度を把握する必要もある。PM$_{2.5}$については，屋外・室内で差がさほど認められていないが，主たる室内発生源であるタバコの影響がない家庭が対象として選ばれたためであり，喫煙者のいる家庭で測定を行っ

た場合にはNO₂の場合と同じように，室内濃度の方が屋外濃度よりも高くなる。

屋外と室内の濃度の関係を表す指標に，*I/O*比（Indoor-Outdoor比）がある。これは室内の濃度を屋外の濃度で割ったものであり，この値が1より大きければ室内に発生源があるなど，室内環境側に問題があることとなる。いっぽうで1より小さい値となれば，屋外に発生源があることとなる。

$$I/O比 = \frac{室内濃度}{屋外濃度} \qquad (8.1)$$

ただしいくら*I/O*比が小さくても，室内濃度それ自体が小さいものでなければ，室内環境としては十分であるとはいえない。

室内環境は，単に室内環境の問題ではなく，周辺の大気や水などの環境の影響を受ける。いくらさまざまな手段によって室内を「きれいに」することができたとしても，必ずしも快適な生活が送れるわけではない。室内だけがきれいであっても，大気汚染がひどく，また水質もよくない地域に住んでいる場合，都市環境の整備も快適な室内環境を得るためには欠かせないのである。

8.1.3 「環境問題」としての室内環境の捉え方

今日，一言で環境問題といってもさまざまな問題がある。また室内環境は環境問題の1つであるが，一般的に考えられている環境問題と同様に考えられるところもあれば，室内環境独特の考え方が必要になってくる場合もある。最も特徴的なことは，公害を中心とした環境問題はある程度の地域的な広がりをもっているが，室内環境は，個々の家屋を対象として考えなければいけないことである。言葉を換えると，隣の家は問題ないが，自分の家では問題が生じ得る，といったことに対して検討・対策を試みなければいけない。

また環境問題が時とともに変わってきていることと同様に，室内環境問題も変化してきている。同様に地域によって異なる課題がある。寒冷地と温暖地では家屋などのつくり方が異なり，また暖房をはじめとして生活様式が異なっている。これは日本と諸外国との違いというのみならず，日本国内でも生じ得ることである。例えば，北海道での暖房はセントラルヒーティングによる全室暖房が基本であるが，青森以南ではストーブなどによる局所暖房が主となっている。快適性と

いう観点からも室内環境の様子は異なってくるところがあるだろうし，室内で燃焼器具を使用することによるNO_2などの空気汚染という観点からも異なってくる。

室内環境を考える際は，「一般の」環境問題を考える際よりも，時代や文化的背景に対して細心の注意を払う必要があるといえるだろう。

8.2 地球環境と室内環境

小野雅司

鳩山首相（当時）は2009年12月にコペンハーゲンで開催されたCOP15（第15回気候変動枠組条約締約国会議）において，日本は2020年までにCO_2排出量を25％削減することを公約した。国内におけるCO_2排出量を部門別にみると，2007年時点で産業部門が36.0％で最も多く，次いで運輸部門18.9％，業務部門（オフィスビルなど）18.6％，家庭部門13.8％，その他12.7％となっている。CO_2排出量をエネルギー消費の観点からみると，1973年の石油ショック以降，工場などのモノの生産といった産業部門でのエネルギー消費量は概ね横ばいであるが，家庭・商店・職場といった直接エネルギーを消費する民生部門では2.5倍，運輸部門では2.1倍と大幅に増加している（図8.3）。CO_2排出量25％削減を達成するためには，増加の大きい運輸部門，業務部門，家庭部門での格段の削減が求められるのは必須である。また，言い換えると他部門での削減は困難である。日本を含む先進国では，家庭・業務部門の削減ポテンシャルが大きいことも指摘されている。

業務部門，家庭部門におけるCO_2削減対策は，私たちの生活に大きく関係するだけでなく，室内環境の観点からも無視できない。対策としては，循環型社会の推進を基本に，クールビズやエアコンの温度設定（夏季28℃，冬季20℃），エコカーの導入，公共交通機関の利用など私たちのライフスタイルにかかわる部分と，住宅・オフィスの高気密・高断熱化といった室内環境に直結する部分とがある。

日本のエネルギー消費は、民生・運輸部門で増加

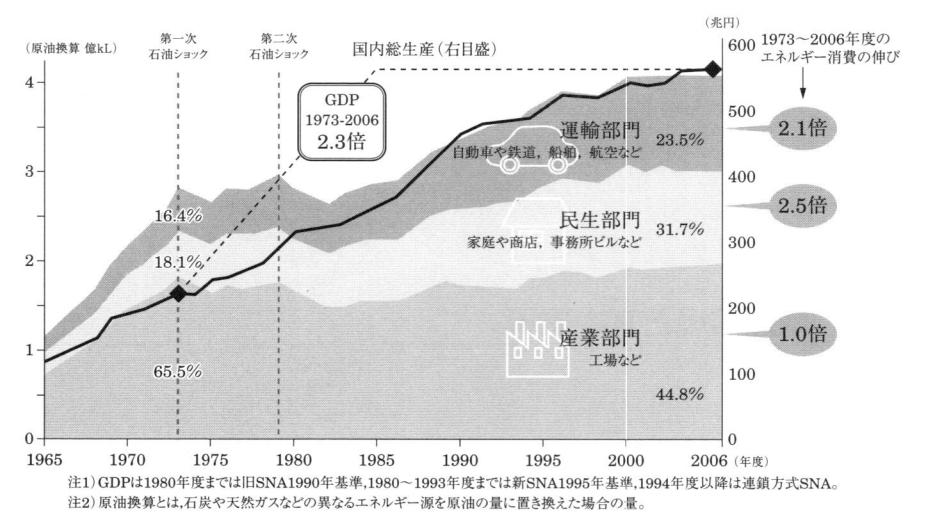

図 8.3 日本の最終エネルギー消費とGDPの推移
出所：資源エネルギー庁「総合エネルギー統計」、内閣府「民生経済計算年報」、(財)日本エネルギー経済研究所「エネルギー・経済統計要覧」
http://www.enecho.meti.go.jp/topics/energy-in-japan/energy2009html/japan/index.htm#01

また、東京をはじめとする大都市部で進行するヒートアイランド対策として検討されている都市再開発（屋上緑化、壁面緑化を含む）も見逃せない問題である。

8.2.1 地球温暖化、ヒートアイランド

IPCC第4次評価報告書によれば、1906年から2005年までの100年間で、世界の平均気温は0.74℃上昇した。また、最近50年の気温上昇率（/10年）は、過去100年の上昇率（/10年）のほぼ2倍に相当し、近年になるほど温暖化が加速している。

同報告書によれば、気温の上昇は、21世紀末までに、環境の保全と経済の発展を両立する社会（B1シナリオ）では1.1～2.9℃、化石エネルギー源を重視しつつ高い経済成長を実現する社会（A1FIシナリオ）では2.4～6.4℃と予測されている。また、今後20年間は、シナリオの違いに関係なく、0.4℃気温が上昇すると予測されている。

8.2 地球環境と室内環境

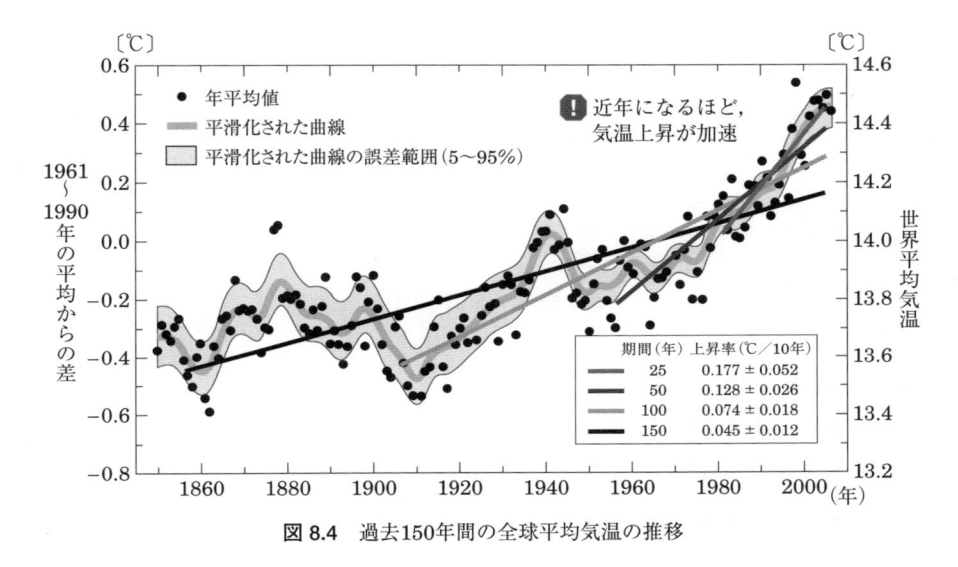

図 8.4 過去150年間の全球平均気温の推移

これに加え，東京や大阪，名古屋など大都市の平均気温は，この100年で2.2〜3.0℃上昇している。日本の大都市においては，地球温暖化による気温上昇にヒートアイランド現象*による気温上昇が加わっていると考えられる。

8.2.2 屋外環境（温度）と屋内環境（温度）

ここで，屋外温度と屋内温度の関係についてみていく。

まず，夜間の温度に関して，環境省が2007年8月に首都圏在住の男女122人を対象に実施した，屋内外温湿度調査結果を紹介する。全データ（有効対象者数108人，524サンプル）の結果を図8.5に示したが，就寝前の午後8時から翌朝午前8時までについてみると，午後8時から翌朝午前7時までは屋内温度が一貫して屋外温度よりも高い。就寝中の午前0時～5時についてみると，午前0時から5時にかけて屋外気温が低下（28.1→26.7℃）しているにもかかわらず，屋内温度はほぼ一定（29.0～28.7℃）である。ちなみに，この間，冷房器具使用

---

* ヒートアイランド現象：空調機器や自動車などから排出される人工排熱の増加や，道路舗装，建築物などの増加による地表面の人工化によって都心部の気温が郊外に比べて高くなる現象である（環境省）。

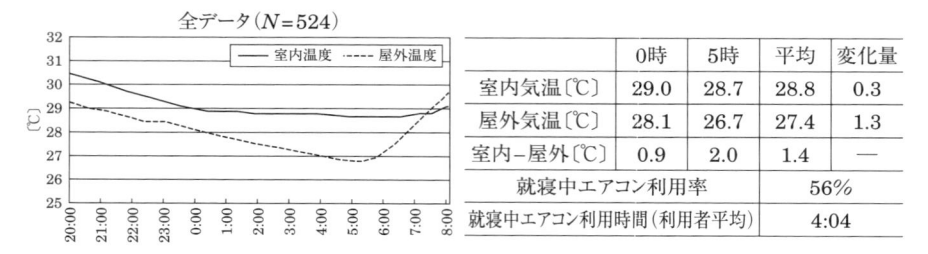

図8.5 室内気温と屋外気温

全データ($N=524$)

	0時	5時	平均	変化量
室内気温〔℃〕	29.0	28.7	28.8	0.3
屋外気温〔℃〕	28.1	26.7	27.4	1.3
室内−屋外〔℃〕	0.9	2.0	1.4	—
就寝中エアコン利用率			56%	
就寝中エアコン利用時間(利用者平均)			4:04	

世帯は56%,平均使用時間は4.04時間である.

これを,冷房器具使用世帯と非使用世帯に分けてみていくと,さらにいろいろなことがみえてくる.図8.6は,木造戸建住宅に限ったデータであるが,冷房器具使用世帯の屋内温度は,深夜の屋外温度の低下に追随するまではいかないものの,屋内外温度差は就寝直後(午前0時)で+0.5℃,起床前(午前5時)で+1.4℃,平均で+0.8℃となっているのに対し,冷房器具非使用世帯の屋内温度は,深夜の屋外温度の低下に追随しているが,屋内外温度差は就寝直後(午前0時)で+2.9℃,起床前(午前5時)で+3.1℃,平均で+3.1℃と非常に大きい.

木造戸建住宅 冷房使用($N=72$)

	0時	5時	平均	変化量
室内気温〔℃〕	28.1	27.6	27.7	0.5
屋外気温〔℃〕	27.6	26.2	26.9	1.4
室内−屋外〔℃〕	0.5	1.4	0.8	—
就寝中エアコン利用率			100%	
就寝中エアコン利用時間(利用者平均)			3:26	

木造戸建住宅 冷房非使用($N=100$)

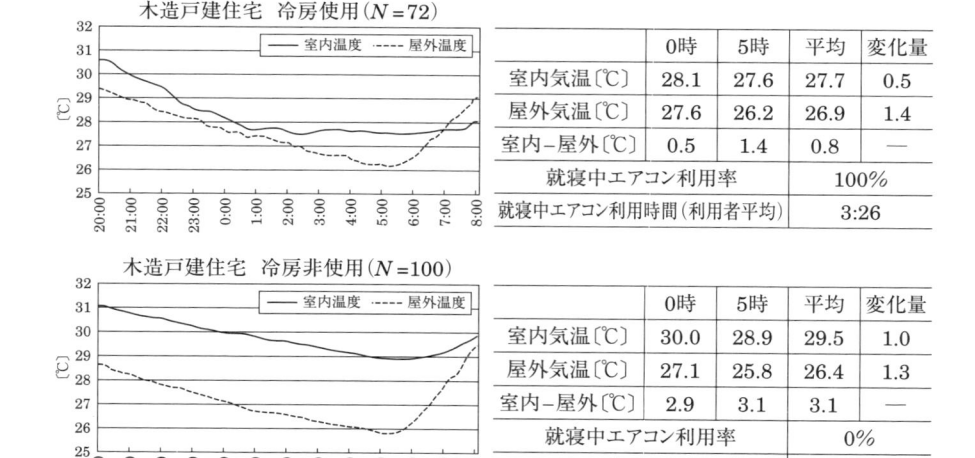

	0時	5時	平均	変化量
室内気温〔℃〕	30.0	28.9	29.5	1.0
屋外気温〔℃〕	27.1	25.8	26.4	1.3
室内−屋外〔℃〕	2.9	3.1	3.1	—
就寝中エアコン利用率			0%	
就寝中エアコン利用時間(利用者平均)			—	

図8.6 室内気温と屋外気温(木造戸建住宅・冷房器具使用の有無別)

8.2 地球環境と室内環境

次に昼間の温度に関して，室内空気対策研究会が室内外の化学物質濃度の実態把握を目的に全国で実施した調査（2001年夏：6～8月）結果から紹介する。午後3時頃に調査対象家屋内（居間）で測定された温度を，最寄気象台の観測値と比較すると，屋内温度は屋外環境温度と相当の相関を示すが，かなりの相違がみられる。冷房器具使用世帯では，屋内温度と屋外温度が同程度（−1.5℃～+1.5℃）の家屋が38％，屋内温度が屋外温度よりも高い（+1.5℃以上）家屋が19％であるのに対し，冷房器具非使用世帯では，屋内温度と屋外温度が同程度の家屋が48％，屋内温度が屋外温度よりも高い家屋が33％であった（図8.7）。一般に，屋外温度が低い場合は屋内温度の方が高い家屋が多く，屋外温度が高くなるに従って屋内温度の方が低くなる傾向がみられる。また，屋外温度，屋内温度が逆転（屋内温度＞屋外温度）するのは，冷房器具使用家屋では約30℃，冷房器具非使用家屋では約32℃であった。

以上，温度面から屋内環境と屋外環境の比較を行ってきた。さらに，最初に紹介したCO_2排出量を2020年までに25％削減，あるいは2050年までに80％削減を目標とする地球温暖化対策の中長期ロードマップによると，家庭部門（住宅）における住宅性能の向上（2020年：新築住宅の次世代基準以上の基準達成率100％，既存住宅の次世代基準以上の基準達成率30％程度，2005年：30％，4％程度），ならびに業務部門（建築物）における空調効率，建築物性能の向上

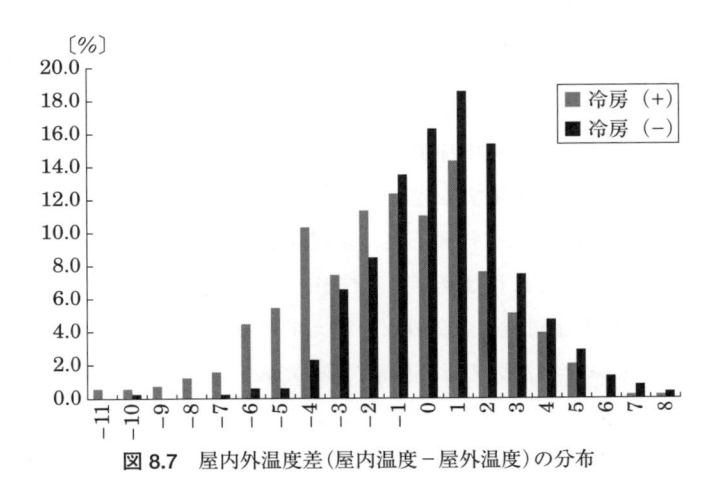

図8.7 屋内外温度差（屋内温度−屋外温度）の分布

(2020年：COP3～5, 新築建築物の平成11年基準以上の基準達成率100％, 既存建築物の平成11年基準以上の基準達成率67％, 2005年：COP2～4, 56％, 6％）などが，室内環境に大きな影響を与えると考えられる。いずれも，住宅・建築物の高断熱・高気密化は必須であり，1～6章に述べた，室内の空気汚染と密接に関係してくるので注意が必要である。

8.2.3 高齢化社会と室内環境

　将来の室内環境を考えるにあたって，もう1つ大きな問題として，高齢化社会の進行があげられる。国勢調査によれば，65歳以上の人口は1985年（昭和60年）に10％を超え（10.3％），以降も増加を続け，2005年（平成17年）には20％を超えた（20.1％）。都道府県別にみると秋田県の28.1％を筆頭に，島根県28.0％，高知県27.1％など，30％に近い県もある。これを世帯としてみると，高齢者のいる世帯は全国で34.3％に達しており，うち，高齢者単身世帯7.1％，高齢者世帯（18歳未満との同居を含む）12.0％である。つまり，約20％の世帯では，高齢者が同居人（成人男女）の助けを借りずに生活していかなければならない状況にある。

　以下，高齢化社会の進展といった観点から，温度環境と熱中症に焦点をあて考えていく。

　埼玉県熊谷市，岐阜県多治見市で40.9℃の日本最高気温を記録するなど猛暑となった2007年，日本全国で23,782人が熱中症で救急搬送された。また，国立環境研究所が実施する熱中症患者速報によれば，2007年にはほとんどすべての政令指定都市で過去最多の熱中症患者数を記録している（図8.8）。熱中症は名前のとおり，高温環境下で発生する健康障害であるが，高温環境に加えて激しい運動や労作，個人の健康状態（体調不良，基礎疾患保有，高齢ほか）が関係する。早期に適切な対応がとられれば軽症ですむが，対応が遅れると死に至ることもある。2007年には熱中症関連死が900人を超えている。

　熱中症で最もリスクの高いのは高齢者である。人口あたり患者発生率をみると，若年，成壮年と比較してその高さは顕著である。もう1つ気がかりな点として，35℃を超える異常高温での患者発生状況である。中高校生を含め，ほかの年齢

層では35℃を超えると患者発生率の上昇傾向は鈍化する。つまり，異常な高温下では激しい運動や仕事を避ける，休憩を多くとる，外出を控えるなど自発的な適応策がとられていると考えられる。ところが，高齢者に限ってみると，35℃を超えてもなお患者発生率は単調にかつ指数関数的に増加している。高齢者の多くが自宅（居室）で発症していることを併せ考えると，高温環境下，高齢者は自宅でエアコンを使用するなど適切な対応策をとることができず，熱中症を発症していると考えられる。高齢者を中心に，地球温暖化やヒートアイランド現象の進行に対する適切な住宅環境の整備が重要となる。

高齢者住宅に関しては，バリアフリーといった観点からの議論は多く行われている。しかし，ここに紹介した例からは，高齢者の居住環境については，物理的側面からの配慮だけでなく，例えばルームエアコンの適切な使用方法の指導といったソフト面からの支援も必要になると考えられる。

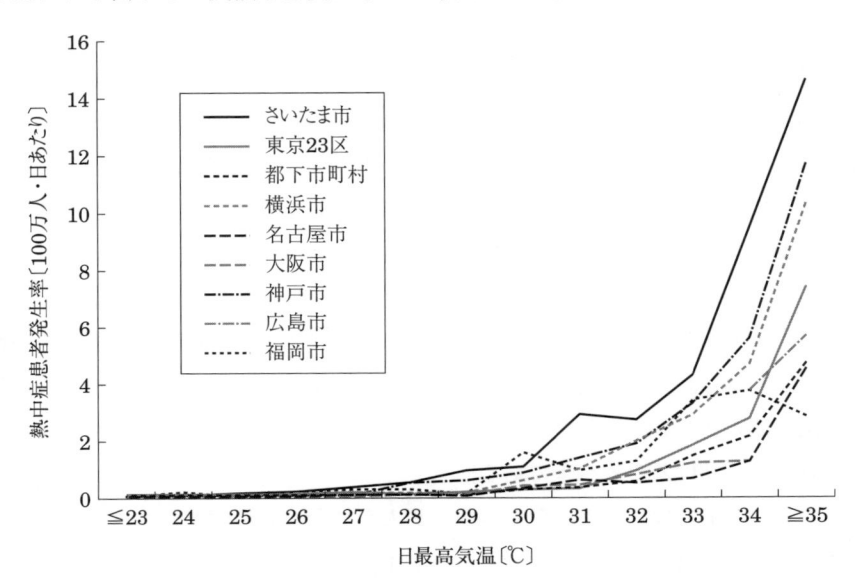

図 8.8 日最高気温別熱中症患者発生率

8.3 環境教育と室内環境

松木秀明

8.3.1 環境教育の目的

1972年の国連人間環境会議の人間環境宣言と勧告の中で，環境教育は，環境問題解決のための必須の活動であるとされた。それ以降ユネスコや国連環境計画などが，環境教育の国際的振興に努めている。その中で最も重要なものは，環境教育に関する唯一の政府間会議であるトビリシ会議（旧ソ連グルジア共和国，1977年）である。トビリシ会議以降，1992年の地球サミットにいたるまで，環境教育に関する国際的取り組みは，トビリシ会議でまとめられたトビリシ宣言と勧告を基調にしている。

トビリシ会議では，環境教育の基本の目的として次の2点をあげている（UNESCO，1980年）。その1つは「…個人および地域社会をして，その環境の生物的，物理的，社会的，経験的，文化的側面の相互作用の結果もたらされた天然および人工環境の複雑な特性を理解せしめ，かつ責任のある，また効果的な方法で，環境問題を予測し，解決し，かつ，環境の質を管理する活動に参加するための知識，価値観，制度，および実際的技能を獲得せしめること」，2つ目は「…現代世界の経済的，政治的，生態的，相互依存関係を明らかにすることであり，このような現代世界においては，異なる国々による決定や行動が国際的な影響を及ぼし得る。この点に関して，環境教育は環境の保護と改善を保証するような，国際間の新しい秩序のための基礎として，国際間，地域間に責任感と連帯感を育成する手助けとなるべきである」。

この目的の前者は，環境問題に対する個人や社会の直接的働きかけであり，後者は，環境の保護を保障する世界，いわば世界平和の確立を目指すものである。環境教育は，環境問題のみが対象であると思われがちであるが，そうではなく，国際平和の達成なくしては，環境問題は解決しないと述べられている。

これらの環境教育は，主として地球環境保護，あるいは地域の環境保全を目指したものであるが，本書がここまで取り上げてきたわれわれを取り巻く最も身近

な室内環境にも環境教育が重要であることはいうまでもない。現代人の多くの人々が，1日の70～80%の時間を室内で過ごしており，室内環境を守ることの重要性が認識されるからである。

8.3.2 生涯学習としての環境教育

環境教育は，学校・地域・家庭，あるいは市民・行政・企業などが協力しながら，幼児期から高齢期までの生涯にわたる生涯学習として行わなければ成果は期待できない。環境教育は生涯学習の最も重要な課題の1つである。

環境教育のベースとなるのは自然に対する豊かな感受性と人間に対する愛情である。しかし，自然に対する感受性は本を読むだけでは育たない。自然に対する本当の配慮は，自然が生命を生み出すことを理解し，その審美的な意味を意識することから始まるのである。また，人間に対する愛情も人間同士の実際の触れ合いをとおして生まれることはいうまでもない。農薬汚染をテーマに取り上げた『沈黙の春』で，環境問題の警鐘にならした最大の人物とされるレイチェル・カーソンは，自然のもつ神秘さや不思議さに目をみはる感性を「センス・オブ・ワンダー」と呼んだ。まさにこのセンス・オブ・ワンダーをいかに育むかが，子ども時代の環境教育で最も重要なことである。

8.3.3 ライフ・ステージと環境教育

(1) 幼児期における環境教育

感性を養うことが，幼児期の環境教育のおもな目的である。自分の身の回りの環境に対する豊かな感性とそれから生まれる豊かな想像力がなければ，環境問題に対する知識や解決のための技術をいくら知ったとしても，問題解決への行動・参加には結びつかない。そのためには，自然（屋外・室内）の直接体験は欠かすことができない経験である。また，親や大人とのかかわり，子ども同士のかかわりをとおして他人に対する接し方を学ぶことは，人に対する感性を養ううえでとても重要である。感性学習以外に，この時期で特に重要なものに，親や養育者などの大人とのかかわりで身につける生活習慣がある。人間としての基本的な生活習慣とともに，環境とのかかわりで配慮すべき生活習慣もこの時代に基礎が形成

される。正しい生活習慣を身につけるためには，周囲の大人たちが子どもに十分な愛情を注ぐことが必要不可欠であり，それが，子どもたちが友だちやほかの生き物に対する信頼感や愛情を育むことにつながるのである。これは家庭教育における環境教育ということができる。

(2) 学齢期における環境教育

この時期の直接体験学習としては，それまでの自然教育や野外教育あるいは室内環境などに冒険教育や伝統的な生活文化を体験する活動が加わることになる。そして自然に対する知識，あるいは自然に接するための技術などは，幼児期から徐々に学ぶものであるが，とりわけ，就学することによって学校の場で中心的に学ぶことになる。例えば，小学校低学年では，四季の変化から生物のくらしと環境とのかかわりを学び，それがひいては生態系や物質循環，地球環境問題への学習へとつながる。さらに小学校高学年になると，環境問題を解決するための何らかの行動に参加する子どもたちがでてくる。例えば，小学校4学年の社会科の単元である水や廃棄物の学習を契機に，子どもたちが地域をまきこんだ環境保全活動を行っている事例は数多くある。この時期に室内環境についての環境教育を行うべきである。

(3) 成人期における環境教育

大人になるにつれて問題解決に向けた行動に参加することが環境教育の主要な課題となる。個々の生活者としての環境保全活動以外に，大人たちは生活の場と働く場の両方で環境学習に取り組むことが求められている。生活の場（職場・自宅の室内環境を含む）における環境学習として最も重要なことに，生活環境醸成としての環境教育である自然と人間にやさしい地域づくりがあげられる。都市部では残された自然を保全するとともに，自然復元や自然創造を通した生き物と共生するまちづくり，リサイクル型地域づくりなどが実施されている。職場における環境教育としては，環境保全を企業活動の柱にすえるような活動を行う。さまざまなネットワークを形成し，環境保全活動を行うことなどがあげられる。

8.3.4 日本における環境教育の現況

(1) 行政による取り組み

廃棄物などの生活型公害に苦慮した自治体は，1980年中頃になると環境関連部局を中心に環境教育に乗り出し，環境庁（当時）も，都道府県・政令指定都市を対象に「地域環境教育カリキュラム」や運用益を環境教育に活用する「地域環境保全基金」などを通して支援している。これらの自治体における取り組みは，副読本の作成，講演会，シンポジウム，ポスター・作文展など非常に多様である。また，環境庁は，『みんなで築く「よりよい環境」を求めて』と題する環境教育指針を中央官庁として率先してまとめるとともに，環境教育担当職員を配置し，さらには環境保全活動推進室へと拡充するなど，環境教育を環境行政の重要な柱として位置づけている。文部省（当時）も担当職員を配置し，『環境教育指導資料』を作成するなど環境教育に着手した。文部省のこの措置を受けて，都道府県・政令指定都市教育委員会は独自の環境教育指導資料の作成や研修を教員研修に着手している。

(2) 学校における取り組み

1992年から実施された学習指導要領では，幼稚園で領域「環境」が，小学校低学年で生活科が新たに設けられ，前述の環境教育指導資料が作成されるなど，ようやく，わが国の学校教育の中に環境教育が正式に導入された。しかし，学校における環境教育が定着するには授業時間の確保や体制の整備，フィールドの確保，安全対策など打開しなければならない多くの問題が山積みしている。とりわけ重要なことに，環境教育に対する教職員の関心を高めることがある。環境教育を進めていくことは，認知領域中心の従来の日本の教育から情意領域と行動領域の重視へと転換させることにつながると同時に，閉鎖的であった学校を開放することにつながる。学校・家庭・地域，あるいは学校教育と社会教育の連携なしには，環境教育を進めることはできないと思われる。

(3) 市民・NGOによる取り組み

1987年に日本型自然環境教育の確立を目指した清里環境教育フォーラム（現在は，日本環境教育フォーラムに発展）が組織され，環境教育の視点に立った村おこしや環境教育の事業化，人材養成など自然や野外からの環境教育を行っている。さらに，1990年には，環境教育をキーワードにした学際的分野の学会として日本環境教育学会が発足した。社会教育の分野においては，従来からある環境保護

団体が環境教育を主要な活動として位置づけるようになったばかりでなく，環境教育のみを対象とした新たな団体が多く生まれている．しかし，環境教育が進んでいる欧米で確立しているような指導者養成や教材開発などの環境教育システムは，まだ日本では確立されておらず，今後の課題である．

(4) 企業による取り組み

1991年に経団連は地球環境憲章を発表し，企業としての地球環境問題に対する姿勢を明らかにしたが，多くの企業の活動は，フロンガスを使っていたスプレー缶にLPGを入れるといった課題対応型の取り組みであり，生物圏の保護や情報公開など10項目にわたる米国のバルディーズ原則で示されたような環境対策を基本姿勢とするような企業は，まだわが国には数少ない．しかし，環境問題を積極的に捉え，これを事業機会として活かそうとするエコ・ビジネスの分野では，環境教育の教材開発や施設計画といった事業活動が展開されている．

以上，行政・学校・市民・NGO・企業について，日本の環境教育について個々に述べたが，環境教育に対する取り組みは生涯学習として，行政・学校・市民・NGO・企業などが連携しながら進められるべきものである．

8.3.5 環境の保全のための意欲の増進および環境教育の推進に関する法律

2003年7月，政府は「持続可能な社会を構築するため，環境保全の意欲の増進及び環境教育の推進に必要な事項を定め，もって現在及び将来の国民の健康で文化的な生活の確保に寄与すること」を目的として「環境の保全のための意欲の増進及び環境教育の推進に関する法律（環境教育推進法）」を公布した．その基本理念は，「環境保全の意欲の増進，環境教育等について，自発的意思の尊重，多様な主体の参加と協力，透明性及び継続性の確保，森林，田園，公園，河川，湖沼，海岸，海洋等における自然環境を育成すること等の重要性に係る理解の深化，国土保全等の公益との調整，地域の農林水産業等との調和，地域住民の福祉の維持向上，地域における環境保全に関する文化及び歴史の継承への配慮等」とされている．この基本理念には「室内環境」の言葉は明示されていないが，環境の中に室内環境の概念が含まれると考えられる．その概略を図8.9に示す．

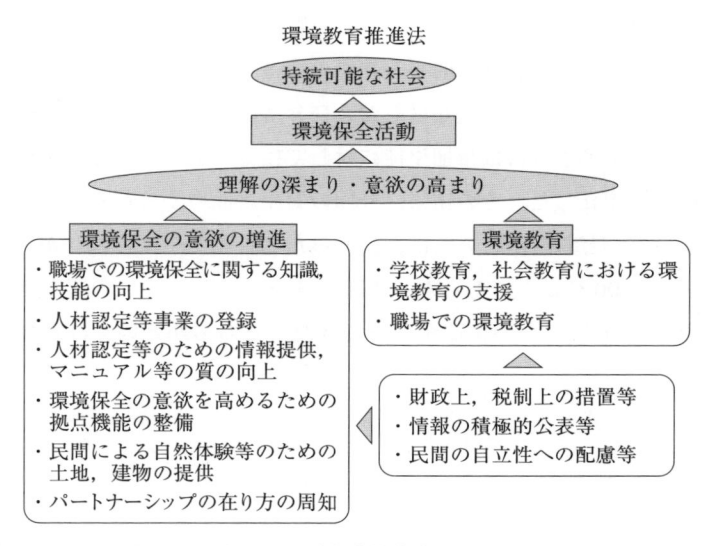

図 8.9 環境教育推進法の概要

8.3.6 室内環境教育の例

(1) 小学生を対象として

松木[10]は，大学生を補助教員として，東海大学沖縄地域環境センター開設20周年記念事業の一環として「子供のためのサイエンススクール（科学実験教室）」において，小学生4年〜6年生を対象として，室内環境測定を実施している。その内容はパッシブ型NO_2・ホルムアルデヒドチューブを用いて，児童の個人曝露量を児童とともに測定・分析，また各家庭の電気掃除機のゴミパックを持参させ，室内塵中のダニの観察を行っている。実験中，NO_2やホルムアルデヒドの発色液を加えると色が変わり，児童から歓声があがった。また児童の自宅にいるダニを実態顕微鏡で観察することにより，「生まれて初めて見た」，「ダニはかわいい」などの反応があった。その後，各児童の理科担当の教員から，この科学実験教室に参加した児童は，理科に興味をもつようになったとの報告を受けている。

(2) 高校生を対象として

河村・関根ら[11]は，文部科学省サイエンス・パートナーシップ・プロジェクト（SPP）の一環として，東海大学理学部化学科および東海大学付属望洋高校の教員が連携

し，高校生に対する室内環境をテーマにした特別理科講座を開講した。この講座はシックハウスの予防や改善に関する知識の習得を目的とし，大学で研究開発を行っているホルムアルデヒド検知材料および分解除去材について基礎的な実験授業を行った。講座終了時には参加生徒に対して授業アンケートを実施し，理解度や満足度などを調査した。その結果，今回の講座は面白かったかという問いに対し，面白かった・どちらかといえば面白かったと答えた生徒の割合が，いずれの実験においても90％以上であった。また，講座を自分なりに理解できたかという問いに対し，90％以上の生徒が理解できた・どちらかといえば理解できたと回答した。

引用・参考文献

1) 環境省編：『平成21年版 環境・循環型社会・生物多様性白書』，p.5, 日経印刷，2009.
2) 経済産業省編：『平成20年度 エネルギーに関する年次報告書（エネルギー白書）』，p.68, エネルギーフォーラム，2009.
3) 環境省：微小粒子状物質曝露影響調査報告書（http://www.env.go.jp/air/report/h19-03/index.html），2008.
4) 環境省：IPCC第4次評価報告書・統合報告書概要版（http://www.env.go.jp/earth/ipcc/4th/ar4syr.pdf），2007.
5) 環境省：平成19年度ヒートアイランド対策の計画的実施に関する調査報告書（http://www.env.go.jp/air/report/h20-02/index.html），2008.
6) 室内空気対策研究会：未発表資料
7) 環境省：地球温暖化対策に係る中長期ロードマップ（http://www.env.go.jp/earth/ondanka/mlt_roadmap/shian_100331/gaiyo.pdf），2010.
8) 総務省消防庁：平成20年9月の熱中症による救急搬送の状況（http://www.fdma.go.jp/neuter/topics/houdou/2010/201020-3houdou.pdf），2008.
9) 国立環境研究所熱中症患者速報（http://www.nies.go.jp/health/HeatStroke/

spot/index.html）

10) 松木秀明：「子供のためのサイエンススクール」，『東海大学沖縄地域環境センター開設20周年記念事業「科学実験教室」』，pp.1-8，東海大学出版会，1974．
11) 河村歩美，関根嘉香，福島章喜，谷井明：「室内環境教育の実践〜シックハウスに関する高大連携環境講座〜」，『室内環境』，p.13, p.65-70, 2010．
12) 沼田眞：『生涯学習としての環境教育』，p.8，国土社，1992．
13) 大来佐武郎，松前達郎：『学校と環境教育』，p.57，東海大学出版会，1993．
14) 大来佐武郎，松前達郎：『子どもと環境教育』，p.2，東海大学出版会，1993．

付録1　関連法規の検索法（ウェブサイト）　　執筆者：須山祐之・杉田和俊

わが国における環境関連法規検索のみならず，国際的な環境関連情報を提供することを目的として，本書執筆時点でのインターネットのウェブサイトを表1および表2に紹介する。

表1　環境関連法規一覧

	法規の名称および関連情報	法規掲載URL
環境保全に関連する法規	環境基本法 環境基本法の施行に伴う関係法律の整備等に関する法律 環境省 環境統計・調査等 環境基準 環境白書 地球環境・国際環境協力	http://law.e-gov.go.jp/htmldata/H05/H05HO091.html http://law.e-gov.go.jp/htmldata/H05/H05HO092.html http://www.env.go.jp/ http://www.env.go.jp/doc/ http://www.env.go.jp/kijun/ http://www.env.go.jp/policy/hakusyo/ http://www.env.go.jp/earth/
	大気汚染防止法 スパイクタイヤ粉じんの発生の防止に関する法律 独立行政法人　国立環境研究所	http://law.e-gov.go.jp/htmldata/S43/S43HO097.html http://law.e-gov.go.jp/htmldata/H02/H02HO055.html http://www.nies.go.jp/index-j.html
	水道法 河川法 海洋汚染等及び海上災害の防止に関する法律 温泉法 公共の浴用に供する場合の温泉利用施設の設備構造等に関する基準	http://law.e-gov.go.jp/htmldata/S32/S32HO177.html http://law.e-gov.go.jp/htmldata/S39/S39HO167.html http://law.e-gov.go.jp/htmldata/S45/S45HO136.html http://law.e-gov.go.jp/htmldata/S23/S23HO125.html http://www.env.go.jp/hourei/syousai.php?id=18000050
	水質汚濁防止法 湖沼水質保全特別措置法	http://law.e-gov.go.jp/htmldata/S45/S45HO138.html http://law.e-gov.go.jp/htmldata/S59/S59HO061.html
	下水道法 下水道の整備等に伴う一般廃棄物処理業等の合理化に関する特別措置法	http://law.e-gov.go.jp/htmldata/S33/S33HO079.html http://law.e-gov.go.jp/htmldata/S50/S50HO031.html
	土壌汚染対策法 土地改良法 国土利用計画法 農用地の土壌の汚染防止等に関する法律	http://law.e-gov.go.jp/htmldata/H14/H14HO053.html http://law.e-gov.go.jp/htmldata/S24/S24HO195.html http://law.e-gov.go.jp/htmldata/S49/S49HO092.html http://law.e-gov.go.jp/htmldata/S45/S45HO139.html
	騒音規制法 公共用飛行場周辺における航空機騒音による障害の防止等に関する法律 防衛施設周辺の生活環境の整備等に関する法律	http://law.e-gov.go.jp/htmldata/S43/S43HO098.html http://law.e-gov.go.jp/htmldata/S42/S42HO110.html http://law.e-gov.go.jp/htmldata/S49/S49HO101.html
	悪臭防止法	http://law.e-gov.go.jp/htmldata/S46/S46HO091.html
	振動規制法	http://law.e-gov.go.jp/htmldata/S51/S51HO064.html
	工業用水法	http://law.e-gov.go.jp/htmldata/S31/S31HO146.html

環境保全に関連する法規	建築物用地下水の採取の規制に関する法律	http://law.e-gov.go.jp/htmldata/S37/S37HO100.html
	絶滅のおそれのある野生動植物の種の保存に関する法律	http://law.e-gov.go.jp/htmldata/H04/H04HO075.html
	鳥獣の保護及び狩猟の適正化に関する法律	http://law.e-gov.go.jp/announce/H14HO088.html
	環境影響評価法（環境アセスメント法）	http://law.e-gov.go.jp/htmldata/H09/H09HO081.html
	地球温暖化対策の推進に関する法律	http://law.e-gov.go.jp/htmldata/H10/H10HO117.html
	南極地域の環境の保護に関する法律	http://law.e-gov.go.jp/htmldata/H09/H09HO061.html
	循環型社会形成推進基本法	http://law.e-gov.go.jp/htmldata/H12/H12HO110.html
	排他的経済水域及び大陸棚に関する法律	http://law.e-gov.go.jp/htmldata/H08/H08HO074.html
	自然環境保全法	http://law.e-gov.go.jp/htmldata/S47/S47HO085.html
	自然再生推進法	http://law.e-gov.go.jp/htmldata/H14/H14HO148.html
	自然公園法	http://law.e-gov.go.jp/htmldata/S32/S32HO161.html
化学物質等に関連する法規	化学物質の審査及び製造等の規制に関する法律	http://law.e-gov.go.jp/htmldata/S48/S48HO117.html
	特定物質の規制等によるオゾン層の保護に関する法律	http://law.e-gov.go.jp/htmldata/S63/S63HO053.html
	化製場等に関する法律	http://law.e-gov.go.jp/htmldata/S23/S23HO140.html
	特定製品に係るフロン類の回収及び破壊の実施の確保等に関する法律	http://law.e-gov.go.jp/htmldata/H13/H13HO064.html
	消防法	http://law.e-gov.go.jp/htmldata/S23/S23HO186.html
	ポリ塩化ビフェニル廃棄物の適正な処理の推進に関する特別措置法	http://law.e-gov.go.jp/htmldata/H13/H13HO065.html
	ダイオキシン類対策特別措置法	http://law.e-gov.go.jp/htmldata/H11/H11HO105.html
	農薬取締法	http://law.e-gov.go.jp/htmldata/S23/S23HO082.html
	毒物及び劇物取締法	http://law.e-gov.go.jp/htmldata/S25/S25HO303.html
	麻薬及び向精神薬取締法	http://law.e-gov.go.jp/htmldata/S28/S28HO014.html
	化学兵器の禁止及び特定物質の規制等に関する法律	http://law.e-gov.go.jp/htmldata/H07/H07HO065.html
	サリン等による人身被害の防止に関する法律	http://law.e-gov.go.jp/htmldata/H07/H07HO078.html
	高圧ガス保安法	http://law.e-gov.go.jp/htmldata/S26/S26HO204.html

資源・廃棄物に関連する法規	産業廃棄物の処理に係る特定施設の整備の促進に関する法律	http://law.e-gov.go.jp/htmldata/H04/H04HO062.html
	食品循環資源の再生利用等の促進に関する法律	http://law.e-gov.go.jp/htmldata/H12/H12HO116.html
	動物の愛護及び管理に関する法律	http://law.e-gov.go.jp/htmldata/S48/S48HO105.html
	廃棄物の処理及び清掃に関する法律	http://law.e-gov.go.jp/htmldata/S45/S45HO137.html
	建設工事に係る資材の再資源化等に関する法律	http://law.e-gov.go.jp/htmldata/H12/H12HO104.html
	国等による環境物品等の調達の推進等に関する法律	http://law.e-gov.go.jp/htmldata/H12/H12HO100.html
	特定家庭用機器再商品化法	http://law.e-gov.go.jp/htmldata/H10/H10HO097.html
	特定工場における公害防止組織の整備に関する法律	http://law.e-gov.go.jp/htmldata/S46/S46HO107.html
	容器包装に係る分別収集及び再商品化の促進等に関する法律	http://law.e-gov.go.jp/htmldata/H07/H07HO112.html
感染症に関連する法規	感染症の予防及び感染症の患者に対する医療に関する法律	http://law.e-gov.go.jp/htmldata/H10/H10HO114.html
	病原体等安全管理規程（第三版）	http://www.nih.go.jp/niid/Biosafety/kanrikitei3/
	厚生労働省	http://www.mhlw.go.jp/
	国立感染症研究所	http://www.nih.go.jp/niid/index.html
	財団法人　厚生統計協会	http://www.hws-kyokai.or.jp/
	感染症情報	http://www.mhlw.go.jp/bunya/kenkou/kekkaku-kansenshou.html
	日本医師会	http://www.med.or.jp/
	保健所管轄区案内	http://www.mhlw.go.jp/bunya/kenkou/hokenjo/search.html
	病原真菌データベース	http://www.pfdb.net/
健康・安全に関連する法規	労働安全衛生法	http://law.e-gov.go.jp/htmldata/S47/S47HO057.html
	放射性同位元素等による放射線障害の防止に関する法律	http://law.e-gov.go.jp/htmldata/S32/S32HO167.html
	環境情報の提供の促進等による特定事業者等の環境に配慮した事業活動の促進に関する法律	http://www.env.go.jp/policy/hairyo_law/
	環境の保全のための意欲の増進及び環境教育の推進に関する法律	http://law.e-gov.go.jp/cgi-bin/idxselect.cgi?IDX_OPT=2&H_NAME=&H_NAME_YOMI=%82%A9&H_NO_GENGO=H&H_NO_YEAR=&H_NO_TYPE=2&H_NO_NO=&H_FILE_NAME=H15HO130&H_RYAKU=1&H_CTG=1&H_YOMI_GUN=1&H_CTG_GUN=1
	生物多様性基本法	http://law.e-gov.go.jp/htmldata/H20/H20HO058.html
	総務省の総合的な行政ポータルサイト e-Gov（イーガブ）	http://law.e-gov.go.jp/cgi-bin/idxsearch.cgi

付録2

表2 国際的な環境関連情報リンク一覧

	法規の名称および関連情報	法規掲載URL
アジア諸国	中華人民共和国環境保護部（Ministry of Environmental Protection of the People's Republic of China）	http://www.mep.gov.cn/
	韓国政府環境部（The Ministry of Environment, Republic of Korea）	http://www.doe.gov.my/en
	韓国國立環境研究院（National Institute of Environmental Research）	http://eng.nier.go.kr/eng/index.html
ヨーロッパ・アメリカ・カナダ	Canada, Environment Canada	http://www.ec.gc.ca/
	Department of Canadian Heritage	http://www.pch.gc.ca/index-eng.cfm
	Government of Alberta	http://alberta.ca/home/index.cfm
	Government of British Columbia	http://www.gov.bc.ca/
	Environnement Québec	http://www.mddep.gouv.qc.ca/ministere/inter_en.htm
	Czech Ministry of Environment	http://www.mzp.cz/
	Denmark Ministry of Environment and Energy	http://www.mim.dk/eng/
	Finland's Environmental Administration	http://www.environment.fi/
	The German Federal Environment Ministry	http://www.bmu.de/allgemein/aktuell/160.php
	Government of Italia	http://www.governo.it/
	Norway, Ministry of the Environment	http://www.regjeringen.no/en/dep/md.html?id=668
	Government of Russia	http://www.gov.ru/
	UK Environment Agency, England and Wales	http://www.environment-agency.gov.uk/
	UK, Department for Environment, Food & Rural Affairs（DEFRA）	http://www.defra.gov.uk//
	NATURAL ENGLAND	http://www.naturalengland.org.uk/
	Lake District National Park Authority	http://www.lakedistrict.gov.uk/
	the White House	http://www.whitehouse.gov/
	US Environmental Protection Agency	http://www.epa.gov
	US NASA（National Aeronautics and Space Administration）	http://www.nasa.gov/
	US NPS（National Park Service）	http://www.nps.gov/index.htm
	California Air Resources Board	http://www.arb.ca.gov/homepage.htm
	European Commission, Environment Directorate-General	http://ec.europa.eu/old-address-ec.htm
	THE REGIONAL ENVIRONMENTAL CENTER for Central and Eastern Europe	http://www.rec.org/
	Environment Australia Online	http://www.environment.gov.au/
	New Zealand, Ministry for the Environment	http://www.mfe.govt.nz/index.html

国際機関	国際連合 United Nations	http://www.un.org/index.html
	Official WEB Site Locator for the UNITED NATIONS System of Organizations	http://www.unsystem.org/
	UNDP - United Nations Development Programme	http://www.undp.org/
	Climate Change Secretariat	http://unfccc.int/2860.ph
	UNEP	http://www.unep.org/
	Development（UN Economic and Social Development）	http://www.un.org/en/development/index.shtml
	WHO（World Health Organization）	http://www.who.int/en/
	WMO（World Meteorological Organization）	http://www.wmo.int/pages/index_en.html
	OECD	http://www.oecd.org/home/0,2987,en_2649_201185_1_1_1_1_1,00.html
	WTO	http://www.wto.org/
	ISO（International Organization for Standardization）	http://www.iso.org/iso/home.htm
その他	The Tripartite Environment Ministers Meeting among China, Japan, and Korea	http://www.temm.org/
	ECO ASIA（Environment Congress for Asia and the Pacific）	http://www.env.go.jp/en/earth/ecoasia/index.html

索　引

■ 英数字

1段多孔型 ……………… 60
2,4-ジニトロフェニルヒ
　ドラジン ……………… 40
3-エテニルピリジン …32
ADI ……………………… 57
BEE …………………… 160
B細胞 …………………… 78
CAS …………………… 22
CASBEE ……………… 160
Chemical ……………… 21
CO_2排出量 ………… 154
DNPH …………………… 40
ETS ……………………… 32
GC ……………………… 39
HPLC …………………… 39
I/O比 ……………… 63, 220
IgE抗体 ………………… 79
IgG抗体 ………………… 79
IgM抗体 ………………… 79
IPM …………………… 106
ISM規格 …………… 169, 170
IUPAC ………………… 22
JIS A 1901 …………… 168
LED …………………… 132
MSDS ………………… 168
PET …………………… 173
PMV …………………… 137
POPs ………………… 217
p-ジクロロベンゼン … 25
REACH規則 ………… 35

RSウイルス ……… 77, 81
SARS …………………… 79
SBS症状 ……………… 163
SET* ………………… 138
Stokes数 ……………… 60
SVOC類 ………………… 40
SV規格 ……………… 170
TVOC ……………… 26, 190
T細胞 …………………… 78
VOC ……………………… 7
VOCs …………………… 24
VOC類 ………………… 40
VVOC類 ………………… 40
WBGT ………………… 139
Weber-Fechnerの法則
　……………………… 141
WHO …… 24, 150, 191

■ あ行

悪臭防止法 ………… 143
アクティブ法 ………… 36
アセトン ……………… 34
アッセイ系 …………… 17
アデノウイルス … 77, 79
アレルギー ……………… 9
アレルゲン …… 9, 92, 99
アンモニア ………… 206

イエササラダニ …… 101
イエササラダニ科 … 101
イエダニ ……………… 106

イエニクダニ ……… 101
維持管理水準 ……… 106
衣食住 …………………… 5
衣類害虫 ……………… 93
色温度 ………………… 132
遺伝子増幅法 ………… 16
咽頭結膜炎 …………… 79
院内感染 ……………… 83
インピンジャ法 … 59, 62
インフルエンザ …… 81
インフルエンザウイルス
　……………………… 77

ウイルス ……………… 76

衛生害虫 ……………… 93
衛生的環境の確保に関す
　る法律 ……………… 216
エキゾチックアニマル
　……………………… 109
益虫 …………………… 94
エコー ………………… 127
エネルギー消費量 … 221
演色評価数 ………… 133
遠心型 ………………… 60

オウム病 …………… 115
応用科学 ……………… 12
屋外温度 …………… 223
屋内温度 …………… 223

家屋内生息性のおもな
　ダニ ……………… 10
オゾン ……………… 32
音環境 ……………… 119
音の大きさ ………… 122
オフィス …………… 160
音圧レベル ………… 121
音響障害 …………… 127
音響透過損失 ……… 124
音速 ………………… 121
温度放射 …………… 131
温熱感覚 …………… 133
温熱の快適感 ……… 133
音波 ………………… 120
温冷感 ……………… 133

■か行
快・不快表示法 …… 144
害虫 ………………… 93
外顎綱 ……………… 89
概日リズム ………… 133
外内音圧レベル差 … 125
外部騒音 …………… 119
開放型ストーブ …… 202
界面 ………………… 49
家屋害虫 …………… 93
化学吸着 …………… 49
化学吸着剤 ………… 205
化学吸着式 ………… 203
化学的起因（室内環境
　問題）……………… 4
化学的消臭 ………… 33
化学物質 …………… 21
化学物質過敏症 …… 23
化学物質放散自主認定
　制度 ……………… 170
学際科学 …………… 12
拡散透過 …………… 129

拡散反射 …………… 129
ガス状物質 ………… 184
確度 ………………… 41
学名 ………………… 88
学齢期 ……………… 230
可視域 ……………… 128
家住性ネズミ ……… 103
化審法 ……………… 35
家政学 ……………… 10
可聴範囲 …………… 122
学校保健安全法 …… 188
家庭 ………………… 1
カビ …………… 67, 99
カプノサイトファガ・
　カニモルサス …… 113
カプノサイトファガ感染症
　……………………… 113
壁紙用接着剤 ……… 172
感覚的消臭 ………… 33
換気 …………… 46, 200
換気エネルギー消費量
　……………………… 159
換気回数 …………… 3
環境基準 … 58, 186, 215
環境基本法 …… 186, 215
環境教育 …………… 228
環境教育指導資料 … 231
環境教育推進法 …… 232
環境効率 …………… 160
環境選択型技術 …… 166
環境タバコ煙 ……… 32
環境配慮 …………… 153
環境要因 …………… 14
換気量 ……………… 199
換気量換算値 … 172, 210
桿菌 ………………… 54
慣性衝突 …………… 60
感染症法 …………… 55

感染 ………………… 54
感染経路 …………… 55
感染源 ……………… 55
感染症が成立する3要素
　……………………… 111
官能試験法 ………… 144
管理基準 …………… 70
気温 ………………… 135
機械換気 ………… 48, 200
機械換気設備 … 199, 201
ギ酸 ………………… 26
キシレン …………… 25
揮発性化学物質 …… 6
揮発性有機化合物 … 24
気密性 ……………… 2
嗅覚 ………………… 140
球菌 ………………… 54
吸収 ………………… 49
吸着建材 ……… 205, 210
吸着剤 ……………… 49
吸着質 ……………… 49
吸着相 ……………… 49
吸着速度 …………… 50
吸着等温式 ………… 50
吸着等温線 ………… 50
吸入曝露 …………… 30
享受の生活 ………… 13
局所換気方式 ……… 48
居住空間 …………… 7
寄与の生活 ………… 13
気流 ………………… 136

空気音 ……………… 120
空気清浄機
　……………… 199, 203, 208
クールビズ ………… 160
クマネズミ ………… 104

索 引

クモ …………… 91, 97
クモ綱 ………………… 97
暮らし ……………… 10
グラスウール ……… 173
クラミドフィラ・シッタシ
　………………… 115
グレア ……………… 132
クロルピリホス …… 25

経口曝露 …………… 30
珪藻土 …………… 171
携帯電話 ………… 147
経皮曝露 …………… 30
ケース群 …………… 72
結核菌 ……………… 55
ケナガコナダニ …… 100
ゲノム科学 ………… 15
健康リスク ……… 216
建材からのVOC放散速
　度基準 ………… 170
検出下限値 ………… 41
顕性感染 …………… 54
建築環境総合性能評価
　システム ……… 160
建築基準法 ………… 28
建築基準法のシックハウ
　ス対策の概要 …… 199
建築物衛生法
　………………… 187, 216

好乾性真菌 ………… 69
香気成分 ……………… 7
高輝度放電ランプ … 132
好湿性真菌 ………… 69
合成樹脂 …………… 24
光束 ……………… 130
酵母 ………………… 67
高齢化社会 ……… 226

国際がん研究機関 … 149
国際非電離放射線防護
　委員会 ………… 150
固体音 …………… 120
黒球温度計 ……… 136
コナダニ科 ……… 100
コナヒョウヒダニ … 99
コロナウイルス … 77, 79
昆虫 ………………… 91
昆虫綱 ……………… 88
昆虫種 ……………… 88
コントロール群 …… 72
コンパニオンアニマル
　………………… 109

■ さ行
細菌 ………………… 54
再興感染症 ………… 57
最適残響時間 …… 126
再放散現象 ……… 205
財務的便益 ……… 161
作業効率 ………… 161
殺鼠剤 …………… 108
サルモネラ ……… 106
サルモネラ・エンテリカ
　………………… 116
サルモネラ症 …… 116
酸化チタン ………… 34
産業革命 …………… 14
残響時間 ………… 126
三点比較式臭袋法 … 144
残留性有機汚染物質
　………………… 217

次亜塩素酸ナトリウム
　…………………… 33
シーケンス技術 …… 15
視覚 ……………… 131

視感効率 ………… 129
刺激作用 ………… 149
嗜好性 …………… 142
自然換気 ……… 47, 200
自然換気の回数 …… 3
自然放射線 ……… 151
湿球黒球温度指標 … 139
シックハウス ……… 8
シックハウス対策 … 198
シックハウス症候群 … 22
シックビル症候群 … 188
シックビルディング症候群
　…………………… 22
実践科学 …………… 12
湿度 ……………… 135
室内環境 …………… 1
室内環境教育 …… 233
室内環境条件 …… 154
室内環境問題 ……… 4
室内空気汚染物質 … 184
室内酸素濃度の低下
　………………… 202
室内塵 ……………… 96
室内塵性ダニ類 …… 99
室内濃度ガイドライン値
　…………………… 26
室内濃度指針値 … 216
室内浮遊微生物濃度
　…………………… 62
嗅覚測定法 ……… 144
臭気 ……………… 140
臭気強度 ………… 144
臭気閾値 ………… 32
臭気指数 ………… 145
臭気濃度 ………… 144
住宅性能表示制度 … 26
住宅部品VOC表示ガイ
　ドライン ……… 169

収着・・・・・・・・・・・・・・・・・49
種名・・・・・・・・・・・・・・・・・88
主流煙・・・・・・・・・・・・8, 32
順応・・・・・・・・・・・・・・・・141
省エネルギー・・・・・・・153
省エネルギー技術・・・156
生涯学習・・・・・・・・・・・229
消臭剤・・・・・・・・205, 211
消臭剤噴霧に伴うTVOC
　濃度の経時変化・・・212
消臭メカニズム・・・・・・33
証跡・・・・・・・・・・・・・・・・105
正倉院・・・・・・・・・・・・・・・22
照度・・・・・・・・・・・・・・・・130
衝突法・・・・・・・・・・・・・・・59
蒸散支配型放散・・・・・・43
照明エネルギー消費量
　・・・・・・・・・・・・・・・・・・156
初回通過効果・・・・・・・・30
食品害虫・・・・・・・・・・・・93
食品・・・・・・・・・・・・・・・・・・5
塵埃・・・・・・・・・・・・・・・・・99
真菌・・・・・・・・・・・・・・・・・67
新興感染症・・・・・・・・・・57
人工建材・・・・・・・・・・・・22
人工光源・・・・・・・・・・・131
人工放射線・・・・・・・・・151
人体反応・・・・・・・・・・・163

隙間相当面積・・・・・・・201
すす・・・・・・・・・・・・・・・・202
ストーブ・・・・・・・・・・・202
スリット型・・・・・・・・・・60

生活科学・・・・・・・・・・・・11
成人期・・・・・・・・・・・・・230
精神の起因（室内環境問
　題）・・・・・・・・・・・・・・・・5

精神的負担・・・・・・・・・165
精度・・・・・・・・・・・・・・・・・41
正透過・・・・・・・・・・・・・129
正反射・・・・・・・・・・・・・129
生物的起因（室内環境問
　題）・・・・・・・・・・・・・・・・4
世界保健機関
　・・・・・・・・24, 150, 191
石膏ボード・・・・・・・・・172
節足動物門・・・・・・・・・・89
全揮発性有機化合物
　・・・・・・・・・・・・・・・・・・・26
前駆物質・・・・・・・・・・・・26
セントラルドグマ・・・17

騒音レベル・・・・・・・・・122
総合科学・・・・・・・・・・・・12
総合的有害生物管理 106
総合透過損失・・・・・・・124
創造性・・・・・・・・・・・・・166
相当換気量・・・・・・・・・208
相当隙間面積・・・・・・・・・2
属名・・・・・・・・・・・・・・・・・88
鼠咬症・・・・・・・・・・・・・106
測光量・・・・・・・・・・・・・129

■た行
第1種換気・・・・・・・・・201
第1種機械換気・・・・・・48
第2種換気・・・・・・・・・201
第2種機械換気・・・・・・48
第3種換気・・・・・・・・・201
第3種機械換気・・・・・・48
代謝量・・・・・・・・・・・・・137
多孔質セラミックス
　・・・・・・・・・・・・・・・・・・171
多段多孔型・・・・・・・・・・60
脱臭剤・・・・・・・・・・・・・205

脱着・・・・・・・・・・・・・・・・・49
ダニ・・・・・・・・・91, 97, 99
ダニ類・・・・・・・・・・・・・・96
断熱材・・・・・・・・・・・・・173
タンパク質・・・・・・・・・・17

地域環境教育カリキュラ
　ム・・・・・・・・・・・・・・・・231
地球温暖化・・・・・・・・・222
地球環境保全・・・・・・・166
地球環境問題・・・・・・・154
知的生産性・・・・・・・・・161
着衣量・・・・・・・・・・・・・137
昼光・・・・・・・・・・・・・・・・131
中湿性真菌・・・・・・・・・・69
蛛形綱・・・・・・・・・・・・・・・97
チリダニ科・・・・・・・・・・99
チリダニ類・・・・・・・・・・99
沈黙の春・・・・・・・・・・・229

ツメダニ科・・・・・・・・・101

定風量制御・・・・・・・・・159
定流量制御・・・・・・・・・159
定量下限値・・・・・・・・・・41
添加回収率・・・・・・・・・・41
電磁過敏症・・・・・・・・・150
電磁調理器・・・・・・・・・147
電磁波・・・・・・・・・・・・・147

等価吸音面積・・・・・・・125
等価騒音レベル・・・・・123
透過率・・・・・・・・・・・・・124
等感度曲線・・・・・・・・・122
同定検査・・・・・・・・・・・102
動物由来感染症・・・・・109
トビリシ会議・・・・・・・228
ドブネズミ・・・・・・・・・104

トラップ……………109
トラベルブランク……39
トルエン…………25, 36

■ な行
内顎綱………………89
ナノテクノロジー……14
ナノマテリアル………34

におい……………6, 140
におい発生源………143
ニクダニ科…………100
ニコチン……………32
二次生成物質…………25
日本家屋の構造………2
日本環境教育フォーラム
　………………231
ニュートンの冷却則
　………………44

内部拡散支配型放散
　………………43
猫ひっかき病………113
ネズミ………………103
熱源エネルギー消費量
　………………157
熱作用………………149
熱中症………………226
熱放射………………136

脳内酸素代謝測定…165

■ は行
バイオクリーンルーム
　………………66
バイオセンサー………16
ハウスダスト…4, 10, 99
破過…………………42

破過容量………………42
曝露……………………30
曝露経路………………30
パスツレラ・マルトシダ
　………………112
パスツレラ感染症…112
波長……………………121
ハツカネズミ………104
発酵……………………67
パッシブ法……………36
パネル…………………144
パラインフルエンザウイ
ルス……………77, 81
パラフィン……………34
バルディーズ原則…232
バルトネラ・ヘンセレ
　………………113
反響……………………127
搬送エネルギー消費量
　………………158
伴侶動物……………109

ヒートアイランド…222
ヒステリシス…………52
必要換気量……………47
必要照度………………132
非定型抗酸菌症……117
非電離放射線………147
ヒトライノウイルス…80
標準新有効温度……138
日和見感染……………68
ビル管理法…………216

フィックの第1法則…44
フィックの第2法則…45
フィルタ法………59, 61
負荷……………………154
不快害虫………………93

負荷率…………………43
複合臭…………………142
副流煙………………8, 32
不顕性感染……………54
フタル酸エステル……36
フタル酸ジ-n-ブチル
　………………25
物質……………………21
物理吸着………………49
物理吸着材…………205
物理吸着式…………203
物理的起因（室内環境問
題）………………4
物理的消臭……………33
部分負荷率…………157
浮遊微生物……………59
ブルセラ・カニス…114
ブルセラ症…………114
不連続変異……………82
分光分布………………128
分子拡散………………36

平均透過率…………125
平均皮膚温…………134
ベイクアウト
　………199, 202, 207
平衡吸着量……………50
壁材……………………171
ペスト…………………105
ベネフィット…………28
便益……………………28
変態……………………91
変風量制御…………159
変流量制御…………159

芳香剤………………205
放散速度基準………169
放散量…………………37

放射性核種 ………… 25
放射線 ………… 25, 146
放射線障害防止法 … 152
防臭剤 ………… 205
捕獲器 ………… 109
ホルマリン ………… 24
ホルムアルデヒド
　……… 8, 24, 32, 36
ホルムアルデヒド発散建
　材 ………… 28

■ま行
マスバランス ……… 63
マスバランス式 …… 62

ミコバクテリウム・マリ
　ナム ………… 117
ミナミツメダニ …… 101

メチルメルカプタン
　………… 206
免疫応答 ………… 78
メンテナンス ……… 205

モニタリング調査 … 102

■や行
ヤケヒョウヒダニ … 99
野生動物 ………… 109

有害性 ………… 28
床材 ………… 174

幼児期 ………… 229
予測平均温冷感申告
　………… 137

■ら行
ライノウイルス … 77, 80
ラウドネス ………… 122
らせん菌 ………… 54
ラットサイン ……… 105
ラドン ………… 25, 151

リスク ………… 28
リモネン ………… 25
流行性角結膜炎 …… 79

粒子状物質 ………… 185
流量係数 ………… 47
量－影響関係 … 57, 185
量－反応関係 … 57, 186

冷暖房エネルギー消費量
　………… 157
レイチェル・カーソン
　………… 229
冷房器具使用 ……… 223
レスポンシブル・ケア
　………… 35
レプトスピラ・インテロ
　ガンス ………… 115
レプトスピラ症
　………… 106, 115
連続変異 ………… 82

漏気 ………… 201
労働安全衛生法 …… 187
六脚類 ………… 89

室内環境学概論

2010年11月30日　第1版1刷発行　　　　ISBN 978-4-501-62590-0 C3052

編　者　室内環境学会
　　　　ⓒSociety of Indoor Environment Japan　2010

発行所　学校法人 東京電機大学　　〒101-8457　東京都千代田区神田錦町2-2
　　　　東京電機大学出版局　　　　Tel. 03-5280-3433（営業）03-5280-3422（編集）
　　　　　　　　　　　　　　　　　Fax. 03-5280-3563　振替口座 00160-5-71715
　　　　　　　　　　　　　　　　　http://www.tdupress.jp/

JCOPY ＜(社)出版者著作権管理機構 委託出版物＞
本書の全部または一部を無断で複写複製（コピー）することは，著作権法上での例外を除いて禁じられています。本書からの複写を希望される場合は，そのつど事前に，(社)出版者著作権管理機構の許諾を得てください。
［連絡先］Tel. 03-3513-6969, Fax. 03-3513-6979, E-mail: info@jcopy.or.jp

---

印刷：三立工芸㈱　　製本：渡辺製本㈱　　装丁：右澤康之
落丁・乱丁本はお取り替えいたします。　　　　　　　Printed in Japan

理工学講座

基礎 電気・電子工学 第2版
宮入・磯部・前田 監修　A5判　306頁

改訂 交流回路
宇野辛一・磯部直吉 共著　A5判　318頁

電磁気学
東京電機大学 編　A5判　266頁

高周波電磁気学
三輪進 著　A5判　228頁

電気電子材料
松葉博則 著　A5判　218頁

パワーエレクトロニクスの基礎
岸敬二 著　A5判　290頁

照明工学講義
関重広 著　A5判　210頁

電子計測
小滝國雄・島田和信 共著　A5判　160頁

改訂 制御工学 上
深海登世司・藤巻忠雄 監修　A5判　246頁

制御工学 下
深海登世司・藤巻忠雄 監修　A5判　156頁

気体放電の基礎
武田進 著　A5判　202頁

電子物性工学
今村舜仁 著　A5判　286頁

半導体工学
深海登世司 監修　A5判　354頁

電子回路通論 上／下
中村欽雄 著　A5判　226／272頁

画像通信工学
村上伸一 著　A5判　210頁

画像処理工学
村上伸一 著　A5判　178頁

電気通信概論 第3版
荒谷孝夫 著　A5判　226頁

通信ネットワーク
荒谷孝夫 著　A5判　234頁

アンテナおよび電波伝搬
三輪進・加来信之 共著　A5判　176頁

伝送回路
菊池憲太郎 著　A5判　234頁

光ファイバ通信概論
榛葉實 著　A5判　130頁

無線機器システム
小滝國雄・萩野芳造 共著　A5判　362頁

電波の基礎と応用
三輪進 著　A5判　178頁

生体システム工学入門
橋本成広 著　A5判　140頁

機械製作法要論
臼井英治・松村隆 共著　A5判　274頁

加工の力学入門
臼井英治・白樫高洋 共著　A5判　266頁

材料力学
山本善之 編著　A5判　200頁

改訂 物理学
青野朋義 監修　A5判　348頁

改訂 量子物理学入門
青野・尾林・木下 共著　A5判　318頁

量子力学概論
篠原正三 著　A5判　144頁

量子力学演習
桂重俊・井上真 共著　A5判　278頁

統計力学演習
桂重俊・井上真 共著　A5判　302頁

＊定価，図書目録のお問い合わせ・ご要望は出版局までお願いいたします。
URL　http://www.tdupress.jp/

SR-100